W0177400

Fast jede Anwendung, ob lokal oder im Netz, definiert ihr eigenes Datenformat, um Informationen in ihrem Kontext zu speichern. Aus diesem babylonischen Wirrwarr scheint XML den Ausweg duch ein einheitliches Datenformat zu bieten. Anwendungen können so plattformübergreifend Daten austauschen und ihre Struktur anhand von DTDs beziehungsweise Schemas überprüfen. Browser können die Daten durch zusätzliche CSS- und XSL-Anweisungen flexibler darstellen.

Dieser Grundkurs beschreibt den Aufbau und die Möglichkeiten von XML. Schritt für Schritt wird gezeigt, wie Dokumente erstellt und auch von Browsern verwendet werden können. Systematisch wird die Struktur und ihre Überprüfung anhand von DTDs und Schemas beschrieben. Viele praktische Beispiele demonstrieren die Einsatzmöglichkeiten dieses Datenformats der Zukunft.

Helmut Erlenkötter arbeitet als DV-Berater und führt Seminare über Projektmanagement, Datenbank und Programmierung durch. In der Reihe rororo computer hat er unter anderem veröffentlicht: *Java* (61203), *C – Programmieren von Anfang an* (60074), *C ++ – Programmieren von Anfang an* (60077) und *HTML* (60085).

Helmut Erlenkötter

XML

Extensible
Markup Language
von Anfang an

Grundkurs
Computerpraxis

Rowohlt Taschenbuch Verlag

3. Auflage Dezember 2012

Originalausgabe

Veröffentlicht im Rowohlt
Taschenbuch Verlag GmbH,
Reinbek bei Hamburg, September 2003
Copyright © 2001 by
Rowohlt Taschenbuch Verlag GmbH,
Reinbek bei Hamburg
Umschlaggestaltung Walter Werner
Satz Stone Serif und Stone Sans PostScript,
QuarkXPress 4.1 bei ETO, Hamburg
Gesamtherstellung CPI – Clausen & Bosse, Leck
Printed in Germany
ISBN 978 3 499 61209 1

Inhalt

11　Anhang　236

Editorial

Das Zusammenleben der Menschen wird immer stärker von informationsverarbeitenden Maschinen geprägt. Die meisten von uns werden direkt oder indirekt mit Computern zu tun haben. Eine besondere Rolle spielt dabei der millionenfach verbreitete Personalcomputer (PC). Schüler, Studenten und Angehörige aller Berufsgruppen spielen oder arbeiten heute mit diesem Gerät.

Der Einsatz des persönlichen Computers wird weniger von der Fähigkeit des Benutzers bestimmt, das Gerät in seiner Technizität (Hardware) zu verstehen, als vielmehr davon, es mithilfe der Computerprogramme (Software) zu bedienen.

Der «Grundkurs Computerpraxis» erklärt Informationsverarbeitung sehr konkret und auf einfache Weise. Dabei steht das, was den Computer im eigentlichen Sinne funktionieren lässt, im Vordergrund: die Software. Sie umfasst

▪ Betriebssysteme,
▪ Anwenderprogramme,
▪ Programmiersprachen.

Ausgewählt werden Programme, die sich hunderttausendfach bewährt und einen Standard gesetzt haben, der Gefahr des Veraltens also nur in geringem Maße unterliegen.

Im «Grundkurs Computerpraxis» wird das praktische Computerwissen übersichtlich gegliedert, auf das Wesentliche begrenzt und mit Grafiken, Beispielen und Übungen optimal zugänglich gemacht.

Dem «Grundkurs Computerpraxis» liegt ein didaktisches Konzept zugrunde, das von Dipl.-Hdl. Rudolf Hambusch, Referatsleiter im Landesinstitut für Schule und Weiterbildung Soest, entwickelt wurde. Es will das Computerwissen für jedermann verständlich machen. Die Autoren sind erfahrene Berufspädagogen, Praktiker oder Mitarbeiter in Weiterbildungsprojekten.

1 Prolog

«Prima! Jetzt kann ich meine Homepage so richtig neu gestalten.» Das denken Sie vielleicht, wenn Sie dieses Buch in den Händen halten. Dann sind Sie aber, wie viele andere auch, einem Irrtum verfallen, denn dieser Plan kann zwar mithilfe der XML umgesetzt werden, jedoch ist sie weder speziell dafür entwickelt worden noch ausschließlich aufs World Wide Web ausgerichtet. Was die XML wirklich ist, was sie leisten kann und wie sie sinnvoll eingesetzt wird, das soll dieses Buch anschaulich darstellen.

Für das Verständnis der einzelnen Kapitel und der darin erläuterten Beispiele sind keine besonderen Vorkenntnisse erforderlich. Dies gilt insbesondere hinsichtlich HTML, denn XML ist weder eine spezielle HTML noch eine Weiterentwicklung davon.

1.1 Was ist XML?

XML ist, wie so viele Namen in der Informationstechnologie, eine Abkürzung und steht für *Extensible Markup Language*, was zu Deutsch so viel wie *erweiterbare Markierungssprache* heißt. Diese Sprache ist keine Programmier-, sondern eine Beschreibungssprache für Daten. Genauer gesagt, handelt es sich um eine Metasprache, das heißt, eine Sprache zur Beschreibung von Sprachen.

Entwickelt wurde die XML, um einen Ausweg aus dem Dschungel der vielen proprietären Datenformate zu finden. Jede Textverarbeitung, Datenbank und Tabellenkalkulation verwendet ja beim Speichern ihr eigenes binäres Dateiformat, das von anderen Programmen gar nicht oder nur eingeschränkt gelesen und verarbeitet werden kann. Im Internet und den Intranets der Unternehmen und Organisationen ließen sich diese Daten zwar austauschen und verteilen, ohne die dazugehörige Software war eine Nutzung bzw. Weiterverarbeitung jedoch oft nicht möglich. Daher suchte man nach einer Möglichkeit, Daten und ihre Struktur in einem unabhängigen Format zu beschreiben und zu speichern. Nun gab es bereits die *Hypertext Markup Language,* die jedoch auf die Darstellung eines Textdokumentes spezialisiert war. Es galt nun aber auch andere Datenstrukturen zu speichern, wie mathematische und chemische Formeln, Adressen, Steuererklärungen usw. Die Lösung fand man in dem Verfahren, mit dem bereits die HTML definiert wurde.

Die Verwandtschaft zwischen HTML und XML beschreibt die folgende Abbildung.

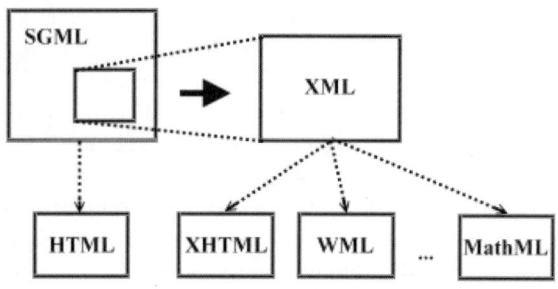

Ursprung und Grundlage beider ist die *Standard Generalized Markup Language* (SGML). Mithilfe dieser Metasprache wurde die HTML definiert. Um einen Standard für eine neue Sprache festzulegen, die die unterschiedlichsten Strukturen von Daten beschreiben und auch gut im Internet übertragen werden kann, griffen die Entwickler auf einen Teil der SGML zurück und schufen daraus die XML. Mit ihrer Hilfe lassen sich jetzt verschiedene andere Sprachen definieren, XML-Anwendungen genannt. Beispiele dafür sind die Extensible HTML (XHTML) fürs WWW, die WML für WAP-Handys und die MathML zur Beschreibung mathematischer Ausdrücke.

Wie sieht XML aus?

Die Markierungen bzw. Marken, die der Sprache ihren Namen gegeben haben, – der englische Fachbegriff dafür lautet *Tags* –, bestehen aus Text, der von spitzen Klammern eingefasst wird. Im Folgenden sehen Sie ein einfaches, kleines Beispiel für ein XML-Dokument.

```
<?xml version="1.0" encoding="Windows-1250"?>
<adressbuch>
  <adresse>
    <vorname>Max</vorname>
    <nachname>Mustermann</nachname>
    <strasse_nr>Hauptstr. 2</strasse_nr>
    <plz>30102</plz>
    <ort>Hannover</ort>
  </adresse>
  <adresse>
    <vorname>Peter</vorname>
    <nachname>Peters</nachname>
    <strasse_nr>Sackgasse 1</strasse_nr>
    <plz>50823</plz>
    <ort>Köln</ort>
  </adresse>
</adressbuch>
```

Wie man sieht, handelt es sich um eine reine Textdatei. Sie ist zwar nicht so ohne weiteres leicht zu verstehen, jedoch ohne spezielle Software einfach zu lesen. Sie kann am Bildschirm angezeigt, einfach gedruckt und mit einem simplen Editor bearbeitet werden.

In dem dargestellten Rahmen beginnt eine Marke jeweils mit einer öffnenden spitzen Klammer (<) und endet mit einer schließenden spitzen Klammer (>). Mithilfe dieser Marken bzw. Tags beschreibt die XML sowohl die Struktur als auch den Inhalt des Dokumentes, ohne dabei selbst festzulegen, was die Tags im Einzelnen bedeuten. Im Vergleich dazu legen beispielsweise die Marken der *Hypertext Markup Language* für die Seiten des WWW nur die Darstellung des Textes fest und dies obendrein in einer genau festgesetzten Weise, deren Befehlsumfang sich weder verändern noch erweitern lässt.

Was gehört zu XML?

Im Zusammenhang mit XML tauchen immer weitere Abkürzungen wie XSL, XPath, XSLT usw. auf. Etwas verwirrt stellt sich so mancher Einsteiger in die Materie dann die Frage: Gehört dies alles nun zur XML oder handelt es sich dabei um weitere Sprachen?

Nun, zunächst einmal gehört nicht unbedingt jeder Begriff, der mit X beginnt, auch tatsächlich zur XML. Beispiele dafür sind etwa *XHTML* oder *XForms*, die zwar mit XML in Verbindung stehen, aber einen ganz bestimmten Anwendungsbereich haben, nämlich das World Wide

Web. Ansonsten haben alle diese Bezeichnungen einen organisatorischen Ursprung. Das *World Wide Web Consortium*, kurz W3C genannt, als «Erfinder» der XML, wollte die komplexe Arbeit nämlich überschaubarer machen. Zu diesem Zweck wurden verschiedene Arbeitsgruppen gebildet, die sich jeweils einem Teilbereich des Gesamtproblems widmeten. Jede gab sich dann einen Namen, der ihren Arbeitsbereich beschrieb, und so entstand eine ganze Gruppe von Abkürzungen. Die wichtigsten davon sind

- XML. Dies ist die eigentliche Spezifikation und beschreibt den Kernbereich, zu dem auch die Namensräume und XInclude zählen.
- XInclude (XML Inclusions) erläutert, wie mehrere Dokumente zu einem einzigen gemischt werden können.
- XPath beschreibt, wie die logischen Bestandteile eines Dokumentes adressiert werden können. Dies wird von XSLT und XPointer benutzt.
- XPointer (XML Pointer Language) erweitert XPath, um auf einzelne Stellen eines Dokumentes zugreifen zu können.
- XSL (Extensible Stylesheet Language) ist ein Oberbegriff für XSLT und XSL/FO.
- XSLT (XSL Transformation) ist eine Transformationssprache und beschreibt, wie XML-Dokumente beispielsweise in HTML-Dokumente umgewandelt werden sollen.
- XSL/FO (XSL Formatting) ist der Teil der XSL, der sich auf die Beschreibung der Darstellung eines Dokumentes bezieht.
- XML Schema beschreibt ein Regelwerk, mit dem Struktur, Inhalt und Bedeutung von XML-Dokumenten festgelegt werden können.
- XLink (XML Linking Language) beschreibt, wie Verknüpfungen zwischen Ressourcen erzeugt und beschrieben werden. Dazu gehören einfache Links ähnlich den Hyperlinks der HTML, die in eine Richtung weisen, aber auch komplexere Verknüpfungen.

1.2 Wie funktioniert XML?

XML ist, wie bereits erwähnt wurde, keine Sprache, mit der Programme geschrieben werden können, sondern eine, die Daten beschreibt. Diese wiederum werden natürlich von Programmen erzeugt, gespeichert und bearbeitet. Ein wesentlicher Vorteil der XML-Dokumente, – also der Daten, die mittels XML beschrieben werden –, ist die Tatsache, dass es sich dabei um Texte handelt. Dadurch lassen sie sich einfach mit einem normalen Editor erstellen und bearbeiten. Unterschiedliche Programme, wie beispielsweise Internet-Browser und Unternehmensanwendungen, können die Daten dann aufgabenspezifisch darstellen und verarbeiten. Beispiele für dieses Zusammenspiel zeigt die folgende Abbildung.

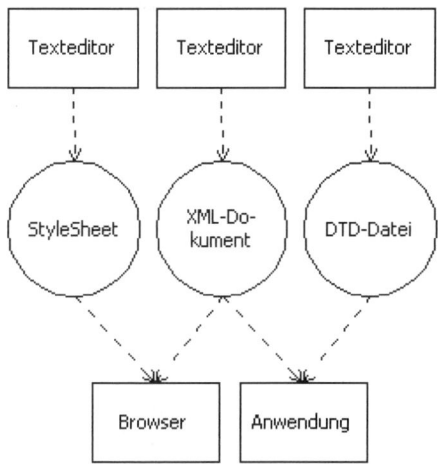

Ein XML-Dokument beschreibt überhaupt nicht, wie sein Inhalt dargestellt werden soll, sondern enthält nur die Daten und Informationen zu deren Struktur. Sollen diese nun beispielsweise von einem Browser angezeigt werden, dann werden dafür Zusatzinformationen benötigt. Diese werden in der Regel von Stylesheets geliefert. Das sind Dateien, die Formatierungen festlegen. Durch diese Trennung von Inhalt und Darstellungsweise können XML-Dokumente je nach Bedarf unterschiedlich präsentiert werden. Dazu muss nur immer ein anderes Stylesheet benutzt werden.

Ein XML-Dokument beschreibt auch nicht, welche Regeln für die verwendeten Tags gelten und welche überhaupt benutzt werden dürfen. Dies übernimmt unter anderem die *Document Type Definition* (DTD). Auch die HTML-Marken einer Homepage und ihre Verwendung werden durch eine DTD beschrieben, die allerdings in den Browsern fest programmiert ist. Die XML benutzt für jede Dokumentklasse und jeden Anwendungsbereich (XHTML, MathML usw.) eine andere DTD, die von Anwendungsprogrammen zusammen mit dem XML-Dokument benutzt wird. Dadurch können Sie den Aufbau des Dokumentes analysieren, überprüfen und «verstehen».

XML-Dokumente sind also nicht isoliert zu sehen, sondern arbeiten zusammen mit verschiedenen anderen Beschreibungsdateien. Das Verständnis der dabei verwendeten Definitionen ist daher für die Arbeit mit der XML genauso notwendig. Sie werden deshalb ebenfalls in einzelnen Kapiteln beschrieben.

1.3 Was braucht man?

Der professionelle Einsatz der XML erfolgt immer in Verbindung mit Anwendungsprogrammen. Dazu gehören natürlich auch die Internet-Browser. Zum Erlernen dieser Sprache sollte jedoch eine recht einfache, allgemein bekannte Softwareumgebung gewählt werden. Das Minimum, das benötigt wird, besteht dabei aus

- einem einfachen Texteditor, beispielsweise dem Editor aus dem Windows-Zubehör, mit dem die XML-Dokumente und zugehörige Dateien des Buches bearbeitet werden, und
- einem XML-fähigen Browser, beispielsweise dem Internet Explorer ab Version 6 (Version 5 mit Einschränkungen), Netscape Navigator ab Version 6 oder Opera ab Version 5, mit dem die Inhalte der Dokumente dargestellt werden.

Etwas mehr Komfort bieten weitere Programme, die aber nicht unbedingt erforderlich sind, wie

- ein spezieller XML-Editor, der die Definition der Datenstruktur visuell unterstützt,
- ein spezieller DTD- oder Schema-Editor, um Dokumentklassen schneller zu definieren, oder
- ein so genannter Validator, der in der Entwicklungsphase die Dokumente auf korrekte Syntax überprüft.

Wer dann auch Anwendungsprogramme programmieren will, benötigt noch ein Zusatzmodul, das die XML-Dokumente lesen und aufbereiten kann und in die Anwendung integriert wird. Dies ist ein so genannter XML-Parser, wie beispielsweise

- einfache sequentielle SAX-Parser (z. B. für Java, Perl und Python)
- Microsoft XML Core Services (MSXML), u.a. für SAX und DOM (siehe Kapitel 10.2)
- Apache Xerces.

Ein XML-Parser ist aber auch Bestandteil der neueren Browser, sodass diese stets zur Anzeige der Dokumente verwendet werden können.

1.4 Kleiner Buchleitfaden

Dieses Buch beschreibt keine Entwicklungsumgebungen, sondern nur die Sprache selbst. Deshalb werden alle Dateien mit einem einfachen Texteditor erstellt. Für die Darstellung wird dann hauptsächlich ein Internet-Browser benutzt. Für weiter gehende Zwecke wird dann leicht zugängliche, freie Software eingesetzt.

Zunächst jedoch einige Hinweise zur Handhabung dieses Buches.

Dialoge und Programmfragmente sind so hervorgehoben:

```
Ihre Eingabe bitte
```

Die Programmbeispiele sind mit einem Rahmen versehen. Ein Rahmen entspricht dabei in der Regel auch immer einer Datei.

Programmteile, die erläutert werden, sind mit einem Raster hinterlegt:

```
<?xml version="1.0" ?>                                    <!--1-->
```

Damit im Text darauf Bezug genommen werden kann, enthalten die Programme Zeilennummern in der Form *<!--1-->*. Diese Nummern sind, wie alles, was zwischen den Zeichen *<!--* und *-->* steht, Kommentare und können beim Eingeben weggelassen werden.

> *Hinweis:*
> Autor, Herausgeber und Verlag haben sämtliche Angaben, Hinweise und Beispiele, die in diesem Buch aufgeführt sind, sorgfältig geprüft. Dennoch können Fehler nicht völlig ausgeschlossen werden. Autor, Herausgeber und Verlag können deshalb keine Gewährleistung für die einwandfreie Funktion aller Angaben, Hinweise und Beispiele übernehmen. Für etwaige Folgeschäden an

Geräten und Programmen, die durch die Benutzung der Inhalte dieses Buches entstehen können, wird keine Haftung übernommen.

Benutzte Produkt- bzw. Warennamen

Fast alle in diesem Buch genannten Produkt- und Firmennamen sind gesetzlich geschützt. Ein fehlender ausdrücklicher Hinweis hierauf kann nicht zu der Annahme führen, dass keine Schutzrechte bestehen.

Download

Die Beispiele und Lösungen zu den Aufgaben stehen im Internet im Downloadbereich von *www.erlenkoetter.de* zur Verfügung.

2 Das Grundprinzip

Wenn Daten gespeichert werden, muss dies so geschehen, dass jede Einzelinformation einerseits schnell wieder gefunden und andererseits auch immer richtig «verstanden» wird. Bei den herkömmlichen Speicherformaten konnten dazu die Daten aufgrund ihrer sequentiellen Anordnung in einer genau vorbestimmten Reihenfolge oder über Schlüssel identifiziert werden. Um sie richtig interpretieren zu können, musste ein Programm dann meistens noch ihren genauen binären Aufbau kennen.

Die XML geht hier einen ganz anderen Weg, indem sie sowohl die Struktur als auch die Bedeutung der Daten gemeinsam darstellt. Ein Dokument enthält dabei in Form von XML-Elementen sowohl die Daten selbst als auch ihre Beschreibung. Dieses Grundprinzip und der allgemeine Aufbau eines XML-Dokumentes werden in diesem Kapitel erläutert. Bei diesen ersten Dokumenten handelt es sich um so genannte *wohlgeformte* (engl. well-formed) Dokumente, was nichts anderes bedeutet, als dass sie korrekte XML-Ausdrücke und keine Fehler enthalten. Strengere Regeln gelten für *gültige* (engl. valid) Dokumente, die später im Kapitel 5 erläutert werden.

2.1 Die Idee

Wenn ein Programm fremde Daten liest, kann es ja nicht wissen, ob zum Beispiel eine Zahl nun einen Preis, eine Stückzahl, ein Alter oder etwas anderes darstellt. Einige Texte sind manchmal sogar auch einem menschlichen Leser ohne Zusatzinformationen schwer verständlich. Was bedeutet beispielsweise denn der folgende Satz?

Der Schuster hat die Lösung.

Hat eine Person namens Schuster das Ergebnis eines Problems oder eine flüssige Substanz? Oder ist vielleicht jemand mit dem genannten Beruf gemeint? Führt man nun spezielle Markierungen ein, die einerseits einen Begriff erläutern, andererseits aber auch seinen Anfang und sein Ende kennzeichnen, so wird klar, was gemeint ist. Sehen Sie sich dazu die folgenden zwei Beispiele an.

Der *\<Name\>*Schuster*\</Name\>* hat die *\<Resultat\>*Lösung*\</Resultat\>*.
Der *\<Beruf\>*Schuster*\</Beruf\>* hat die *\<Substanz\>*Lösung*\</Substanz\>*.

Hier werden einzelne Begriffe von Zusatzangaben eingeschlossen. Diese Zusatzangaben stehen in spitzen Klammern, damit deutlich wird, dass sie nicht zum eigentlichen Text gehören. Um auch die beiden Markierungen unterscheiden zu können, wird dem Namen der abschließenden ein Schrägstrich vorangestellt. Ihre Bezeichnungen sind so gewählt, dass klar wird, was die eingeschlossenen Begriffe bedeuten sollen. Bei diesen beiden Sätzen handelt es sich nun aber noch um kein XML-Dokument. Sie sollen nur die Grundidee demonstrieren, die hinter der XML steckt. XML benutzt derartige Marken (engl. tags), um sowohl den Aufbau als auch die Bedeutung von Daten zu beschreiben. Da sie zusammen mit den eigentlichen Nutzdaten gespeichert werden, beschreibt sich eine solche Datei somit quasi selbst.

2.2 Die Bausteine

Durch das Konzept der Marken entstehen Abschnitte, die nicht verkürzt werden können und nur als Ganzes in einem Dokument auftreten können. Diese werden Elemente genannt. Da einige Zeichen, wie die spitzen Klammern der Marken, eine besondere Bedeutung erhalten, müssen sie besonders dargestellt werden, wenn sie als «normales» Zeichen in den Daten vorkommen. Das wird durch so genannte Entity- und Zeichenreferenzen ermöglicht. Außerdem können Elemente durch Zusatzangaben genauer beschrieben werden. Sie heißen Attribute. Aus den aufgeführten Bausteinen Elemente, Referenzen und Attribute setzen sich alle Dokumente zusammen.

2.2.1 Die Elemente

Das folgende, einfache Beispiel zeigt eine vollständige XML-Datei, in der zwei Berufsbezeichnungen gespeichert sind.

```
<!-- Bspl001.xml -->                              <!--1-->
<Berufe>                                          <!--2-->
  <Beruf>Schuster</Beruf>                         <!--3-->
  <Beruf>Kellner</Beruf>                          <!--4-->
</Berufe>                                          <!--5-->
```

Diese Datei kann mit einem einfachen Editor erstellt werden. Rufen Sie dazu beispielsweise den Windows-Editor über das Startmenü auf. Tippen Sie dann die paar Zeilen ein, und speichern Sie die Datei unter *Bspl001.xml*.

Achtung:
Der Editor fügt standardmäßig die Namenserweiterung *.txt* an, sodass die Datei nach dem Speichern unter Umständen *Bspl001.xml.txt heißt*. Sie muss dann umbenannt werden.

Was enthält die Datei nun im Einzelnen?

(1) Zunächst einmal enthält sie Kommentare. Alles, was zwischen den Zeichenfolgen <!-- und --> steht, gehört weder zu den XML-Daten noch zu den Nutzdaten. Dadurch können kurze Hinweise wie Dateinamen, Erstellungsdatum, Copyrightangaben usw. mit in der Datei gespeichert werden. In den Beispielen dieses Buches werden auf diese Weise Nummern als Querverweise zu den Erläuterungen angegeben. Sie können, müssen aber nicht mit eingetippt werden. Kommentare dürfen nicht verschachtelt werden.

(2) Die erste Markierung, hier lautet sie <*Berufe*>, kennzeichnet den Anfang der Daten. Ihr Name kann stets frei gewählt werden. Damit man der Grundidee von XML jedoch gerecht wird, sollte er stets in irgendeiner Form angeben, welche Daten gespeichert wurden.

(3) Hier steht die erste gespeicherte Information. Durch die Markierungen wird ihr Anfang und Ende gekennzeichnet. Das Ganze, also Daten und Markierung, heißt Element. Was das genau ist und welche Regeln dafür gelten, wird im Anschluss an diese kurze Erläuterung beschrieben.

(4) Jede weitere Berufsbezeichnung wird in gleicher Weise kenntlich gemacht, wobei die gleichen Markierungsnamen wie in der vorherigen Zeile verwendet werden, denn die Information hat ja die gleiche Bedeutung.

(5) Das Ende der Daten wird auf die gleiche Art wie das Ende einer einzelnen Information gekennzeichnet, nur dass der Markenname dieses Mal mit dem aus (2) übereinstimmen muss. Dabei ist auf die Schreibweise zu achten, denn *Berufe, BERUFE* und *berufe* sind in XML drei verschiedene Namen.

Was macht diese Datei nun? Selbst zuerst einmal gar nichts, denn es handelt sich ja um kein Programm, sondern nur um gespeicherte Daten. Man benötigt also noch Software, die diese Daten in irgendeiner Form verarbeitet. Die einfachste Form der Verarbeitung besteht nun darin, die Daten anzuzeigen. Dazu kann ein Browser benutzt werden. Allerdings muss er XML interpretieren können. Auf Rechnern, auf denen der Internet Explorer oder der Netscape Navigator jeweils ab Version 6 installiert ist, kann die Datei *Bspl001.xml* einfach per Mausklick geöffnet werden. Das sieht dann im IE (Internet Explorer) beispielsweise so aus:

```
  <!-- Bspl001.xml   -->
- <Berufe>
    <!-- 1  -->
    <Beruf>Schuster</Beruf>
    <!-- 2  -->
    <Beruf>Kellner</Beruf>
    <!-- 3  -->
  </Berufe>
  <!-- 4  -->
```

Es werden sowohl Kommentare als auch Markierungen und Daten in jeweils unterschiedlichen Farben angezeigt. Außerdem können die Einzelinformationen über das Minuszeichen vor der ersten Markierung durch Anklicken ausgeblendet werden. Dabei ändert sich das Minuszeichen in ein Pluszeichen, über das durch einen erneuten Klick die Daten wieder eingeblendet werden können.

Diese Darstellung ist die Standardanzeige des Browsers für XML-Dokumente. Andere Darstellungen erfordern zusätzliche Layout-Dateien, wie sie später in den Kapiteln 3 und 9 beschrieben werden.

Einfache Elemente

Elemente sind die kleinsten Datenbausteine eines XML-Dokumentes. Sie «verpacken» und beschreiben jeweils eine einzelne Information. Die nachstehende Abbildung veranschaulicht den Aufbau eines einfachen Elementes.

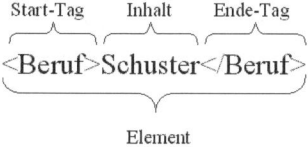

Der Inhalt (engl. content) des Elementes besteht hier aus den eigentlichen Daten. Eingeschlossen wird er von den Marken (engl. tags). Diese Marken haben immer einen Namen, der in spitzen Klammern steht und die Bedeutung der Information beschreibt. Die Startmarke bzw. das Start-Tag besteht dabei nur aus dem eingeklammerten Namen, während die Endmarke bzw. das Ende-Tag dem Namen einen Schrägstrich (/) voranstellt.

Dokumentelement

Ein Element kann nicht nur Daten enthalten, sondern auch wiederum andere Elemente. Jedes Dokument enthält immer mindestens ein Element, dessen Inhalt aus weiteren Elementen besteht. Dieses heißt Dokumentelement (engl. document element) und ist das erste innerhalb eines XML-Dokumentes. In *Bspl001.xml* ist es das Element *Berufe*, wie die folgende Abbildung zeigt.

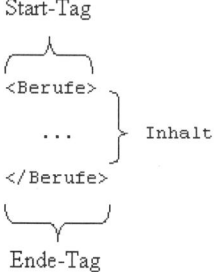

Die Marken des Dokumentelementes kennzeichnen Anfang und Ende der gesamten Daten. Daher darf ihm niemals ein weiteres Element folgen. Alle anderen Elemente müssen vielmehr stets zum Inhalt des Dokumentelementes gehören.

Leere Elemente

Enthält ein Element keinen Inhalt, weil beispielsweise die Daten noch unvollständig sind, dann spricht man von einem leeren Element. Es kann auf zwei alternative Arten dargestellt werden. In der ersten Form fehlt einfach der Inhalt, das heißt, Start- und Endmarke folgen direkt aufeinander. Für einen nicht bekannten oder nicht angegebenen Beruf einer Person sieht das also so aus:

```
<Beruf></Beruf>
```

Die zweite Möglichkeit stellt eine Kurzschreibweise hiervon dar. Sie fasst beide Tags in einer Marke zusammen, indem im Start-Tag dem Namen direkt ein Schrägstrich folgt:

```
<Beruf/>
```

Beide Darstellungen sind Synonyme und können sich jederzeit gegenseitig ersetzen. Aber Vorsicht, ein Element ist nur dann wirklich leer, wenn es gar keine Zeichen enthält, auch keine Leerstellen oder Zeilenumbrüche! Also ist weder

```
<Beruf> </Beruf>
```

eine leeres Element noch die folgende Tag-Kombination:

```
<Beruf>
</Beruf>
```

Namensregeln

XML verwendet als Zeichensatz Unicode und unterscheidet zwischen Groß- und Kleinschreibung. *Beruf*, *beruf* und *BERUF* sind also drei verschiedene Namen! Jeder Name muss mit einem Buchstaben, dem Unterstrich oder dem Doppelpunkt beginnen und darf danach aus Buchstaben, Ziffern, Punkt, Bindestrich und Unterstrich bestehen. Er darf jedoch nicht mit *xml* beginnen, egal ob die Buchstaben dabei groß oder klein geschrieben werden. Korrekt sind daher diese Namen:

Brief	beginnt mit Buchstaben und enthält nur Buchstaben
_Xml	beginnt mit Unterstrich und enthält nur Buchstaben
:neu	beginnt mit Doppelpunkt und enthält nur Buchstaben
DM2Euro	beginnt mit Buchstaben und enthält Buchstaben und Ziffer
name.vorname	beginnt mit Buchstaben und enthält nur Buchstaben und Punkt
Nummer_1	beginnt mit Buchstaben und enthält nur Unterstrich und Ziffer
PLZ-Ort	beginnt mit Buchstaben und enthält nur Buchstaben und Bindestrich

Folgende Namen sind jedoch **ungültig**:

4Ever	Ziffer ist als erstes Zeichen nicht erlaubt
.Com	Punkt ist als erstes Zeichen nicht erlaubt
Name=>1	weder Gleichheitszeichen noch spitze Klammer sind erlaubt
Xmliter	Präfix *xml* ist nicht erlaubt

2.2.2 Die Referenzen

Einige Zeichen, wie spitze Klammern, Anführungszeichen und Apostrophe, haben für XML eine besondere Bedeutung. Sie können daher nicht so ohne weiteres benutzt werden, denn sonst treten Fehlinterpretationen auf. So erwartet beispielsweise der Browser nach einer öffnenden spitzen Klammer immer einen Elementnamen und eine schließende spitze Klammer. Der Text «Umsatz < 5 Mio. Euro» würde also somit Fehler produzieren. XML definiert daher besondere Darstellungsmöglichkeiten, die hauptsächlich für drei Zeichenkategorien verwendet werden:

- reservierte Zeichen wie <, > usw.
- Umlaute
- Sonderzeichen.

Das folgende Beispiel soll einen kleinen Zeitungsartikel darstellen. Er besteht aus einem Titel, Untertitel, dem eigentlichen Artikel und einer Autorenangabe.

```
<!--Bspl002.xml-->
<artikel>                                          <!--1-->
<titel>XML</titel>                                 <!--2-->
<untertitel>Extensible Markup Language von Anfang
an</untertitel>                                    <!--3-->
<absatz>                                           <!--4-->
XML ist, wie so viele Namen in der Informationstechnologie, eine
Abkürzung und steht für Extensible Markup Language, was zu
deutsch so viel wie erweiterbare Markierungssprache heißt.
Diese Sprache ist keine Programmier-, sondern eine
Beschreibungssprache.
Genauer gesagt, handelt es sich um eine Metasprache, das heißt,
eine Sprache zur Beschreibung von Sprachen.</absatz>
<autor>Helmut Erlenkötter</autor>                  <!--5-->
</artikel>
```

(1) Dies ist wieder das Dokumentelement, das in jeder XML-Datei vorhanden sein und die gesamten Daten enthalten muss. Der Name wird dieses Mal klein geschrieben. Diese Kleinschreibung der Elementnamen hat sich vielfach eingebürgert und ist für manche XML-Anwendungen wie beispielsweise XHTML sogar Pflicht.

(2) Das erste Element des Dokumentelementinhaltes ist der Titel des Artikels.

(3) Es folgt das Element für den Untertitel. Der Zeilenumbruch taucht hier nur aufgrund der zu geringen Breite der Buchseite auf und ist in der Originaldatei nicht enthalten. Tippen Sie ihn also gegebenenfalls nicht mit ein!

(4) Das Element *absatz* stellt den eigentlichen Artikeltext dar. Er besteht aus drei Absätzen, von denen jeder über mehrere Zeilen verläuft. Außerdem sind im Text Umlaute und der Buchstabe ß enthalten.

(5) Auch im letzten Element, der Angabe zum Autor, steckt wieder ein Umlaut.

Ist diese Datei beispielsweise mit dem Windows-Editor erstellt worden und soll jetzt vom Browser angezeigt werden, dann erhält man eine Fehleranzeige, wie zum Beispiel die folgende des Internet Explorer 6.

Die XML-Seite kann nicht angezeigt werden

Die XML-Eingabe kann nicht angezeigt werden, wenn Stylesheet XSL verwendet wird. Beheben Sie den Fehler und klicken Sie dann auf Aktualisieren, oder wiederholen Sie den Vorgang sp□er.

Im Textinhalt wurde ein ung□tiges Zeichen gefunden. Fehler beim Bearbeiten der Ressource 'file:///C:/Dokumente und Einstellungen/Helmut/Eigene Dateien/XML/Buch/Bspl002.xml'. Zeile 6, Position 69

XML ist, wie so viele Namen in der Informationstechnologie, eine Abk

---

Hinweis:
Die in der Meldung angegebenen Zeilen- und Positionsnummern beziehen sich auf die Originaldatei und können nicht eins zu eins auf die Darstellung von *Bspl002.xml* auf Seite 26 angewendet werden.

Laut Browserdarstellung kann also das Zeichen, das dem angezeigten Text direkt folgt, nicht interpretiert werden. Wenn man nun in der Datei nachschaut, welches Zeichen ungültig sein soll, so findet man den Buchstaben ü. Weshalb kann nun der Browser plötzlich kein einfaches ü darstellen?

Nun, das liegt einfach daran, dass Editor und Browser hier unterschiedliche Kodierungsverfahren für die Unicodezeichen mit einem Code größer als 127 verwenden. Dazu gehören die Umlaute und viele Sonderzeichen, die deshalb vom Browser nicht verstanden werden. Um dieses Problem zu beheben, muss entweder das Kodierungsverfahren des Editors dem Browser mitgeteilt (siehe Kapitel 2.4.1) oder der Zeichencode explizit angegeben werden.

Zeichenreferenzen

Wird ein Zeichencode angegeben, so spricht man von einer Zeichenreferenz. Sie beginnt immer mit dem so genannten Ampersand-Zeichen (&), dem das Nummernzeichen (#) und der dezimale oder hexadezimale Codewert folgen. Ein Semikolon schließt die Zeichenreferenz ab. Für das Beispiel *Bspl002.xml* bedeutet das nun Folgendes:

Der Buchstabe ü hat den Code 252 (siehe auch Kapitel 11.2). Die Zeichenreferenz für das ü lautet also *&#252 (dezimal);* oder *&#xFC (hexadezimal);*. Somit lässt sich das fehlerhafte Wort nun etwa so schreiben:

Anführungszeichen

Dabei ersetzt die Zeichenreferenz ganz einfach den Buchstaben ohne führende oder folgende Leerzeichen.

Andere Zeichen, die nicht über die Tastatur eingegeben werden können, sind ebenfalls als Zeichenreferenzen darstellbar. So lässt sich das Copyright-Zeichen © als Zeichenreferenz © oder © angeben. Weitere wichtige Zeichenreferenzen sind im Anhang enthalten.

> *Hinweis:*
> Referenzen werden bei der Interpretation einer XML-Datei als Erstes aufgelöst!

Entityreferenzen

Um nicht immer die Codes nachschlagen zu müssen, können für die von XML reservierten Zeichen auch so genannte Entityreferenzen benutzt werden. Das sind vorgegebene Namen, denen ein &-Zeichen vorangestellt und ein Semikolon angehängt wird. So steht *<* für das Zeichen < (lt = less than) und *>* für das Zeichen > (gt = greater than). Zwei Beispiele:

5 > 6 ergibt *5 > 6*
34 <= x ergibt *34 <= x*

Auch Apostroph und Anführungszeichen sind reserviert (siehe Kapitel 2.2.3) und stehen als Entityreferenz zur Verfügung. So steht *'* für einen Apostroph und *"* für ein Anführungszeichen.

Da in diesen Referenzausdrücken das Zeichen & wiederum eine besondere Bedeutung hat, folgt hieraus, dass es selbst ebenfalls speziell definiert werden muss, wenn es «normal» verwendet wird. Seine Darstellung lautet dann *&*. Ein Beispiel:

Meier & Söhne ergibt *Meier & Söhne*

Die fünf Entityreferenzen sind also:

Zeichen	Name	Entityreferenz
&	Ampersand (kfm. und)	&
<	kleiner als	<
>	größer als	>
'	Apostroph	'
"	Anführungszeichen	"

> *Hinweis:*
> XML kennt für die Umlaute keine Verschlüsselung wie HTML, obwohl die Entityreferenzen mit den entsprechenden Escapesequenzen der HTML übereinstimmen.

Das folgende Beispiel zeigt noch einmal eine kleine XML-Datei, die sowohl Entityreferenzen als auch Zeichenreferenzen einsetzt.

```
<!--Bspl003.xml-->
<Firma>
   <Name>Meier &amp; Co.</Name>                    <!--1-->
   <Ort>K&#246;ln</Ort>                            <!--2-->
   <Umsatz>&lt; 10 Mio.</Umsatz>                   <!--3-->
</Firma>
```

Werden dabei alle Umlaute und Sonderzeichen als Referenzen dargestellt, können die Daten korrekt angezeigt werden, wie die nachstehende Darstellung im Browser zeigt.

```
   <!-- Bspl003.xml  -->
 - <Firma>
     <Name>Meier & Co.</Name>
     <!-- 1  -->
     <Ort>Köln</Ort>
     <!-- 2  -->
     <Umsatz>< 10 Mio.</Umsatz>
     <!-- 3  -->
   </Firma>
```

(1) Damit das kaufmännische Und-Zeichen in Meyer & Co. nicht als Beginn einer Referenz interpretiert wird, muss es «verschlüsselt» werden. Dazu dient die Entityreferenz *&*.

(2) Für Umlaute und sonstige Sonderzeichen stehen keine vordefinierten Entityreferenzen zur Verfügung. Hier muss der jeweilige Code per Zeichenreferenz angegeben werden. Für ö ist das der Dezimalwert 246 (siehe Kapitel 11.2).

(3) Nur für die Sonderzeichen, die von der XML selbst benutzt werden, können Entityreferenzen eingesetzt werden.

2.2.3 Die Attribute

Zusätzlich zum Namen kann ein Start-Tag auch so genannte Attribute enthalten. Sie dienen dazu, die Daten genauer zu beschreiben. Sie können aber auch zusätzliche Daten liefern und sogar die Daten selbst enthalten. Den Aufbau eines solchen Attributes zeigt das folgende Bild.

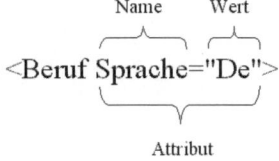

Attribute haben einen Namen, dem ein Wert zugewiesen wird, zum Beispiel:

<Beruf Sprache="De">Kellner</Beruf>

<Beruf Sprache="En">waiter</Beruf>

Hier wird durch das Attribut *Sprache* genauer beschrieben, wie die Information im Element *Beruf* zu interpretieren ist, Attribute können aber die Information auch selbst beinhalten (siehe Kapitel 2.3.2).

Es dürfen mehrere Attribute in einem Start-Tag benutzt werden, allerdings müssen sie dann unterschiedliche Namen tragen.

<Beruf Sprache="De" Dialekt='Kölsch'>Köbes</Beruf>

Die Werte eines Attributes können sowohl in Anführungszeichen als auch in Apostrophe gesetzt werden. Außerdem können auch leere Elemente Attribute enthalten, wie zum Beispiel:

<Beruf Sprache="De" Dialekt='Kölsch'/>

Dies kann man dazu ausnutzen, die Daten statt als Inhalt als Attribut anzugeben:

<Beruf Bezeichnung="Schuster"/>

Sollen innerhalb von Anführungszeichen wieder Anführungszeichen benutzt werden, so kann man sich durch Entityreferenzen oder einen Austausch mit Apostrophen helfen. Innerhalb von Anführungszeichen können immer Apostrophe und innerhalb von Apostrophen stets Anführungszeichen verwendet werden. Folgende Attributwerte sind daher möglich:

"Er sagt: 'Hallo'"

'Er sagt: "Hallo"'

"Er sagt: "Hallo""

'Er sagt: 'Hallo''

Namensregeln
Auch für die Namen von Attributen gelten Regeln. Sie sind bis auf eine Ausnahme identisch mit den Regeln für Elementnamen. Die Ausnahme bezieht sich auf die Verwendung des Doppelpunktes. Während er als erstes Zeichen eines Elementnamens erlaubt ist, dürfen Attributnamen nicht damit beginnen.

2.3 Der Bauplan

XML-Dokumente bestehen aus Elementen. Diese können nacheinander definiert oder auch ineinander verschachtelt sein. Mit welchen Methoden und wie ein Dokument nun richtig aufgebaut wird, soll am Beispiel einer kleinen Tabelle erläutert werden. Derartige Daten lassen sich recht anschaulich darstellen, so dass ihre Struktur ohne Probleme definiert werden kann.

2.3.1 Datenstruktur erkennen

Wenn XML-Dokumente aufgebaut werden sollen, sind die Daten und ihre Struktur Mittelpunkt der Überlegungen. Dieses Kapitel soll zeigen, wie man den sinnvollen Aufbau von XML-Dokumenten ermitteln kann.

Adressliste
Bei einer Tabelle ist der Aufbau der Daten bereits offensichtlich. Schauen Sie sich dazu die kleine Adressliste im folgenden Bild an.

Vorname	Nachname	Strasse	Plz	Ort
Max	Mustermann	Hauptstr. 2	30102	Hannover
Peter	Peters	Sackgasse 1	50823	Köln

Jede Adresse steht in einer separaten Zeile. Sie besteht aus verschiedenen Informationseinheiten, die in Spalten dargestellt werden. Die Spaltenüberschrift beschreibt dabei die Information, die jede Zelle der Spalte enthält. In XML kann sie daher beispielsweise in der folgenden Form dargestellt werden.

<Vorname>Max</Vorname>

Bleibt also die Frage, wie die Folge und der Zusammenhang dieser Zellen beschrieben werden kann.
Um solche Strukturen beschreiben zu können, muss man sie natürlich zunächst einmal erkennen und verstehen. Ein Schlüssel zum Verständnis eines XML-Dokumentes liegt in der Beziehung der Daten zueinander, die sich verbal durch zwei Ausdrücke beschreiben lassen:

besteht aus   beschreibt, dass ein Element andere Elemente enthält
gefolgt von   beschreibt eine Sequenz von Elementen

Unter Verwendung dieser Begriffe lässt sich die Struktur der Tabelle, – nennen wir sie Adressbuch –, folgendermaßen beschreiben:

■ Das Adressbuch besteht aus einer Adresse, gefolgt von weiteren Adressen.

■ Eine Adresse besteht aus dem Vornamen, gefolgt von Nachname, Straße, Plz und Ort.

Hilfreich ist hierbei oft die Beschreibung der Beziehungen als Baumstruktur. Jedes Element wird dann als Teil des Baumes dargestellt. Für die Adresstabelle sieht das dann folgendermaßen aus:

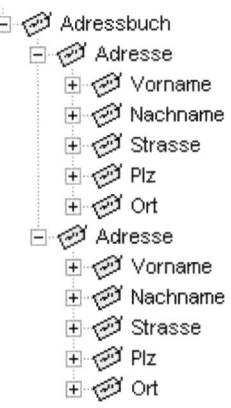

Durch diese Darstellung wird die Hierarchie der Daten deutlich. Dabei werden Daten, die einander folgen, einfach untereinander geschrieben und die Beziehung *besteht aus* durch eine Einrückung dargestellt. Das Adressbuch besteht hier also aus zwei Adressen und jede Adresse besteht aus Vorname, Nachname, Straße, Plz und Ort.

Statt nun immer die gesamte Struktur für alle Daten des Dokumentes anzuzeigen, kann man die Baumstruktur auch komprimieren, indem die Wiederholungen anders dargestellt werden. Schauen Sie sich dazu das folgende Bild an.

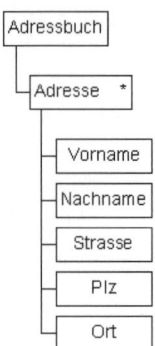

Hier taucht jedes Element nur einmal auf. Die Tatsache, dass ein Adressbuch aber beliebig viele Adressen enthalten kann, wird dabei durch einen Stern beim Element *Adresse* verdeutlicht. Dadurch wird die so genannte Multiplizität bzw. Kardinalität angegeben. Sie zeigt, dass diese Ebene beliebig wiederholt wird. Für Elemente ohne Multiplizitätsangabe soll automatisch der Wert 1 gelten, das heißt, dass genau ein Element vorkommen muss.

Wird noch eine Telefonnummer den Adressangaben hinzugefügt, die ja bekanntlich aus einer Vorwahl und einer Rufnummer besteht, dann muss diese Struktur folgendermaßen erweitert werden:

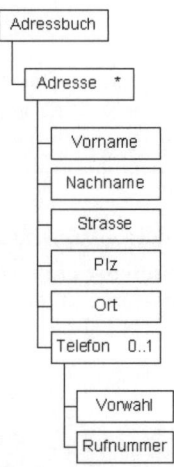

Sie sehen hier, dass zu einer Adresse 0 oder 1 Telefonangabe gehören kann. Diese besteht jedoch dann immer aus Vorwahl und Rufnummer.

Grundschülerverzeichnis

Als Beispiel für eine komplexere Datenstruktur sollen die Schülerdaten einer Grundschule dienen. Bekanntlich besteht sie ja aus vier Jahrgangsstufen. Allerdings gehört bei mehrzügigen Schulen zu einer Jahrgangsstufe mehr als nur eine Klasse. Die Schülerzahl einer Klasse darf dabei zwischen einer Minimal- und Maximalanzahl schwanken, sagen wir einmal zwischen 15 und 25. In einer Datenbank würde dies mittels mehrerer Tabellen dargestellt, wie es beispielsweise die folgende Abbildung zeigt.

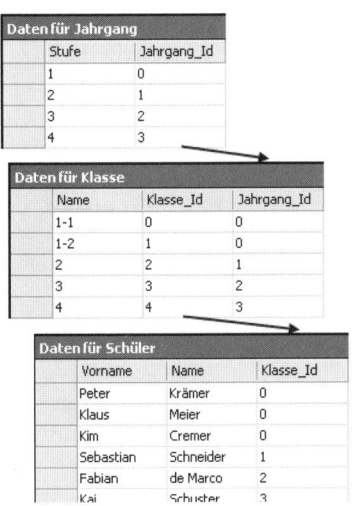

Daten für Jahrgang	
Stufe	Jahrgang_Id
1	0
2	1
3	2
4	3

Daten für Klasse		
Name	Klasse_Id	Jahrgang_Id
1-1	0	0
1-2	1	0
2	2	1
3	3	2
4	4	3

Daten für Schüler		
Vorname	Name	Klasse_Id
Peter	Krämer	0
Klaus	Meier	0
Kim	Cremer	0
Sebastian	Schneider	1
Fabian	de Marco	2
Kai	Schuster	3

Die Verknüpfung zwischen den Tabellen erfolgt über Beziehungen, die jeweils eine Zeile der einen Tabelle mit mehreren Zeilen der anderen Tabelle über eindeutige ID-Werte, so genannte Schlüssel, verbindet. Zeilen mit gleichen Schlüsselwerten gehören also zusammen. Wie lässt sich dies nun als XML-Dokument darstellen?

Dazu erstellt man am besten zunächst die Baumdarstellung, um die verschiedenen Elemente, ihre Multiplizitäten und ihre Verschachtelung zu erkennen. Das kann dann etwa so aussehen.

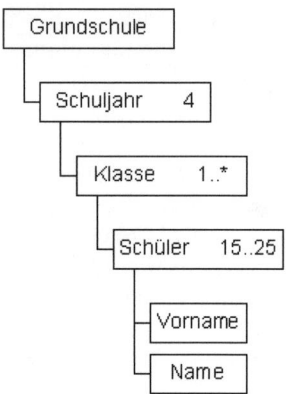

Die Schülerdaten sind hier auf *Name* und *Vorname* beschränkt worden, was für das Grundprinzip ja ausreicht.

Damit wäre die Struktur gefunden, aber wo stehen die Daten? Für die Elemente der untersten Ebene können sie einfach als deren Inhalt gespeichert werden, zum Beispiel als

<Vorname>Sven</Vorname>

<Name>Schumacher</Name>

2.3.2 Datenstruktur umsetzen

Wurde die richtige Struktur der Daten erst einmal erkannt, dann lässt sich ihre Darstellung in XML recht einfach umsetzen. Dies soll anhand der beiden Beispiele für Adressen und Grundschulinformationen nun gezeigt werden.

Adressliste

Die gefundene Datenstruktur muss 1:1 in XML abgebildet werden, das heißt nichts anderes, als dass jedem Strukturelement auch ein XML-Element entspricht. Untergeordnete Elemente sind dabei immer der Inhalt ihrer übergeordneten Elemente. Stufe für Stufe lässt sich so die Datenstruktur in XML formulieren, wobei stets darauf zu achten ist, dass die Endmarken eines Elementes korrekt gesetzt werden. Diesen Vorgang veranschaulicht die folgende Abbildung.

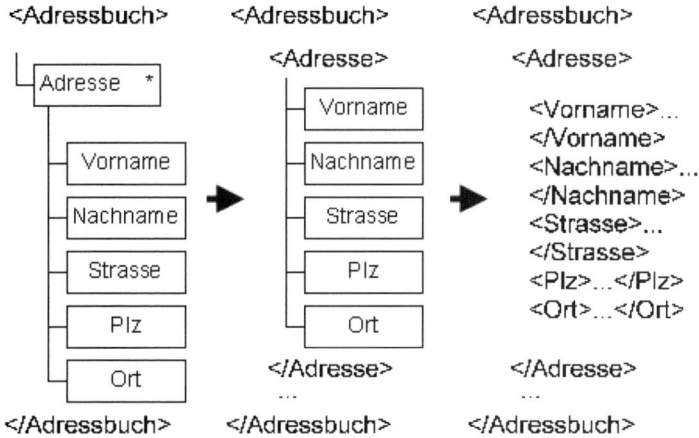

Wenn man diese Begriffe in XML-Elemente umsetzt, erhält man das folgende, vollständige Dokument.

```
<!-- Bsp1004.xml -->
<Adressbuch>                                    <!--1-->
  <Adresse>                                     <!--2-->
    <Vorname>Max</Vorname>                      <!--3-->
    <Nachname>Mustermann</Nachname>
    <Strasse>Hauptstr. 2</Strasse>
    <Plz>30102</Plz>
    <Ort>Hannover</Ort>
  </Adresse>                                    <!--4-->
  <Adresse>                                     <!--5-->
    <Vorname>Peter</Vorname>
    <Nachname>Peters</Nachname>
    <Strasse>Sackgasse 1</Strasse>
    <Plz>50823</Plz>
    <Ort>K&#246;ln</Ort>
  </Adresse>
</Adressbuch>                                   <!--6-->
```

(1) des Dokument muss ein Dokumentelement enthalten, das dem obersten Strukturelement entspricht. Seine Start- und Ende-Tags legen Anfang und Ende der beschriebenen Daten fest. Mit anderen Worten: Zwischen ihnen wird der Aufbau der Daten beschrieben.

Der Name des Elementes kann frei gewählt werden. Analog zu den Erläuterungen des Kapitels 2.3.1 lautet er hier *Adressbuch*.

(2) Das Adressbuch enthält Adressen. Entsprechend enthält das Dokumentelement eben *Adress*-Elemente. Diese stehen nacheinander zwischen den Start- und Ende-Tags des Dokumentelementes. Damit dies leichter zu erkennen ist, stehen sie in eigenen Zeilen und werden etwas eingerückt.

(3) Eine Adresse besteht aus einem Vornamen, gefolgt vom Nachnamen usw. Daher sind die entsprechenden Elemente in der genannten Reihenfolge Inhalt des *Adress*-Elementes. Diese Elemente beschreiben die Daten. Daher enthalten Sie keine weiteren Elemente, sondern nur Text. Zur besseren Übersicht steht jedes Element in einer separaten Zeile.

(4) Hier ist die erste Adresse zu Ende.

(5) Ihr folgt ein weiteres *Adress*-Element.

(6) Hier wird das Ende der Daten bzw. der kleinen Tabelle markiert.

Innerhalb des Dokumentelementes wird die gesamte Datenstruktur durch weitere Elemente beschrieben. Diese müssen sauber geschachtelt werden, das heißt, sie dürfen sich nicht überlappen. Wenn also innerhalb eines Elementes ein Start-Tag vorkommt, dann muss auch das zugehörige Ende-Tag noch innerhalb dieses Elementes liegen. Man kann auch sagen, dass ein schließendes Tag immer zum letzten öffnenden Tag gehören muss.

Im Kapitel 2.3.1 wurde das *Adress*-Element noch um eine Telefonangabe ergänzt, der die Elemente *Vorwahl* und *Rufnummer* untergeordnet waren. Diese beiden werden nach dem gleichen Schema zum Inhalt des Elementes *Telefon*. Das vollständige Dokument sieht damit so aus:

```
<!--Bspl005.xml-->
<Adressbuch>
  <Adresse>
    <Vorname>Max</Vorname>
    <Nachname>Mustermann</Nachname>
    <Strasse>Hauptstr. 2</Strasse>
    <Plz>30102</Plz>
    <Ort>Hannover</Ort>
    <Telefon>                               <!--1-->
      <Vorwahl>030</Vorwahl>                <!--2-->
      <Rufnummer>24 04 211</Rufnummer>      <!--3-->
```

```
      </Telefon>                                      <!--4-->
    </Adresse>
    <Adresse>
      <Vorname>Peter</Vorname>
      <Nachname>Peters</Nachname>
      <Strasse>Sackgasse 1</Strasse>
      <Plz>50823</Plz>
      <Ort>K&#246;ln</Ort>
    </Adresse>
  </Adressbuch>
```

(1) Das Element *Telefon* gehört zum Inhalt des Elementes Adresse und folgt in der Struktur dem Element *Ort*. Also steht das Start-Tag hinter dem Ende-Tag von *Ort*.

(2) Dem Start-Tag von *Telefon* folgt der Inhalt des Elementes, und das ist zuerst das Element *Vorwahl*,

(3) dem dann das Element *Rufnummer* folgt.

(4) Mit dem Ende-Tag von *Rufnummer* ist der Inhalt abgeschlossen. Deshalb folgt hier direkt das Ende-Tag von *Telefon*.

Grundschülerverzeichnis

Die Informationen über eine Grundschule sind nicht nur in der Struktur komplexer als eine Adressliste, sondern auch im Inhalt der einzelnen Elemente. Während nämlich bei Adresslisten nur die untersten Strukturelemente die Daten repräsentieren und alle anderen nur die Struktur beschreiben, sind im Gegensatz dazu alle Grundschulelemente mit Informationen behaftet. So hat die Jahrgangsstufe eine Nummer, jede Klasse eine Bezeichnung usw. Diese Daten kann man aber auch zum Inhalt eines Elementes zählen.

Unter dieser Voraussetzung kann das vollständige Dokument erstellt werden. Es sieht dann etwa so aus:

```
<!-- Bspl006.xml -->
<Grundschule>
  <Jahrgang>1                                         <!--1-->
    <Klasse>1-1                                        <!--2-->
      <Schueler>
        <Vorname>Peter</Vorname>
        <Name>Kr&#228;mer</Name>
      </Schueler>
      <Schueler>
```

```
              <Vorname>Klaus</Vorname>
              <Name>Meier</Name>
          </Schueler>
          <Schueler>
              <Vorname>Kim</Vorname>
              <Name>Cremer</Name>
          </Schueler>
      </Klasse>
      <Klasse>1-2
          <Schueler>
              <Vorname>Sebastian</Vorname>
              <Name>Schneider</Name>
          </Schueler>
      </Klasse>
  </Jahrgang>
  <Jahrgang>2
      <Klasse>2
          <Schueler>
              <Vorname>Fabian</Vorname>
              <Name>de Marco</Name>
          </Schueler>
      </Klasse>
  </Jahrgang>
  <Jahrgang>3
      <Klasse>3
          <Schueler>
              <Vorname>Kai</Vorname>
              <Name>Schuster</Name>
          </Schueler>
      </Klasse>
  </Jahrgang>
  <Jahrgang>4
      <Klasse>4
          <Schueler>
              <Vorname>Sven</Vorname>
              <Name>Schumacher</Name>
          </Schueler>
      </Klasse>
  </Jahrgang>
</Grundschule>
```

(1) Da die Bezeichnung eines Jahrgangs genau so wie die untergeordneten Elemente zum Inhalt gehört, muss sie zwischen den beiden Marken des Elementes stehen. Hier wird sie der besseren Übersicht halber direkt als Erstes aufgeführt. Sie darf aber auch zwischen zwei

Klasse-Elementen oder hinter dem letzten *Klasse*-Element stehen, nur nicht innerhalb eines solchen.

(2) Entsprechendes gilt für die Bezeichnung einer Klasse.

Es gibt nun aber auch Situationen, in denen kein gemischter Inhalt, das heißt sowohl Text als auch Elemente, gewünscht oder erlaubt ist. In solchen Fällen können die Informationen eines Elementes als Attribute beschrieben werden. Das nachstehende Beispiel zeigt, wie das dann aussieht.

```xml
<!-- Bspl007.xml -->
<Grundschule>
  <Jahrgang Stufe="1">                            <!--1-->
    <Klasse Name="1-1">                          <!--2-->
      <Schueler Vorname="Peter"
                Name="Kr&#228;mer"/>             <!--3-->
      <Schueler Vorname="Klaus" Name="Meier"/>
      <Schueler Vorname="Kim" Name="Cremer"/>
    </Klasse>
    <Klasse Name="1-2">
      <Schueler Vorname="Sebastian"
                Name="Schneider"/>
    </Klasse>
  </Jahrgang>
  <Jahrgang Stufe="2">
    <Klasse Name="2">
      <Schueler Vorname="Fabian" Name="de Marco"/>
    </Klasse>
  </Jahrgang>
  <Jahrgang Stufe="3">
    <Klasse Name="3">
      <Schueler Vorname="Kai" Name="Schuster"/>
    </Klasse>
  </Jahrgang>
  <Jahrgang Stufe="4">
    <Klasse Name="4">
      <Schueler Vorname="Sven" Name="Schumacher"/>
    </Klasse>
  </Jahrgang>
</Grundschule>
```

(1) Wird die Bezeichnung der Jahrgangsstufe als Attribut angegeben, dann muss diese Information zunächst einmal einen Namen erhal-

ten. Dieser sollte so gewählt sein, dass die Bedeutung seines Wertes leicht verständlich ist. Der Wert selber muss dann zusätzlich in Anführungszeichen oder Apostrophen angegeben werden.

(2) In gleicher Weise wird mit der Klassenbezeichnung verfahren.

(3) Auch die Schülerdaten werden hier als Attribute dargestellt, was aber nicht nötig wäre, da sie ja keine weiteren Elemente enthalten. Zum einen wird dadurch aber die Struktur etwas verkürzt und zum anderen wird noch einmal die Verwendung leerer Elemente deutlich. Das *Schueler*-Element verfügt nämlich nun über keinen weiteren Inhalt mehr.

Den genauen Unterschied zwischen einer Datenbeschreibung als Attribut und einer als Elementinhalt zeigt das Kapitel 5.5.3.

2.4 Feinabstimmungen

Mit den Grundbausteinen der XML aus Kapitel 2.2 lassen sich mit nur wenigen Abstrichen alle Daten beschreiben. Allerdings gibt es Problembereiche. Diese liegen größtenteils bei der Verwendung landesspezifischer Sonderzeichen wie Umlauten und der Behandlung des Leerraumes, das heißt der Leerzeichen, Tabulatoren und Zeilenvorschübe. Deshalb gibt es ein paar Ergänzungen, die auf diese Situationen zugeschnitten sind.

2.4.1 Die XML-Deklaration

Im Kapitel 2.2.2 wurde gezeigt, dass ein Browser Zeichen, die einen Codewert über 127 haben, nur dann korrekt anzeigen kann, wenn er das vom Editor verwendete Kodierungsverfahren kennt. Statt nun jedes dieser Zeichen als Zeichenreferenz anzugeben, wäre es eine Erleichterung, wenn man ihm dies einfach mitteilen könnte. Das ist tatsächlich durch eine einfache, kleine Änderung am Anfang der Datei möglich, wie das folgende Beispiel zeigt.

```
<?xml version="1.0" encoding="ISO-8859-1"?>
<!--Bspl008.xml-->
<artikel>
<titel>XML</titel>
```

```
<untertitel>Extensible Markup Language von Anfang
an</untertitel>
<absatz>
XML ist, wie so viele Namen in der Informationstechnologie, eine
Abkürzung und steht für Extensible Markup Language, was zu
Deutsch so viel wie erweiterbare Markierungssprache heißt.
Diese Sprache ist keine Programmier-, sondern eine
Beschreibungssprache.
Genauer gesagt, handelt es sich um eine Metasprache, das heißt,
eine Sprache zur Beschreibung von Sprachen.</absatz>
<autor>Helmut Erlenkötter</autor>
</artikel>
```

Bei der markierten Zeile handelt es sich um die so genannte XML-Deklaration. Sie steht als erste Anweisung vor dem Dokumentelement. Dieser Bereich, das heißt, alles was vor dem Dokumentelement steht, ist der Prolog eines Dokumentes. Die Deklaration beginnt mit der Zeichenfolge *<?xml* und endet mit *?>*. Dazwischen stehen hier zwei Angaben:

Versionsangabe

Hinter dem reservierten Wort *version* folgt nach einem Gleichheitszeichen die Zeichenkette "1.0". Statt in Anführungszeichen darf sie auch in Apostrophe gesetzt werden. Durch 1.0 wird die XML-Version angegeben, nach der das Dokument aufgebaut ist. Der hier verwendete Wert ist zum Zeitpunkt der Drucklegung dieses Buches der einzig mögliche. Wenn eine Deklaration angegeben wird, ist die Versionsangabe ein Pflichtbestandteil.

Kodierungsverfahren

Die zweite Angabe darf im Gegensatz zu *version* in der XML-Deklaration auch fehlen. Wenn sie aber angegeben wird, dann muss sie als Zweites aufgeführt werden. Durch den Wert, der von *encoding* festgelegt wird, erhält ein Programm beim Lesen der Datei die Information, welches Kodierungsverfahren für die Zeichen verwendet wird. Die gebräuchlichsten Verfahren sind:

UTF-8	8 Bit Zeichenbreite (Standard)
UTF-16	16 Bit Zeichenbreite
ISO-8859-1	westeuropäische Sprachen
Windows-1252	ANSI-Zeichensatz Latin-1

| ISO-10646-UCS-2 | feste Zeichenbreite 2 Byte |
| ISO-10646-UCS-4 | feste Zeichenbreite 4 Byte |

Auch hier muss die Angabe entweder in Apostrophe oder in Anführungszeichen gesetzt werden. Fehlt die Definition für *encoding* in der XML-Deklaration bzw. fehlt Letztere ganz, dann wählt jedes Programm seine Standard-Codierung, und das ist meistens UTF-8 oder auch UTF-16. In dieser Codierung werden keine Zeichen «verstanden», die oberhalb des ASCII-Zeichensatzes liegen, das heißt, die Codes über 127 besitzen. Das sind beispielsweise alle Umlaute. Wird jedoch wie im obigen Beispiel ISO-8859-1 oder auch Windows-1252 angegeben, dann können Umlaute und andere Zeichen korrekt interpretiert werden. Das Ergebnis sieht im Browser dann beispielsweise folgendermaßen aus:

```
<!-- Bsp1008.xml -->
<?xml version="1.0" encoding="ISO-8859-1" ?>
- <artikel>
    <titel>XML</titel>
    <untertitel>Extensible Markup Language von Anfang
    an</untertitel>
    <absatz>XML ist, wie so viele Namen in der
    Informationstechnologie, eine Abkürzung und
    steht für Extensible Markup Language, was zu
    deutsch so viel wie erweiterbare
    Markierungssprache heißt. Diese Sprache ist keine
    Programmier-, sondern eine
    Beschreibungssprache. Genauer gesagt, handelt
    es sich um eine Metasprache, das heißt, eine
    Sprache zur Beschreibung von Sprachen.</absatz>
    <autor>Helmut Erlenkötter</autor>
  </artikel>
```

Eine XML-Deklaration muss zwar nicht, sollte aber in jedem Dokument enthalten sein. Daher werden ab jetzt alle Beispiele dieses Buches auch eine solche enthalten.

2.4.2 Die Leerraum-Behandlung

Die Zeilenumbrüche in der vorherigen Abbildung rühren ausschließlich von der Fenstergröße des Browsers her, die bewusst verkleinert wurde, um ein für dieses Buch in den Dimensionen passendes Bild zu erhalten. Bei genauem Hinsehen fällt aber auf, dass in der Anzeige die Zeilenumbrüche des Dokumentes nach einem Satzende fehlen. Da XML nicht festlegt, wie Daten dargestellt werden, bleibt es nämlich den Anwendungen überlassen, wie Leerräume (engl. white space), also Leerzeichen, Tabulatoren und Zeilenschaltungen, innerhalb der Elementinhalte interpretiert werden. Für Browser bedeutet das, dass sie eine beliebige Folge von Leerraumzeichen als eine einzige Leerstelle darstellen. Dies ermöglicht zwar, den physischen Aufbau eines XML-Dokumentes durch Tabulationen und Zeilenschaltungen übersichtlich zu strukturieren, ohne die Standarddarstellung in Browsern zu verändern. Es bedeutet aber nicht, dass Leerräume keine Bedeutung in der XML hätten. Im Gegenteil, anders als bei HTML sind alle Leerraumzeichen fester Bestandteil der XML-Daten. Somit handelt es sich bei dem Dokument von Seite 21 und den folgenden beiden um gänzlich verschiedene Dokumente.

> *Hinweis:*
> Zur Verdeutlichung werden die Leerraumzeichen in den nächsten beiden Dokumenten als Punkte dargestellt.

```
<!-- Bsp1001.xml -->
<Berufe>.
...<Beruf>.
......Schuster
...</Beruf>.
...<Beruf>.
......Kellner.
...</Beruf>.
</Berufe>
```

Hier besteht das Dokumentelement aus Leerraum, gefolgt von 2 *Beruf*-Elementen und erneutem Leerraum. Zwischen den *Beruf*-Elementen steht wieder Leerraum und jedes *Beruf*-Element enthält Leerraum, den Beruf und wieder Leerraum.

```
<!-- Bsp1001.xml -->
```

```
<Berufe>.
<Beruf>Schuster</Beruf><Beruf>Kellner</Beruf>.
</Berufe>
```

Hier enthalten die *Beruf*-Elemente nur die Berufsbezeichnung ohne Leerstellen und Zeilenschaltungen.

Leerzeichen, Tabulatoren und Zeilenschaltungen werden von der XML also immer als Bestandteil der Daten angesehen, was ja auch durchaus richtig ist. Nur den Programmen ist freigestellt, wie sie damit umgehen. Man muss also genau überlegen, ob man ein Dokument so übersichtlich formatieren darf, wie dies in diesem Buch geschieht.

Damit man Leerraum in Dokumenten unterschiedlich behandeln lassen kann, gibt es ein vordefiniertes Attribut. Es heißt *xml:space*. Mit seiner Hilfe kann einer Anwendung mitgeteilt werden, wie mit dem Leerraum verfahren werden darf. Es kann beispielsweise für den eigentlichen Text des Artikels wie in folgender Abbildung eingesetzt werden.

```
<?xml version="1.0" encoding="Windows-1250"?>
<!--Bspl009.xml-->
<artikel>
<titel>XML</titel>
<untertitel>Extensible Markup Language von Anfang
an</untertitel>
<absatz xml:space="preserve">XML ist, wie so viele
Namen in der Informationstechnologie, eine Abkürzung und steht
für Extensible Markup Language, was zu deutsch so viel wie
erweiterbare Markierungssprache heißt.
Diese Sprache ist keine Programmier-, sondern eine
Beschreibungssprache.
Genauer gesagt, handelt es sich um eine Metasprache, das heißt,
eine Sprache zur Beschreibung von Sprachen.</absatz>
<autor>Helmut Erlenkötter</autor>
</artikel>
```

In der markierten Zeile wird das Attribut *xml:space* beim Element *absatz* angegeben. Es bezieht sich auf den gesamten Inhalt, also auch auf alle eventuell enthaltenen Elemente. Das vorangestellte und durch einen Doppelpunkt abgetrennte Präfix *xml* legt einen Namensraum (siehe Kapitel 6.1.1) fest. Dieser lässt sich mit einem Nachnamen vergleichen, sodass *xml:space* und *space* zwei verschiedene Attribute sind. Als Werte sind nur zwei Angaben erlaubt:

- *preserve* (Leerräume sollen komplett erhalten bleiben)
- *default* (Leerräume können bei Bedarf verändert werden)

Wird das Attribut nicht angegeben, so hat das die gleiche Wirkung, als ob *xml:space="default"* festgelegt wäre. Ob aber eine Anwendung, beispielsweise ein Browser, überhaupt darauf reagiert, kann nicht garantiert werden.

2.4.3 Die Fremdsprachenunterstützung

Ein anderes Attribut unterstützt Anwendungen in der Spracherkennung. Es heißt *xml:lang*. Auch hier ist das Präfix vor dem Doppelpunkt wieder ein Namensraum. Mithilfe dieses Attributes kann man Anwendungen mitteilen, in welcher Sprache der Inhalt eines Elementes inklusive der enthaltenen, verschachtelten Elemente verfasst ist. Das Programm kann dann je nach Fähigkeiten die Daten übersetzen oder andere sprachspezifische Features einsetzen. Was tatsächlich passiert oder ob überhaupt etwas geschieht, liegt einzig und allein beim jeweiligen Programm, das das Dokument verarbeitet, und nicht an XML. Den Einsatz dieses Attributes zeigt das nächste Dokument.

```
<?xml version="1.0" encoding="Windows-1250"?>
<!--Bspl010.xml-->
<artikel>
<titel>XML</titel>
<untertitel xml:lang="de">Extensible Markup Language von Anfang
an</untertitel>
<absatz>XML ist, wie so viele Namen in der Informationstechnolo-
gie, eine Abkürzung und steht für Extensible Markup Language,
was zu deutsch so viel wie erweiterbare Markierungssprache
heißt.
Diese Sprache ist keine Programmier-, sondern eine
Beschreibungssprache.
Genauer gesagt, handelt es sich um eine Metasprache, das heißt,
eine Sprache zur Beschreibung von Sprachen.</absatz>
<autor>Helmut Erlenkötter</autor>
</artikel>
```

Hier wird in der Markierung das Element *untertitel* mit diesem Attribut versehen. Der Wert *de* steht als Abkürzung für deutsch. Derartige Abkürzungen aus zwei Buchstaben haben sich allgemein für Sprachen eingebürgert. Die wichtigsten Codes für das Attribut sind:

- Codes wie *de, en, fr, nl, es* nach ISO 639
- 2 Buchstaben mit Subcodes nach ISO 3166 wie *de-GE, de-AT*
- IANA-Codes mit Präfix *I-* oder *i-*
- Benutzercodes mit Präfix *X-* oder *x-*

Wird das Dokument in einem Browser angezeigt, so wird die Standarddarstellung davon nicht beeinflusst, denn Browser bieten für Dokumente keine Fremdsprachenunterstützung, die dieses Attribut auswerten.

2.4.4 Die unkontrollierten Bereiche

Manchmal müssen Informationen gespeichert werden, die zwar Regeln für XML verletzen, aber dennoch nicht verändert werden dürfen, wie dies beispielsweise durch Entity-Referenzen für Zeichen wie <, > usw. geschehen würde. Für diese Zwecke sieht XML die CDATA-Sektionen (**C**haracter **D**ata) vor. *Bspl011.xml* zeigt, wie sie funktionieren.

```
<?xml version="1.0" encoding="Windows-1252"?>
<!--Bspl011.xml-->
<Dokument>
<![CDATA[Leerzeichen ( ), Zeilenumbrüche

und spezielle Zeichen wie <, > und & machen hier keine
Probleme.]]>
</Dokument>
```

Der markierte Bereich stellt eine solche Sektion dar. Sie beginnt immer mit der Zeichenfolge *<![CDATA[* und wird durch *]]>* abgeschlossen. Dazwischen ist jede Zeichenkombination erlaubt, mit einer einzigen Ausnahme, nämlich der Abschlussfolge *]]>*. Deshalb können auch keine CDATA-Bereiche verschachtelt werden.

> *Hinweis:*
> Der Umbruch der letzten Zeile erfolgt hier nur aus Platzgründen
> und ist in der Originaldatei nicht enthalten.

In der Browserdarstellung sieht das dann beispielsweise so aus:

```
<?xml version="1.0" encoding="Windows-1252" ?>
<!-- Bspl011.xml -->
- <Dokument>
  - <![CDATA[
      Leerzeichen (              ), Zeilenumbrüche

      und spezielle Zeichen wie <, > und & machen hier keine Probleme.
  ]]>
  </Dokument>
```

Der dünne senkrechte Strich kennzeichnet hier den Beginn des Berei-
ches selbst und jeder seiner Zeilen.
Diese CDATA-Sektionen werden also offenbar nicht kontrolliert und
von Anwendungen unverändert übernommen. Auf diese Weise können sie unter anderem benutzt werden, um XML-Quellcode darzustellen. Sie sind jedoch ungeeignet für binäre Informationen wie Bild- oder
Musikdaten, da darin zufällig genau die Bitkombination vorkommen
kann, die den Zeichen *]]>* entspricht. Dadurch würde jede Anwendung
an dieser Stelle den CDATA-Bereich beenden. Die binären Daten wären
unvollständig und der Rest würde wieder interpretiert werden, was
wahrscheinlich dann stets zu Fehlern führen würde.
Im Beispiel ist die CDATA-Sektion Inhalt des Dokumentelementes. Sie
kann aber nahezu überall eingesetzt werden, außer in Attributen.

2.4.5 Die Programm-Instruktionen

Für den Fall, dass Anwendungsprogramme zusätzliche Informationen
benötigen, wenn sie ein XML-Dokument verarbeiten sollen, ist ebenfalls eine Lösung vorgesehen. Dies sind die so genannten PIs (engl.
Processing Instruction). Sie sind ausschließlich für eine ganz spezielle
Anwendung gedacht und sollen die Möglichkeit schaffen, jedem Programm die nötigen Informationen für eine sinnvolle Verarbeitung der

Informationen bereitzustellen. Ein Beispiel für eine solche, in diesem Fall fiktive PI zeigt das nachstehende Dokument.

```
<?xml version="1.0" encoding="Windows-1252"?>
<?testapp debug="no" output="print"?>
<!--Bspl012.xml-->
<Dokument>
....
</Dokument>
```

Eine PI muss im Prolog hinter der XML-Deklaration stehen und beginnt immer mit *<?*, direkt gefolgt vom Namen der Anwendung, der auch als Targetangabe bezeichnet wird. Alle nötigen Informationen werden in Attributform danach angegeben. Die Zeichenfolge *?>* beendet eine PI.

Die hier angegebenen Werte für *debug* und *output* könnten beispielsweise die Anwendung *testapp* veranlassen, keine Fehlerkontrolle durchzuführen und das Ergebnis zu drucken. Für andere Programme, wie unter anderem für Browser, hat dies jedoch keine Bedeutung.

PIs mit der Anwendungsbezeichnung *xml*, wie beispielsweise die XML-Deklaration, sind reserviert, egal wie die Buchstaben x, m und l geschrieben werden.

2.5 Zusammenfassung

Das Wichtigste dieses Kapitels lässt sich mit folgenden Sätzen zusammenfassen:

▥ Mithilfe der XML werden Daten in ihrer Bedeutung und Struktur beschrieben.

▥ Die einfachsten XML-Dokumente werden als wohlgeformte (engl.: well-formed) Dokumente bezeichnet, was nichts anderes heißt, als dass sie keine Fehler enthalten.

▥ XML verwendet Unicode und unterscheidet zwischen Groß- und Kleinschreibung.

▥ Die Grundbausteine sind die Elemente. Sie werden aus je einem Anfangs- und Ende-Tag gebildet. Ein Tag besteht dabei aus einem Namen, der in spitze Klammern gesetzt wird. Anfangs- und Ende-Tag eines Elementes tragen den gleichen Namen, dem im Ende-Tag jedoch ein Schrägstrich vorangestellt wird.

▓ Für leere Elemente gibt es eine Kurzschreibweise, die aus nur einem Tag besteht. Seinem Namen wird hier ein Schrägstrich hinten angefügt.

▓ Anfangs- und leere Tags können Attribute enthalten. Das sind benannte Werte in der Form *name* = '*wert*'.

▓ Die Attributwerte müssen in Anführungszeichen oder Apostrophe gesetzt werden.

▓ Reservierte Zeichen, wie beispielsweise die spitzen Klammern, werden durch so genannte Entityreferenzen dargestellt. Diese beginnen mit einem kaufmännischen 'Und' und enden mit einem Semikolon, wie zum Beispiel <. Dazwischen steht der Name der Referenz.

▓ Jedes Dokument sollte mit einem Prolog beginnen, der mindestens die XML-Deklaration mit Versionsangabe enthält.

▓ Jedes Dokument muss aus einem Element bestehen, das zu keinem anderen Element gehört und dem auch keine weiteren Elemente folgen. Es ist das so genannte Dokumentelement.

▓ Elemente müssen sauber verschachtelt werden. Sie dürfen sich nicht gegenseitig überlappen, wie dies beispielweise zum Teil in HTML möglich ist.

2.6 Übungen

Aufgabe 1

Welche Fehler enthält das folgende XML-Dokument?

```
<Preisliste>
  <Entrag>
    <Artikel>Kinder-Shirts</artikel>
    <Preis>7,99
  </Entrag></Preis>
  <Entrag>
    <Artikel>Sportsocken</Artikel>
    <Preis>4,59
  </Entrag></Preis>
  <Entrag>
    <Artikel>Pyjama</Artikel>
    <Preis>9,99
  </Entrag></Preis>
</Preisliste>
```

Aufgabe 2

Erstellen Sie ein XML-Dokument für die folgende Tabelle. Sie enthält Noten eines Zeugnisses.

Fach	Note
Deutsch	3
Englisch	2
Biologie	1
Erdkunde	2

Aufgabe 3

Erstellen Sie für die folgende Datenstruktur ein XML-Dokument mit selbst gewählten Beispieldaten.

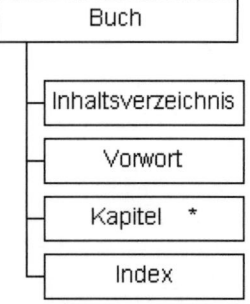

Verwenden Sie für den Titel des Buches und die Nummer eines Kapitels Attribute.

Aufgabe 4

Stellen Sie die folgenden Datenbanktabellen als ein XML-Dokument dar.

Daten für Kunde

	Name	Kunde_Id
	Meier	0
	Müller	1
	Schulze	2

Daten für Rechnung

	Nr	Rechnung_Id	Kunde_Id
	3/02	0	0
	1/02	1	1
	2/02	2	1

Daten für Position

	Artikel	Preis	Rechnung_Id
	1201	300	0
	1301	5,30	0
	1401	12,56	0
	1201	300	1
	1702	1.230,49	1
	1201	300	2

3 Einfache Darstellungen

Eine schnelle Möglichkeit, XML-Dokumente in Browsern individuell darzustellen, bieten die CSS. CSS steht für *Cascading Style Sheets*, was so viel wie geschachtelte Formatvorlagen heißt. Dabei handelt es sich um eine Beschreibungssprache für Formatierungen, die es Ihnen ermöglicht, die Gestaltung einzelner Web-Dokumente oder einer ganzen Website zentral zu definieren, sodass Änderungen an vielen Seiten in kurzer Zeit vorgenommen werden können. Obwohl sie ursprünglich für HTML entwickelt wurde, lassen sich viele Anweisungen von CSS auf einfache Weise auch für XML-Dokumente einsetzen.

Dieses Kapitel zeigt, wie CSS eingesetzt werden kann, um XML-Dokumente in Browsern darzustellen. Der Schwerpunkt liegt dabei auf den Regeln, die dabei zu beachten sind, und nicht so sehr auf der lückenlosen Darstellung der CSS. Diese kann sowieso nicht vollständig eingesetzt werden, denn einige Formatierungsanweisungen sind an spezielle HTML-Elemente bzw. Attribute gekoppelt, die nicht unbedingt für XML sinnvoll sind. Browserhersteller, die die Zukunft der XML-Formatierung nicht in den CSS, sondern in der XSL (siehe Kapitel 9) sehen, haben sowieso viele Möglichkeiten der CSS erst gar nicht mehr in ihre Produkte implementiert.

Hinweis:
CSS-Dateien kennen kein *encoding*, daher bereiten Elementnamen mit Umlauten, ß usw. Schwierigkeiten und sollten nicht verwendet werden.

3.1 Texte auszeichnen

XML-Dokumente enthalten Daten und werden von speziellen Programmen bzw. Programmkomponenten gelesen, den Parsern. Diese sollen die Daten an Anwendungen weiterreichen. Dabei kommt es oft nicht auf eine visuelle Darstellung an. Damit nun die Formatierungsanweisungen für Browser andere Parser nicht stören, werden sie in einer anderen Datei gespeichert. Diese muss allerdings mit der XML-Datei verknüpft werden.

Das folgende Beispiel zeigt, wie dies bewerkstelligt wird. Es basiert auf dem kleinen Artikel aus Kapitel 2.2.2.

```
<?xml version="1.0" encoding="iso-8859-1"?>
<!-- Bspl013.xml -->
<?xml-stylesheet type="text/css" href="Bspl013.css" ?>
<artikel>
<titel>XML</titel>
<untertitel>Extensible Markup Language von Anfang
an</untertitel>
<absatz>XML ist, wie so viele Namen in der Informationstechnolo-
gie, eine Abkürzung und steht für Extensible Markup Language,
was zu deutsch so viel wie erweiterbare Markierungssprache
heißt.
Diese Sprache ist keine Programmier-, sondern eine
Beschreibungssprache.
Genauer gesagt, handelt es sich um eine Metasprache, das heißt,
eine Sprache zur Beschreibung von Sprachen.</absatz>
<autor>Helmut Erlenkötter</autor>
</artikel>
```

Die markierte Zeile enthält eine spezielle PI (Processing Instruction). Ihre Targetangabe *xml-stylesheet* legt fest, dass sie Angaben zu Formatvorlagen (engl. style sheet) liefert. Das Attribut *type* gibt den so genannten MIME-Typ der Formatierungsanweisungen an. Für CSS lautet er immer *text/css*. Das zweite Attribut *href* enthält den Namen der Datei mit den CSS-Definitionen. Dieser kann auch als vollständige URI angegeben werden, z. B. *http://www.meineseite.de/css/Bspl013.css*, wenn die Datei auf einem Server im Internet gespeichert ist. Durch eine solche PI-Anweisung schaltet der Browser sein eingebautes Layout für XML-Dokumente ab und verwendet die angegebene Datei.

Ist diese nicht vorhanden, so werden die Elementinhalte einfach als

Textstrom dargestellt. Dies gilt auch, wenn die Datei keine Anweisungen enthält. Im Browser sieht das dann so aus:

XML Extensible Markup Language von Anfang an XML ist,
wie so viele Namen in der Informationstechnologie, eine
Abkürzung und steht für Extensible Markup Language, was
zu deutsch so viel wie erweiterbare Markierungssprache
heißt. Diese Sprache ist keine Programmier-, sondern eine
Beschreibungssprache. Genauer gesagt, handelt es sich um
eine Metasprache, das heißt, eine Sprache zur Beschreibung
von Sprachen. Helmut Erlenkötter

Diese Darstellung unterscheidet natürlich nicht zwischen Titel, Untertitel usw. und ist daher nicht besonders lesbar. Dies wird durch ein paar Textauszeichnungen jedoch schnell verbessert. Dazu muss nur die Datei *Bspl013.css* mit einem einfachen Editor angelegt und mit den folgenden Anweisungen gespeichert werden.

```
/* Bspl013.css */                              /*(1)*/

titel {                                         /*(2)*/
  color:blue;                                   /*(3)*/
  font-size:30;                                 /*(4)*/
  font-weight:bold                              /*(5)*/
}                                               /*(6)*/

untertitel {
  text-transform:uppercase;                     /*(7)*/
  font-size:16
}

autor {
  font:italic;                                  /*(8)*/
  font-size:xx-small                            /*(9)*/
}

* {                                             /*(10)*/
  font-family:Arial;                            /*(11)*/
  font-size:12
}
```

(1) In dieser Datei müssen eventuelle Kommentare im CSS-Stil formuliert werden, das heißt, sie beginnen mit der Zeichenkombination /* und enden mit */.

(2) Hier beginnt die erste Formatanweisung. Jedes Format besteht aus der Angabe, worauf es anzuwenden ist, dem in geschweiften Klammern dann die Formatbeschreibung folgt. Der Name vor der geschweiften Klammer muss dabei einem Elementnamen entsprechen. Die Formate, die der geschweiften Klammer dann folgen, gelten für den gesamten Elementinhalt, inklusive eventueller verschachtelter Elemente.

(3) Hier wird als Schriftfarbe blau eingestellt. CSS-Formate sehen immer so aus: *formatart:formatwert*. Die Formatart lautet hier *color*. Sie bestimmt die Schriftfarbe. Statt *blue* kann auch jeder andere Farbname und jeder Farbcode (siehe Kapitel 11.4.2) eingesetzt werden. Folgt eine weitere Formatangabe, dann werden beide durch ein Semikolon getrennt.

(4) Die Schriftgröße wird durch die Formatart *font-size* definiert. Als Wert wird hier 30 angegeben. Dies ist eine Angabe, die wie der Schriftgrad bei Textverarbeitungsprogrammen in Punkten (Pt) gemessen wird. Die Einheit wurde hier weggelassen, kann aber auch in der Form *30pt* mit angegeben werden. Weitere Größenangaben sind im Kapitel 11.4.1 zu finden.

(5) Die Schriftstärke wird durch *font-weight* beschrieben. Der Wert *bold* steht hier für fette Schrift. Für normale Schrift lautet er *normal*. Da dies die letzte Formatregel für dieses Element ist, braucht am Ende kein Semikolon mehr zu stehen.

(6) Hier enden mit der geschweiften Klammer die Definitionen für den Inhalt des Elementes *titel*.

(7) Durch *text-transform* wird die Groß-/Kleinschreibung bestimmt. Von *uppercase* wird der gesamte Text in Großbuchstaben, durch *lowercase* in Kleinbuchstaben, durch *capitalize* nur mit beginnendem Großbuchstaben und durch *none* ohne Veränderung angezeigt.

(8) Kursivschrift wird über die Formatart *font* durch den Wert *italic* aktiviert.

(9) Statt die Schriftgröße exakt in Punkt anzugeben, kann man auch allgemeinere Werte verwenden. Diese reichen von *xx-small* für sehr klein über *x-small*, *small*, *medium*, *large* und *x-large* zu *xx-large* für sehr groß.

(10) Hier steht statt eines Elementnamens ein Stern. Dies bedeutet, dass diese Formatangabe für alle Elemente gelten soll. Der gleiche Effekt würde auftreten, wenn stattdessen der Name des Dokumentelementes angegeben wird. Dann gilt ja die Formatangabe für den gesamten Inhalt und somit auch für alle Elemente.

(11) Mittels *font-family* wird hier eine Schriftart festgelegt. Es kann der Name einer echten Schriftart oder ein allgemeiner Name wie *serif, sans-serif, cursive, fantasy* oder *monospace* angegeben werden. Bei den Letzteren wählt der Browser dann eine passende echte aus den auf dem Rechner installierten Schriftarten aus.

Mit diesen Formatierungen sieht der kleine Artikel im Browser dann bereits so aus, wie in der folgenden Abbildung dargestellt.

XML EXTENSIBLE MARKUP LANGUAGE VON

ANFANG AN XML ist, wie so viele Namen in der Informationstechnologie, eine Abkürzung und steht für Extensible Markup Language, was zu deutsch so viel wie erweiterbare Markierungssprache heißt. Diese Sprache ist keine Programmier-, sondern eine Beschreibungssprache. Genauer gesagt, handelt es sich um eine Metasprache, das heißt, eine Sprache zur Beschreibung von Sprachen. *Helmut Erlenkötter*

Schriftart, -größe, -stil und -farbe werden bereits wie definiert angezeigt. Nur der Text enthält immer noch keine Absätze. Dies soll im nächsten Kapitel geändert werden.

Zunächst noch ein paar Worte zur Schriftformatierung:

Die Zeichenformate werden bekanntlich durch Schriftart, -größe, -stil und einige Zusatzeffekte bestimmt. Diese lassen sich einerseits jeweils über eigene Formatarten beschreiben, können aber auch in der Formatart *font* gemeinsam angegeben werden. Sie fasst *font-style, font-variant, font-weight, font-size, line-height* und *font-family* in der genannten Reihenfolge zusammen.

Ein Beispiel: Um die Schriftart Arial in der Größe 16 als fett und kursiv festzulegen, kann folgende Regel verwendet werden:

font: italic bold 16pt Arial

Die verschiedenen Werte werden, durch Leerzeichen getrennt, in der festgelegten Reihenfolge aufgeführt. Schrifteigenschaften, die nicht verändert werden sollen, werden einfach weggelassen.

Bei der Angabe einer Schriftart sollte man auch berücksichtigen, dass diese eventuell nicht auf *jedem* Rechner installiert ist. Also ist es sinnvoll, alternative Fonts anzugeben, die in solchen Fällen verwendet werden sollen. Dies geschieht durch einfache Aufzählung mehrerer, durch Komma getrennter Werte für *font-family*, zum Beispiel:

font-family: Arial, "Century Gothic", sans-serif

Hier soll die Schriftart *Arial* benutzt werden. Ist diese nicht verfügbar, wird *Century Gothic* eingesetzt ("Century Gothic" muss in Anführungszeichen stehen, da der Name ein Leerzeichen enthält). Ist auch diese nicht installiert, wird durch Angabe einer allgemeinen Schriftart dem Browser die Auswahl überlassen. Er kann jetzt die am besten geeignete Schriftart aussuchen.

Auch bei der Formatart *font* kann für Schriftarten eine Aufzählung angegeben werden, beispielsweise

font: italic bold 16pt Arial, "Century Gothic", sans-serif

3.2 Texte positionieren

Das vorherige Kapitel hat gezeigt, wie die Schriftart den jeweiligen Bedürfnissen angepasst werden kann. Für eine gute Darstellung sind aber nicht nur Schriftfarbe, -größe, -stil usw. maßgebend, sondern auch die Bildung von Absätzen sowie die Ausrichtung und Anordnung einzelner Textblöcke. Diesem Thema widmet sich dieses Kapitel.

3.2.1 Ein Zeitungslayout

Zunächst soll der kleine Artikel aus dem letzten Beispiel noch etwas verbessert werden. Dazu sollen Titel und Untertitel in separaten Zeilen angezeigt werden. Der daran anschließende Text soll im Blocksatz als eigener Absatz formatiert werden und der Name des Autors wieder in einer Extrazeile rechts außen zu lesen sein.

Dies kann bereits durch nur wenige Ergänzungen in der CSS-Datei erreicht werden.

```
/* Bspl013.css */

titel {
  color:blue;
```

```
    font-size:30;
    font-weight:bold
  }
  untertitel {
    text-transform:uppercase;
    font-size:16
  }
  autor {
    font:italic;
    font-size:xx-small;
    text-align:right                                    /*(1)*/
  }
  * {
    font-family:Arial;
    font-size:12;
    display:block;                                      /*(2)*/
    text-align:justify;                                 /*(3)*/
    padding-bottom:12pt                                 /*(4)*/
  }
```

(1) Elemente, deren Inhalt rechtsbündig ausgerichtet werden soll, erhalten für die CSS-Eigenschaft *text-align* den Wert *right* zugewiesen. Fehlt diese Eigenschaft, so gilt stets *text-align:left* für linksbündig. Dies muss daher nie ausdrücklich angegeben werden. Außerdem sind noch die Werte *center* für mittige Ausrichtung und *justify* (siehe (3)) möglich.

(2) Mithilfe der Formatart *display* kann festgelegt werden, ob und wie ein Element angezeigt wird. Der hier benutzte Wert *block* sorgt dafür, dass das jeweilige Element als ein neuer Absatz formatiert wird.

(3) Der Wert *justify* erzeugt in Verbindung mit *text-align* einen Blocksatz, das heißt einen glatten linken und rechten Rand.

(4) Die gewünschten vertikalen Abstände zwischen den Textblöcken werden hier von *padding-bottom* erzeugt, und zwar in einer Größe von 12 Punkt. Das entspricht etwa einer normalen Zeilenhöhe. Von *padding-bottom* wird der untere Abstand zwischen dem Text und seinen Blockgrenzen bestimmt, die unsichtbar sind, solange keine Rahmen angezeigt werden. Die Abstände in den anderen Richtungen werden entsprechend durch *padding-top*, *padding-right* und *padding-left* angegeben.

Durch diese zusätzlichen Formatdefinitionen sieht der kleine Artikel dann so aus, wie in der folgenden Abbildung dargestellt.

XML

EXTENSIBLE MARKUP LANGUAGE VON ANFANG AN

XML ist, wie so viele Namen in der Informationstechnologie, eine Abkürzung und steht für Extensible Markup Language, was zu deutsch so viel wie erweiterbare Markierungssprache heißt. Diese Sprache ist keine Programmier-, sondern eine Beschreibungssprache. Genauer gesagt, handelt es sich um eine Metasprache, das heißt, eine Sprache zur Beschreibung von Sprachen.

Helmut Erlenkötter

Noch ein paar Worte zur Formatangabe *display*:
Von den durch das W3C festgelegten möglichen Werten werden einige von gar keinen Browsern und andere nur von wenigen unterstützt. Die wichtigsten und einigermaßen funktionierenden sind:

- *block* für zusammenhängende Texte, um die man sich einen Rahmen denken kann, beispielsweise Absätze
- *inline* für Text auf der gleichen Zeile wie der vorherige
- *list-item* für Strich- bzw. Punktaufzählungen
- *none* für unsichtbaren Text (alternativ zu *visibility:hidden*).

Außer den *padding*-Angaben gibt es auch entsprechende Formatbezeichnungen, die mit *margin* beginnen, also *margin-top, margin-bottom* usw. Der Unterschied zwischen *margin* und *padding* wird deutlich, wenn die Blöcke eingerahmt sind. Durch *padding* wird nämlich der Abstand zwischen Text und Rahmen und von *margin* der zwischen Rahmen und Nachbarrahmen beschrieben. Wenn es nur um den Abstand zwischen den Texten geht, können beide in gleicher Weise eingesetzt werden. Wird jedoch der Rahmen sichtbar gemacht, der übrigens immer existiert und sonst nur unsichtbar ist, dann müssen unter Umständen beide Angaben eingesetzt werden, um das gewünschte Erscheinungsbild zu erreichen.

> *Hinweis*:
> Die CSS definieren auch eine Formatart *white-space*, die die Behandlung der Leerzeichen und Zeilenschaltungen kontrolliert. Browser, die dies unterstützen, behalten alle Leerräume bei, wenn *white-space:pre* für ein Element definiert ist.

3.2.2 Ein Brieflayout

Ein etwas komplexeres Beispiel demonstriert, wie Textelemente positioniert werden können. Die Daten liefert das folgende XML-Dokument. Es beschreibt den Inhalt und Aufbau eines Briefes. Damit bei der Interpretation der CSS-Datei keine Probleme mit den Elementnamen auftreten, werden bei ihnen ä als ae, ß als ss usw. geschrieben.

```xml
<?xml version="1.0" encoding="ISO-8859-1"?>
<!-- Bspl014.xml -->
<?xml-stylesheet type="text/css" href="Bspl014.css" ?>
<brief>
  <absender>
    <vorname>Hans</vorname>
    <nachname>Mustermann</nachname>
    <strasse>Hauptstr. 1</strasse>
    <ort>23456 Teststadt</ort>
  </absender>
  <empfaenger>
    <vorname>Sabine</vorname>
    <nachname>Musterfrau</nachname>
    <strasse>Markt 10</strasse>
    <ort>45678 Kleindorf</ort>
  </empfaenger>
  <datum>1.1.03</datum>
  <betreff>Urlaub 2004</betreff>
  <anrede>Hallo Sabine,</anrede>
  <text>wie ich versprochen habe ....</text>
  <gruss>Schöne Grüße</gruss>
</brief>
```

Üblicherweise sollen diese Informationen ähnlich der nachstehenden Abbildung dargestellt werden.

Hans Mustermann
Hauptstr. 1
23456 Teststadt

Sabine Musterfrau
Markt 10

45678 Kleindorf

1.1.03

Urlaub 2004

Hallo Sabine,

wie ich versprochen habe ....

Schöne Grüße

Die dazu notwendigen Formate enthält das zugehörige Stylesheet.

```
/* Bspl014.css */
brief {                                    /*(1)*/
   text-align:left;
   font: 12pt Arial, sans-serif
}
absender {
   font-size:10pt;
   display:block;                          /*(2)*/
   position:relative;                      /*(3)*/
   left:130mm                              /*(4)*/
}
empfaenger {
   display:block;
   margin-top:30mm                         /*(5)*/
}
empfaenger ort {                           /*(6)*/
   display:block;
   margin-top:12pt                         /*(7)*/
}
strasse {
```

```
    display:block;                                    /*(8)*/
  }
datum {
    display:block;
    text-align:right;                                 /*(9)*/
    margin-top:24pt                                   /*(10)*/
  }
betreff {
    display:block;
    font-weight:bold;
    padding-top:12pt;                                 /*(11)*/
    padding-bottom:12pt                               /*(12)*/
  }
anrede, text, gruss {                                 /*(13)*/
    display:block;
    padding-top:12pt
  }
```

(1) Zunächst werden für das Dokumentelement die global gültigen Formate festgelegt, und zwar soll alles linksbündig in einer Schriftgröße von 12 Punkt und der Schriftart *Arial* bzw. *sans-serif* angezeigt werden, sofern nichts anderes angegeben wird.

(2) Alle Absenderangaben sollen als ein zusammenhängender Block behandelt werden.

(3) Als erstes Element würde er normalerweise links oben als Erstes angezeigt. Er soll aber an den rechten Rand verschoben werden. Mit *text-align:right* könnte man dies zwar erreichen, müsste dann aber einen linken Flatterrand in Kauf nehmen. Damit das nicht passiert, wird hier zunächst angegeben, dass das Element relativ zu seiner ursprünglichen Position *(position:relative)* verschoben wird.

(4) Die Verschiebung selbst muss dann separat angegeben werden. Hier sind es 130mm von der linken Ursprungsposition. Verläuft die Verschiebung nicht nur horizontal, dann ist auch eine weitere Formatangabe zu *top* notwendig. Dadurch wird aber nicht die Richtung, sondern die verschobene Kante angegeben.

(5) Um einen Abstand zwischen dem Element *empfaenger* und seinem Vorgänger zu erhalten, wird hier die Formatangabe *margin-top* verwendet. Alternativ hätte natürlich bei *absender* das Format *margin-bottom* angegeben werden können.

(6) Nur die Ortsangabe des Empfängers soll mit einer Leerzeile vom Rest der Adresse abgesetzt werden, nicht auch die des Absenders.

Zu diesem Zweck werden der Name des übergeordneten und der des verschachtelten Elementes durch Leerstelle getrennt nacheinander aufgeführt. Das bedeutet so viel wie: Nur wenn *ort* in *empfaenger* enthalten ist, gilt die folgende Formatierung.

(7) Der Abstand vom vorherigen Element, also *strasse*, soll dann 12 Punkt betragen. Das ist bei der verwendeten Schriftgröße (siehe (1)) etwa eine Zeilenhöhe.

(8) Damit die Straßenangabe nicht hinter dem Nachnamen, sondern in einer neuen Zeile erscheint, wird sie als Block formatiert.

(9) Auch das Datum wird relativ zu seiner normalen Position verschoben. Die horizontale Verschiebung kann einfach per *text-align* erfolgen, da es ja nur aus einer einzeiligen Information besteht.

(10) Die vertikale Verschiebung erfolgt aufgrund der Randangabe in *margin-top*. Dadurch taucht das Datum ca. 2 Zeilen unterhalb der Empfängerangaben auf.

(11) Der Betreff soll sowohl nach oben ...

(12) ... als auch nach unten einen Abstand von etwa einer Zeile erhalten.

(13) Soll ein Format für mehrere Elemente gelten, so werden sie einfach durch Komma getrennt aufgezählt. Die Elemente *anrede*, *text* und *gruss* erhalten hier also gleiche Formate.

Mit Hilfe von *position* und zusätzlichen Angaben können Elemente also genau positioniert werden. Auch hier werden nur einige der erlaubten Werte von allen Browsern einigermaßen verarbeitet. Die drei wichtigsten sind:

- *absolute* für genaue Positionsangaben bezüglich des Elternelementes.
- *relative* für genaue Positionsangaben bezüglich der ursprünglichen Lage
- *static* für die Standardposition.

3.3 Tabellen aufbauen

Viele Daten, die als XML-Dokument gespeichert werden, haben einen mehr oder weniger tabellarischen Charakter. Beispiele dafür sind Adressdaten, Abrechnungsinformationen, Preislisten, CD- bzw. DVD-Sammlungen usw. Um diese auch als Tabelle anzuzeigen, bedarf es entsprechender Formate. Die CSS definieren dazu spezielle Werte für die Formatart *display,* und zwar

- *table*, wenn das Element die gesamte Tabelle enthält
- *table-caption*, wenn es die Tabellenüberschrift enthält
- *table-header-group*, wenn es die Spaltenüberschriften enthält
- *table-footer-group*, wenn es die Tabellenfußzeilen enthält
- *table-row-group*, wenn es mehrere Zeilen enthält
- *table-column-group*, wenn es mehrere Spalten enthält
- *table-row*, wenn es eine Zeile enthält
- *table-column*, wenn es eine Spalte enthält
- *table-cell*, wenn es einen Zellinhalt darstellt.

Leider unterstützen zum Zeitpunkt der Drucklegung nur wenige Browser diese CSS-Anweisungen, dennoch soll wenigstens kurz gezeigt werden, wie sie eingesetzt werden. Um beispielsweise die kleine Adressdatei aus Kapitel 2.3.2 tabellarisch anzuzeigen, müsste die dazugehörige CSS-Datei folgende Formate enthalten:

```
Adressbuch {
   display:table;                          /*(1)*/
}
Adresse {
   display:table-row;                      /*(2)*/
}
Vorname, Nachname, Strasse, Plz, Ort {
   display:table-cell;                     /*(3)*/
}
```

1) Das Dokumentelement enthält die gesamte Tabelle, daher wird hier der Wert *table* für *display* angegeben.
2) Das Element *Adresse* entspricht einer Tabellenzeile. Deshalb lautet der Wert hier *table-row*.

3) Für alle Elemente, die einen Zellinhalt beschreiben, wird dann noch *table-cell* festgelegt.

Wenn diese Formatierung bei einem Browser nicht funktioniert, kann man sich auch mit anderen CSS-Anweisungen etwas helfen. Damit kann dann zumindest eine Darstellung erzeugt werden, wie in der folgenden Abbildung zu sehen ist.

| Max | Mustermann | Hauptstr. 2 | 30102 | Hannover | |
| Peter | Peters | Sackgasse 1 | 50823 | Köln | |

Die hier verwendeten Daten werden von der kleinen Adressliste aus Kapitel 2.3.2 geliefert, die nun mit einer CSS-Datei verbunden wird.

```xml
<?xml version="1.0" encoding="ISO-8859-1" ?>
<!--Bspl015.xml-->
<?xml-stylesheet type="text/css" href="Bspl015.css"?>
<Adressbuch>
  <Adresse>
    <Vorname>Max</Vorname>
    <Nachname>Mustermann</Nachname>
    <Strasse>Hauptstr. 2</Strasse>
    <Plz>30102</Plz>
    <Ort>Hannover</Ort>
  </Adresse>
  <Adresse>
    <Vorname>Peter</Vorname>
    <Nachname>Peters</Nachname>
    <Strasse>Sackgasse 1</Strasse>
    <Plz>50823</Plz>
    <Ort>K&#246;ln</Ort>
  </Adresse>
</Adressbuch>
```

In der markierten Zeile steht die entsprechende Instruktion. Die Datei, auf die dadurch verwiesen wird, enthält die nachstehenden Formatangaben.

```
/* Bspl015.css */
Vorname, Nachname, Strasse, Plz, Ort {          /*(1)*/
    border-style:solid;                         /*(2)*/
    border-color:gray;                          /*(3)*/
    border-width:thin;                          /*(4)*/
    padding:5px;                                /*(5)*/
    width:19%;                                  /*(6)*/
    margin:-3px;                                /*(7)*/
    overflow:hidden                             /*(8)*/
}
Adresse {
    display:block;                              /*(9)*/
    border-style:double;
    border-color:black;
    border-width:medium;
    width:100%;                                 /*(10)*/
    margin:0px                                  /*(11)*/
}
Adressbuch {                                    /*(12)*/
    display:block;
    border-style:groove;
    border-color:red;
    border-width:thick
}
```

(1) Alle Zellen erhalten hier die gleiche Formatierung.

(2) Damit ein Rahmen um jede Zelle gezeichnet wird, muss für *border-style* ein passender Wert angegeben werden. Durch *solid* wird eine einfache, durchgezogene Linie erzeugt.

(3) Die Rahmenfarbe wird per *border-color* bestimmt. Für die Zellen soll sie grau sein.

(4) Die Rahmenstärke legt *border-width* fest. Hier können die Werte *thin* (dünn), *medium* (mittel), *thick* (dick) und feste Maße wie etwa 1mm angegeben werden.

(5) Der Abstand zwischen Rahmen und Zellinhalt soll auf allen Seiten 5 Pixel betragen. Deshalb wird nur *padding* benutzt. Der einzelne Wert wird dabei für alle vier Seiten angewendet.

(6) Die Breite einer einzelnen Zelle wird von *width* bestimmt. Da hier 5 Zellen in einer Zeile stehen, müsste eigentlich jede 20 % des verfügbaren Raumes belegen können. Wegen der Rahmen und Zwischenräume muss der Wert jedoch kleiner sein, damit nur eine Zeile von einer Adresse belegt wird.

(7) Da es sich hier um keine echte Tabelle, sondern nur um entsprechend angeordnete Textblöcke handelt, entstehen normalerweise Zwischenräume zwischen den Zellen. Damit die Rahmen sich aber überlappen, wird der Abstand zwischen ihnen auf einen negativen Wert gesetzt. Dieser ist abhängig von der Rahmenstärke und beträgt hier 3 Pixel.

(8) Wie mit zu langem Inhalt verfahren werden soll, legt *overflow* fest. Für den Fall, dass der Text nicht vollständig in eine Zelle passt, wird durch *hidden* dafür gesorgt, dass er abgeschnitten wird. Bei *scroll* würden Bildlaufleisten eingesetzt, und *auto* überlässt dem Browser die Entscheidung.

(9) Damit jede Adresse in einer eigenen Zeile steht, wird für *display* wieder *block* angegeben.

(10) Jede Adresse soll die gesamte Breite des Browserfensters ausnutzen. Daher lautet der Wert für *width* 100 %.

(11) Zwischen den Zeilen soll kein Abstand bestehen. Daher wird *margin* auf 0 Pixel gesetzt.

(12) Die gesamte Außenumrandung der Tabelle wird für das Element *Adressbuch* festgelegt.

Als Rahmentyp stehen eine ganze Menge verschiedener Darstellungen bzw. Effekte zur Verfügung und zwar:

- *none*, wenn kein Rahmen erscheinen soll
- *dotted* für gepunktete Linien
- *dashed* für gestrichelte Linien
- *solid* für einfache durchgezogene Linien
- *double* für doppelte durchgezogene Linien
- *groove* für 3D-Effekt als Rille
- *ridge* für 3D-Effekt als Leiste
- *inset* für 3D-Effekt als eingedrückt
- *outset* für 3D-Effekt als erhaben.

Die Formatangaben zu den Rahmen können auch in unterschiedlichsten Detaillierungsgraden angegeben werden. Dies reicht von der Beschreibung des kompletten Rahmens bis zur Definition eines bestimmten Stilelementes einer einzelnen Rahmenseite. Die entsprechenden Formatarten heißen

▓ *border* für die Komplettbeschreibung mit allen Angaben für Typ, Stärke und Farbe, z.B. *border:double medium black*

▓ *border-top*, *border-right*, *border-bottom*, *border-left* für die Komplettbeschreibung einer einzelnen Seite mit allen Angaben für Typ, Stärke und Farbe, z. B. *border-right:double medium black*

▓ *border-style*, *border-width*, *border-color* für die Beschreibung eines Stilelementes für den gesamten Rahmen (siehe *Bspl015.css*)

▓ *border-top-style*, *border-right-style*, *border-bottom-style*, *border-left-style* und entsprechend für *width* und *color* zur Beschreibung eines Stilelementes einer einzelnen Seite.

3.4 Weitere Möglichkeiten

Dieses Kapitel soll nicht die komplette CSS beschreiben. Allein zwei gute Gründe sprechen dagegen. Der erste ist die unvollständige Unterstützung durch viele Browser. Dadurch kann eben nicht garantiert werden, dass die gewünschten Ergebnisse auch tatsächlich sichtbar werden. Der zweite Grund liegt in den eingeschränkten Möglichkeiten, die die CSS bieten. Wenn beispielsweise nicht alle Daten angezeigt werden sollen oder eine Sortierung erwünscht ist, dann steht man eben vor einem Problem. Für eine Darstellung und Formatierung eines Dokumentes ist daher XSL viel besser geeignet. Trotzdem sollen noch ein paar Möglichkeiten der CSS aufgeführt werden, um damit zu weiteren Experimenten zu motivieren.

> *Hinweis*:
> Die folgenden Formatangaben werden nur von einigen Browsern unterstützt.

Textergänzungen

Zusätzlich zu den Daten eines Dokumentes können in der Browserdarstellung auch feststehende Texte enthalten sein. Das können beispielsweise Überschriften, erläuternde Texte oder Textmasken sein.

Wenn Text vorangestellt werden soll, lautet die allgemeine Syntax für ein Format element:before {content:"text"}

bzw. für nachgestellten Text

element:after {content:"text"}

Beispiel 1:
Adressdaten soll erläuternder Text vorangestellt werden. Dazu enthält
eine CSS-Datei folgende Formate:

```
Vorname:before {
  content:"Vorname: "
}
Nachname:before {
  content:"Nachname: "
}
Plz:before {
  content:"PLZ: D-"
}
```

Bei entsprechender Zusatzformatierung liefert das dann zum Beispiel
folgendes Ergebnis:

Vorname: Max
Nachname: Mustermann
PLZ: D-30102

Beispiel 2:
In einem Dokument ist nur die reine Anrede gespeichert. Für einen
Brief soll sie dann um die Höflichkeitsformel ergänzt und mit einem
Komma abgeschlossen werden. Für ein Element wie

```
...
<anrede>Frau Meier</anrede>
...
```

erreicht man dies durch folgende CSS-Formate:

```
anrede:before {
  content:"Sehr geehrte "
```

```
 }
 anrede:after {
   content:","
 }
```

Das Resultat lautet dann:

Sehr geehrte Frau Meier,

Hierarchieabhängige Formate

Im *Bspl014* wurde bereits gezeigt, wie man Formate von einer bestimmten Position des Elementes in der Struktur abhängig machen kann. Dabei sollte das Format nur dann auf ein Element angewendet werden, wenn es zum Inhalt eines ganz bestimmten anderen gehörte. Die allgemeine Syntax lautet dafür:

```
element1 element2 { /* element2 enthalten in element1 */
        ...
}
```

Bei dieser Schreibweise der Elementnamen gilt das Format nur für *element2* und auch nur dann, wenn es in *element1* verschachtelt ist. Dabei ist die Tiefe der Verschachtelung egal.
Kommt es auf die Tiefe an, kann folgende Syntax benutzt werden:

```
element1 > element2 { /* element2 Kind von element1*/
        ...
}
```

Auch hier gilt das Format nur für *element2*. Jetzt muss es aber ein Kindelement, das heißt auf der ersten Ebene in *element1* verschachtelt sein. Ist nur das erste Kindelement gemeint, wird eine der beiden folgenden Schreibweisen gewählt:

```
element:first-child { /* erstes Kind von element */
        ...
}
```

```
*:first-child { /* erstes Kind eines jeden Elementes*/
        ...
}
```

Ist nicht die Verschachtelung, sondern die Reihenfolge wichtig, dann gilt diese Syntax:

```
element1 + element2 { /* element2 folgt direkt element1*/
        ...
}
```

Erneut gilt das Format für *element2*, jedoch nur, wenn es *element1* direkt folgt, wie in *Bspl014* beispielsweise der Nachname dem Vornamen.

Attributabhängige Formate

Im *Bspl006.xml* wurde die Struktur einer Grundschule gespeichert. Wenn für dieses Dokument nun die einzelnen Jahrgangsstufen unterschiedlich formatiert werden sollen, dann bieten die CSS dafür keine Lösung. Das liegt daran, dass diese Elemente sich nicht voneinander unterscheiden, auch nicht durch ihre Position innerhalb der Struktur. Anders sieht das aus, wenn die Stufenbezeichnungen wie in *Bspl007.xml* als Attribute angegeben werden. Jetzt können diese Daten zwar nicht mehr von CSS dargestellt, wohl aber die Elemente anhand dieser Werte unterschieden werden. Um daran Formate zu knüpfen, muss eine der folgenden Definitionen benutzt werden.

```
element[attribut] { /* element mit attribut */
        ...
}
```

Beispiel:

```
Jahrgang[Stufe] {
    ...
}
```

Hier wird ein Format beschrieben, das nur angewendet wird, wenn das Element über das angegebene Attribut verfügt, unabhängig davon, welchen Wert es definiert.

element[attribut="wert"] { /* element mit attribut-Wert */

    ...

}

Beispiel:

```
Jahrgang[Stufe="1"] {
    ...
}
```

Nur wenn das Attribut *Stufe* genau mit dem angegebenen Wert beim Element *Jahrgang* festgelegt ist, wird das Format jetzt benutzt.

element[attribut~="Wert"] { /* element enthält attribut-Wert */

    ...

}

Beispiel:

```
Klasse[Name~="1-"] {
    ...
}
```

In diesem Fall muss im Attributwert nur der Text *1-* enthalten sein. Dazu müssten dann allerdings die Attribute aus *Bspl007.xml* Leerstellen enthalten und etwa folgendermaßen lauten:

Name="1- 1" bzw. Name="1- 2"

Werden Elemente mit bestimmten Attributen versehen, die eigentlich für HTML geschaffen wurden, eröffnen sich neue Möglichkeiten. Das betrifft vor allem auch die Browser, die ansonsten keine attributabhängigen Formate unterstützen.

Diese beiden Attribute heißen *class* und *id*. Ihre Verwendung zeigt die folgende Tabelle.

Element	CSS-Format
<element class="eins">	element.eins {...}
<element id="eins">	element#eins {...}

Wie man sieht, wird der Wert eines *class*-Attributes nach einem Punkt und der Wert eines *id*-Elementes nach einer Raute dem Elementnamen angefügt. Diese beiden Attribute *class* und *id* können selbstverständlich auch miteinander kombiniert werden.

3.5 Zusammenfassung

Das Wesentliche dieses Kapitels noch einmal in der Zusammenfassung:

- Cascading Style Sheets (CSS) sind eigentlich für HTML entwickelt worden, lassen sich aber auch mit Einschränkungen für XML-Dokumente einsetzen. Die eigentliche Formatierung erfolgt jedoch per XSL.
- CSS-Formate stehen in einer separaten Datei, die durch die Instruktion *<?xml-stylesheet ... ?>* mit dem Dokument verknüpft ist. Das Attribut *type* muss auf *text/css* lauten und im Attribut *href* muss der Dateiname bzw. der URI angegeben werden.
- Formate bestehen aus einer Angabe für das zu formatierende Element, der in geschweiften Klammern die Formatbeschreibung folgt.
- Formate für mehrere Elemente werden durch ihre Aufzählung angegeben, wobei einzelne durch Komma getrennt werden.
- Sind Elementnamen durch Leerstelle getrennt, bedeutet das, dass das zu formatierende Element in dem vorher genannten enthalten sein muss.
- Die Formatbeschreibung besteht aus Formatarten, denen nach ei-

nem Doppelpunkt der Formatwert folgt. Mehrere Formatarten müssen durch Semikolon getrennt werden.

- Die Schriftfarbe wird durch *color* bestimmt.
- Die Schrift wird durch *font* bzw. eine einzelne Eigenschaft durch *font-size* (Größe), *font-style* (Stil), *font-weight* (Stärke), *font-family* (Art) usw. definiert.
- Die Groß- und Kleinschreibung wird von *text-transform* gesteuert.
- Die Ausrichtung legt *text-align* fest.
- Ob und wie ein Element angezeigt wird, beeinflusst *display*. Der wichtigste Wert dazu lautet *block*. Er platziert das Element in eine neue Zeile.
- Die *padding*-Formatarten definieren den Abstand zwischen Elementinhalt und den sie umgebenden, meistens unsichtbaren Rahmen.
- Die *margin*-Formatarten bestimmen den Abstand zwischen den Rahmen einzelner Elemente.
- Genaue Positionen kann man durch *position* in Verbindung mit *left* bzw. *top* angeben.
- Die Formatart *display* soll auch Tabellen aufbauen, funktioniert aber bei vielen Browsern nicht.
- Rahmen werden von *border* erzeugt.
- Die Breite eines Elementes bestimmt *width,* und *overflow* legt fest, wie zu großer Inhalt dargestellt wird.

3.6 Übungen

Aufgabe 5

Verändern Sie die CSS-Datei in *Bspl014* derart, dass der Betreff nicht mehr angezeigt wird.

Aufgabe 6

Ein Glossar liegt als XML-Dokument vor und sieht folgendermaßen aus:

```
<?xml version="1.0" encoding="ISO-8859-1"?>
<!-- Aufg06.xml -->
<?xml-stylesheet type="text/css" href="Aufg06.css"?>
<glossar>
```

```
  <register>A
    <eintrag>
      <short>API</short>
      <long>Application Programming Interface</long>
    </eintrag>
  </register>
  <register>C
    <eintrag>
      <short>CML</short>
      <long>Chemical Markup Language</long>
    </eintrag>
    <eintrag>
      <short>CSS</short>
      <long>Cascading Style Sheets</long>
    </eintrag>
  </register>
  <register>D
    <eintrag>
      <short>DOM</short>
      <long>Document Object Model</long>
    </eintrag>
    <eintrag>
      <short>DTD</short>
      <long>Document Type Definition</long>
    </eintrag>
  </register>
</glossar>
```

Erzeugen sie für die nachstehende Darstellung eine passende CSS-Datei (Die Registerbuchstaben sind blau).

Aufgabe 7

A
API   Application Programming Interface

C
CML   Chemical Markup Language
CSS   Cascading Style Sheets

D
DOM   Document Object Model
DTD   Document Type Definition

Eine Preisliste soll tabellarisch angezeigt werden. Das Dokument sieht so aus:

```xml
<?xml version="1.0" encoding="ISO-8859-1"?>
<!-- Aufg07.xml -->
<?xml-stylesheet type="text/css" href="Aufg07.css"?>
<preisliste>
  <artikel>
    <nr>0815</nr>
    <bezeichnung>Erdkabel</bezeichnung>
    <preis>15.99</preis>
  </artikel>
  <artikel>
    <nr>4711</nr>
    <bezeichnung>Gartengrill</bezeichnung>
    <preis>39.99</preis>
  </artikel>
  <artikel>
    <nr>1234</nr>
    <bezeichnung>Gartenbank</bezeichnung>
    <preis>19.89</preis>
  </artikel>
  <artikel>
    <nr>5678</nr>
    <bezeichnung>Grillkamin</bezeichnung>
    <preis>189.00</preis>
  </artikel>
</preisliste>
```

Und so soll die Preisliste in etwa aussehen:

0815	Erdkabel	15.99
4711	Gartengrill	39.99
1234	Gartenbank	19.89
5678	Grillkamin	189.00

4 Dateninseln

XML-Daten können nicht nur als eigenständige Datei gespeichert, sondern auch in andere mit fremden Formaten, beispielsweise in HTML, eingebettet werden. Man spricht dann von Dateninseln. Für die Darstellung dieser Dateninseln bieten sich andere Möglichkeiten als für «normale» XML-Dateien. So können die Daten unter anderem direkt per HTML angezeigt werden.

Dieses Kapitel zeigt, wie Dateninseln angelegt werden und wie auf sie zugegriffen werden kann. Die dazu aufgeführten Beispiele können jedoch nur mit dem Internet Explorer ab Version 6 ohne Probleme nachvollzogen werden. Andere Browser unterstützen das Konzept der Dateninseln nicht.

In den Beispielen werden sowohl HTML- als auch JavaScript-Anweisungen verwendet. Sie werden so erklärt, dass man auch ohne Vorkenntnisse in diesen Sprachen versteht, was sie bewirken. Trotzdem können aber Fragen offen bleiben. Dieses Kapitel kann aber auch beim Lesen übersprungen werden, ohne das Verständnis der folgenden zu gefährden.

4.1 Ein Beispieldokument

Als Grundlage für die Erläuterungen dieses Kapitels soll eine Art Kontaktseite verwendet werden, die Mitarbeiter eines Unternehmens samt ihren Mailadressen enthält. Als eigenständiges Dokument soll dies folgendermaßen aussehen:

```xml
<?xml version="1.0" encoding="utf-8" ?>
<!-- Bspl017.xlm -->
<adressen>                                        <!--1-->
  <eintrag>                                       <!--2-->
```

```
      <bereich>Einkauf</bereich>                    <!--3-->
      <name>Maria Meier</name>                      <!--4-->
      <mail>mmeier@firma.com</mail>                 <!--5-->
    </eintrag>
    <eintrag>
      <bereich>Einkauf</bereich>
      <name>Paul Peters</name>
      <mail>ppeters@firma.com</mail>
    </eintrag>
    <eintrag>
      <bereich>Verkauf</bereich>
      <name>Hans Schmitz</name>
      <mail>hschmitz@firma.com</mail>
    </eintrag>
    <eintrag>
      <bereich>Verkauf</bereich>
      <name>Willi Schmidt</name>
      <mail>wschmidt@firma.com</mail>
    </eintrag>
    <eintrag>
      <bereich>Verkauf</bereich>
      <name>Karl Kaiser</name>
      <mail>kkaiser@firma.com</mail>
    </eintrag>
    <eintrag>
      <bereich>Technik</bereich>
      <name>Otto Muster</name>
      <mail>omuster@firma.com</mail>
    </eintrag>
  </adressen>
```

(1) Das Dokumentelement für die gesamten Daten heißt *adressen*.

(2) Jeder Mitarbeiter wird durch ein Element namens *eintrag* beschrieben.

(3) Jeder Mitarbeiter wird durch 3 Informationen beschrieben. Das Element für die erste heißt *bereich* und gibt den Tätigkeitsbereich bzw. die Abteilung an.

(4) Das Element *name* enthält Vor- und Nachnamen jeder Person.

(5) Als Letztes wird vom Element *mail* noch die Mailadresse angegeben.

Diese Daten sollen vom Internet Explorer angezeigt werden. Dazu können verschiedene Techniken eingesetzt werden, die im Folgenden beschrieben werden.

4.2 Dateninseln aufbauen

Wie sieht nun eine Dateninsel aus und wie erzeuge ich sie? Diese Fragen sollen als erste beantwortet werden. Grundsätzlich bestehen zwei Möglichkeiten, die Daten unterzubringen. Einmal können sie tatsächlich irgendwo innerhalb einer HTML-Datei stehen. Diese Form wird dann *interne Dateninsel* genannt. Das Gegenteil ist eine *externe Dateninsel*. Dabei handelt es sich wieder um eine zunächst eigenständige XML-Datei, die mit einer HTML-Datei verknüpft ist.

4.2.1 Interne Dateninsel

Bei einer internen Dateninsel werden die Informationen, wie bereits erwähnt, gemeinsam mit den HTML-Daten in ein und derselben Datei gespeichert. Diese Methode ist besonders dann zu empfehlen, wenn die Daten nicht umfangreich sind und nur von dieser einen HTML-Seite benutzt werden. Die folgende HTML-Datei enthält eine interne Dateninsel.

```
<!-- Bsp1016.htm -->
<!DOCTYPE HTML PUBLIC "-//W3C//DTD HTML 4.0
Transitional//EN">                              <!--1-->
<html>                                          <!--2-->
  <head>                                        <!--3-->
    <title>Interne Dateninsel</title>           <!--4-->
  </head>                                        <!--5-->
  <body>                                         <!--6-->
    <h1>E-Mail-Adressen</h1>                     <!--7-->
    <p>Für Fragen wenden Sie sich bitte an unsere
Mitarbeiter:</p>                                <!--8-->
    <hr>                                         <!--9-->
    <xml id="mailliste">                         <!--10-->
      <adressen>                                 <!--11-->
        <eintrag>
          <bereich>Einkauf</bereich>
          <name>Maria Meier</name>
          <mail>mmeier@firma.com</mail>
        </eintrag>
        <eintrag>
          <bereich>Einkauf</bereich>
          <name>Paul Peters</name>
          <mail>ppeters@firma.com</mail>
```

```
        </eintrag>
        <eintrag>
          <bereich>Verkauf</bereich>
          <name>Hans Schmitz</name>
          <mail>hschmitz@firma.com</mail>
        </eintrag>
        <eintrag>
          <bereich>Verkauf</bereich>
          <name>Willi Schmidt</name>
          <mail>wschmidt@firma.com</mail>
        </eintrag>
        <eintrag>
          <bereich>Verkauf</bereich>
          <name>Karl Kaiser</name>
          <mail>kkaiser@firma.com</mail>
        </eintrag>
        <eintrag>
          <bereich>Technik</bereich>
          <name>Otto Muster</name>
          <mail>omuster@firma.com</mail>
        </eintrag>
      </adressen>                              <!--12-->
    </xml>                                     <!--13-->
    <hr>                                       <!--14-->
  </body>                                      <!--15-->
</html>                                        <!--16-->
```

Beachten Sie, dass es sich hierbei um eine HTML-Datei handelt, deren Namenserweiterung .htm oder .html lautet. Ein Teil der Marken sieht zwar aus wie XML-Elemente, es sind aber HTML-Tags, die eine genau feststehende Bedeutung haben.

(1) Diese Deklaration legt, -ähnlich wie die XML-Deklaration, den Typ der HTML-Datei fest. Damit wird einem Browser mitgeteilt, in welcher HTML-Sprachversion die Datei verfasst wurde und woraus sie besteht. Entscheidend ist eigentlich nur die Versionsnummer, – hier *4.0* –, und der Zusatz *Transitional*. Das bedeutet, dass die Datei Tags aus HTML 4, Style Sheets und Skripte enthalten kann.

(2) Diese Marke kennzeichnet die Datei als HTML-Seite und definiert ihren Anfang.

(3) Jedes WWW-Dokument enthält zusätzlich zu den eigentlichen Texten weitere Informationen – so genannte Kopfdaten –, die zwar

nicht dargestellt werden sollen, die der Browser aber auswerten kann. Diese Marke kennzeichnet den Beginn dieser Angaben.

(4) Der gewünschte Titel einer Website wird durch das *title*-Tag festgelegt. Diese Titelmarken stehen im Kopfteil eines Dokumentes, also irgendwo zwischen den Tags *<head>* und *</head>*. Sie kennzeichnen den Text, der vom Browser als Dokumentname benutzt und in der Titelleiste angezeigt wird. Er sollte aussagefähig das Thema des Dokumentes beschreiben, aber nicht zu lang sein.

(5) Auch die Endmarken der HTML sind wie die Endmarken der XML durch den vorangestellten Schrägstrich gekennzeichnet. Hier wird das Ende der Kopfinformationen markiert.

(6) Der Teil des Dokumentes, der im Browserfenster dargestellt werden soll, wird durch diese Textmarke eingeleitet.

(7) Nicht zu verwechseln mit den Titeln sind die Überschriften. Sie gliedern den Text hierarchisch wie die Kapitel eines Buches. Überschriften (engl. header) werden beispielsweise durch die Marken *<h1>* und *</h1>* festgelegt. Es gibt insgesamt sechs verschiedene Überschriftebenen, von *h1* bis *h6*, die hierarchisch aufgebaut sind. Das heißt, dass eine höhere Nummer Unterkapitel einer niedrigeren Nummer darstellt, was auch durch die jeweilige Schriftgröße verdeutlicht wird.

(8) Texte, die vom Browser als neuer Absatz formatiert werden sollen, werden von den Marken *<p>* und *</p>* (engl. paragraph) eingeschlossen.

(9) Mit der Marke *<hr>* (engl. horizontal rule) erzeugen Sie horizontale Linien, die automatisch die aktuelle Fensterbreite berücksichtigen.

(10) Hier beginnt die Dateninsel. Ihre Startposition wird durch die *xml*-Marke gekennzeichnet. Dies ist ein HTML-Tag und kein XML! Sie enthält das Attribut *id*, das für HTML eine frei wählbare Objektbezeichnung definiert. Über diesen Namen kann später auf die Dateninsel zugegriffen werden. Nach dem *xml*-Tag folgen nur XML-Elemente.

(11) Mit dem Dokumentelement beginnen nun wie gewohnt die Daten.

(12) Das Ende der Daten zeigt in bekannter Weise die Endmarke des Dokumentelementes an.

(13) Das Ende der Dateninsel wird von *</xml>* gekennzeichnet. Danach dürfen wieder nur HTML-Marken folgen.

(14) Eine weitere Trennlinie wird eingefügt.

(15) Das Ende der Nutzdaten für das Browserfenster ist erreicht.

(16) Das Ende der Datei wird signalisiert.

Wenn diese Datei von einem Browser geöffnet wird, erhält man die folgende Darstellung.

E-Mail-Adressen

Für Fragen wenden Sie sich bitte an unsere Mitarbeiter:

Im Quelltext steht die Dateninsel zwischen den beiden *hr*-Marken. Im Bild ist dort aber nichts sichtbar. Das ist kein Fehler, sondern ganz normal. Eine Dateninsel beschreibt eben nur die Daten und ihre Struktur und nicht, wie sie angezeigt werden sollen. Die Darstellung muss daher zusätzlich festgelegt werden.

4.2.2 Externe Dateninsel

Werden Daten von mehreren Websites oder auch von Anwendungen benutzt, dann sind interne Dateninseln wenig sinnvoll. Sie müssten dann nämlich in jedes HTML-Dokument kopiert werden. Änderungen wären auch immer in allen Dateien vorzunehmen, und für XML-Parser ständen die Daten gar nicht zur Verfügung. Hier helfen dann externe Dateninseln.

Das gleiche HTML-Dokument wie im vorherigen Kapitel sieht mit einer externen Dateninsel wie folgt aus:

```
<!-- Bspl017.htm -->
<!DOCTYPE HTML PUBLIC "-//W3C//DTD HTML 4.0
Transitional//EN">
<html>
  <head>
    <title>Externe Dateninsel</title>
  </head>
  <body>
    <h1>E-Mail-Adressen</h1>
    <P>Für Fragen wenden Sie sich bitte an unsere
```

```
Mitarbeiter:</P>
    <hr>
    <xml id="mailliste" src="Bspl017.xml"></xml>
    <hr>
  </body>
</html>
```

Hier wird die Dateninsel allein durch die markierten Tags aufgebaut. Es handelt sich dabei wieder um die *xml*-Marke. Dieses Mal wird aber ein weiteres Attribut angegeben. Es heißt *src* und gibt den Namen der Datei an, die als ganz normale XML-Datei die Daten enthält. Statt des einfachen Dateinamens kann hier auch ein URI wie beispielsweise *http://www.meineseite.de/daten/bspl017.xml* stehen. Diese Datei ist genauso aufgebaut, wie in Kapitel 4.1 beschrieben. Da die Daten ausgelagert sind, stehen zwischen der Start- und Endmarke von *xml* jetzt auch keine Daten mehr.

Achtung:
Die *xml*-Marke ist eine HTML-Anweisung. Sie kann daher hier nicht wie ein leeres Element geschrieben werden.

Die Browserdarstellung dieser HTML-Seite sieht genauso aus wie die der internen Dateninsel aus Kapitel 4.2.1, denn auch hier wurden noch keine Anzeigedefinitionen vorgenommen.

4.3 Daten darstellen

Damit die Daten auch genutzt werden, sind zusätzliche Anweisungen nötig. Diese können aus HTML-Marken oder Anweisungen einer Skriptsprache bestehen. Diese unterschiedlichen Techniken sollen nun eingesetzt und erklärt werden.

4.3.1 Daten anbinden

HTML-Marken dienen in erster Linie dazu, Informationen in einem speziellen Format anzuzeigen. Sie sind daher die erste Wahl, wenn es gilt, auf Websites Daten darzustellen. Dies schließt natürlich auch die Dateninseln ein. Dabei verfährt man nach folgendem Grundprinzip: Wie gewohnt wird mit HTML-Tags der Aufbau und die Darstellung auf der Website definiert. Die ansonsten damit verbundenen Texte werden jedoch weggelassen. Stattdessen werden die Marken mit speziellen Attributen an die Daten gebunden. Dabei muss man zwischen Marken unterscheiden, die nur eine einzelne Information «verbrauchen» können, und solchen, die Listen wie beispielsweise Tabellen darstellen können. Das nächste Beispiel demonstriert diese Technik, indem es die Informationen aus der Dateninsel als Tabelle formatiert.

```html
<!-- Bspl018.htm -->
<!DOCTYPE HTML PUBLIC "-//W3C//DTD HTML 4.0 Transitional//EN">
<html>
  <head>
    <title>Externe Dateninsel</title>
  </head>
  <body>
    <h1>E-Mail-Adressen</h1>
    <P>Für Fragen wenden Sie sich bitte an unsere
Mitarbeiter:</P>
    <hr>
    <xml id="mailliste" src="Bspl017.xml"></xml>
    <table border="1" datasrc="#mailliste"
        cellPadding="5">                         <!--1-->
      <thead>                                     <!--2-->
        <tr>                                      <!--3-->
          <th>Abteilung</th>                      <!--4-->
          <th>Name</th>                           <!--5-->
          <th>E-Mail-Adresse</th>                 <!--6-->
        </tr>                                      <!--7-->
      </thead>                                     <!--8-->
      <tr>                                         <!--9-->
        <td><span datafld="bereich">             <!--10-->
          </span></td>
        <td><span datafld ="name">                <!--11-->
          </span></td>
        <td><span datafld ="mail">                <!--12-->
          </span></td>
      </tr>                                        <!--13-->
    </table>                                       <!--14-->
    <hr>
  </body>
</html>
```

Diese HTML-Datei führt im Browser jetzt zu der folgenden Darstellung:

E-Mail-Adressen

Für Fragen wenden Sie sich bitte an unsere Mitarbeiter:

Abteilung	Name	E-Mail-Adresse
Einkauf	Maria Meier	mmeier@firma.com
Einkauf	Paul Peters	ppeters@firma.com
Verkauf	Hans Schmitz	hschmitz@firma.com
Verkauf	Willi Schmidt	wschmidt@firma.com
Verkauf	Karl Kaiser	kkaiser@firma.com
Technik	Otto Muster	omuster@firma.com

Zwischen den horizontalen Trennlinien stehen jetzt endlich die Daten. Das liegt aber nun nicht daran, dass die Dateninsel zwischen ihnen definiert ist, sondern weil dort die neuen Marken eingebaut wurden. Die Dateninsel darf auch an anderen Stellen eingefügt werden.

Die neuen Marken erfüllen im Einzelnen die folgenden Aufgaben:

(1) Mit der Marke *table* wird in HTML eine Tabellendefinition eingeleitet. Einzelne Charakteristiken der gesamten Tabelle werden dabei mithilfe verschiedener Attribute definiert. Durch das Attribut *border* werden hier die Gitternetzlinien sichtbar gemacht, wobei der Wert die Breite der Linien in Pixeln angibt. Mittels *cellpadding* (engl. padding = Polsterung) wird ein Freiraum zwischen dem Zellinhalt und den angrenzenden Gitterlinien festgelegt. Im obigem Beispiel wird dafür gesorgt, dass oben, unten, rechts und

links vom Text 5 Bildpunkte frei gelassen werden. Dadurch wirkt der Text in der Tabelle nicht so gequetscht. Das Attribut *datasrc* wird nur vom Internet Explorer interpretiert und gibt die Quelle der Daten an, mit denen diese Tabelle gefüllt werden soll. Der Wert dieses Attributes muss mit einer gültigen *id* einer Dateninsel übereinstimmen, der das Zeichen # vorangestellt wurde.

(2) Jetzt wird die Tabelle zeilenweise aufgebaut. Als Erstes wird dazu die Überschriftenzeile definiert. Dies wird durch die Marke *thead* (engl. **t**able **head**) eingeleitet.

(3) Die Überschriften können aus mehreren Zeilen bestehen. Jede Zeilenbeschreibung wird dabei von *tr* (engl. **t**able **r**ow) eingeleitet. Hier wird aber nur eine einzige Zeile erzeugt.

(4) Die Überschrift der ersten Spalte wird festgelegt. Dies geschieht mit Hilfe der *th*-Marken (engl. **t**able **h**eader). Browser formatieren die so gekennzeichneten Texte üblicherweise in Fettschrift und zentrieren sie zwischen den Spaltengrenzen, während normale Zellen linksbündig justiert werden.

(5) Es folgt die Überschrift der zweiten Spalte.

(6) Und die der dritten Spalte.

(7) Mit der Endmarke wird die Zeilendefinition abgeschlossen.

(8) Da keine weiteren Überschriftenzeilen benötigt werden, wird auch die Endmarke für *thead* geschrieben.

9) Jetzt kommt wieder eine Zeilendefinition, jedoch dieses Mal für die Daten.

(10) Mit Hilfe der *td*-Marken (engl. **t**able **d**ata) wird nun jede Zelle der Zeile beschrieben. Zwischen ihrer Anfangs- und Endmarke steht immer der Zellinhalt. Normalerweise ist dies ein Text oder eine Marke für ein Bild. Damit nun diese Zelle mit den Daten verbunden werden kann, muss eine Marke verwendet werden, die einerseits als Zellinhalt gelten kann und andererseits eine Datenbindung gestattet. Das gilt beispielsweise für die Marken *div* (engl. **div**ision) und *span* (engl. **span**). Während *div* einen Absatz erzeugt, kann *span* im laufenden Textfluss verwendet werden. Das Attribut *datafld* verbindet die Zelle mit einem Datenfeld der Dateninsel. Dazu wird das XML-Element angegeben, dessen Inhalt in dieser Spalte angezeigt werden soll.

(11) Die nächste Zelle wird an das Element *name* gebunden.

(12) Die dritte Zelle soll das Element *mail* darstellen.

(13) Damit ist die Zeile komplett und die Endmarke kann gesetzt wer-

den. Die weiteren Zeilen müssen jetzt nicht mehr definiert werden, denn durch die Datenanbindung wird diese Zeile so oft wiederholt, wie Daten vorhanden sind.

(14) Also ist auch die Tabellenbeschreibung beendet.

Zwischen den HTML-Marken und den Elementen der Dateninsel bestehen also Bindungen, wie sie in der nachstehenden Tabelle aufgeführt sind.

Marke	XML-Element	Bemerkung
table	Dokumentelement	wird über *id* der Dateninsel per *datasrc* gebunden
tr	Kindelement des Dokumentelementes	wird nicht explizit gebunden
td	Enkelelemente des Dokumentelementes	wird per *datafld* gebunden

4.3.2 Daten segmentieren

Im vorherigen Kapitel wurden die Datenzeilen durch die Datenanbindung so oft wiederholt, wie entsprechende Elemente in der Dateninsel vorhanden gewesen sind. Das kann bei umfangreichen Daten zu sehr langen Tabellen führen. Deshalb ist es in solchen Fällen wünschenswert, die Daten übersichtlicher anzuordnen.

Das kann durch eine einfache Segmentierung in Verbindung mit einer Manövriermöglichkeit geschehen. Dazu werden die Tabellenzeilen in gleich große Blöcke aufgeteilt, von denen dann nur immer einer auf der Seite angezeigt wird. Mithilfe von Schaltflächen kann dann der vorherige oder nächste Block aufgerufen werden. Man kann also die Tabelle quasi Seite für Seite durchblättern.

Dazu müssen nur die folgenden Ergänzungen in der HTML-Datei vorgenommen werden, die allerdings ausschließlich der Internet Explorer interpretiert.

```
<!-- Bspl019.htm -->
<!DOCTYPE HTML PUBLIC "-//W3C//DTD HTML 4.0
Transitional//EN">
<html>
```

```
<head>
  <title>Seitenweise Dateninsel</title>
</head>
<body>
  <h1>E-Mail-Adressen</h1>
  <P>Für Fragen wenden Sie sich bitte an unsere
Mitarbeiter:</P>
  <hr>
  <xml id="mailliste" src="Bspl017.xml"></xml>
  <table border="1" datasrc="#mailliste"
      cellPadding="5" id="matab"
      datapagesize="2">                        <!--1-->
    <thead>
      <tr>
        <th>Abteilung</th>
        <th>Name</th>
        <th>E-Mail-Adresse</th>
      </tr>
    </thead>
    <tr>
      <td><span datafld="bereich"></span></td>
      <td><span datafld="name"></span></td>
      <td><span datafld="mail"></span></td>
    </tr>
  </table>
  <hr>
  <input type="button" value="<"
      onclick="matab.previousPage()">           <!--2-->
                   <!--3-->
      
      
      
      
    
  <input type="button" value=">"
      onclick="matab.nextPage()">                <!--4-->
</body>
</html>
```

(1) Zwei weitere Attribute werden in der *table*-Marke hinzugefügt. Durch *id* wird der Tabelle ein eindeutiger Name vergeben, der später benötigt wird, um das Objekt anzusprechen. Durch *datapagesize* wird der Zeilenumfang eingeschränkt. Das hat zur Folge, dass nun die Zeilendefinition des Quelltextes nicht mehr für alle Zeilen, son-

dern nur noch für die angegebene Anzahl wiederholt wird. Hier sind es aufgrund der wenigen Daten nur 2 Zeilen.

(2) Jetzt muss nur noch ein Weg zum Manövrieren geschaffen werden. Dies soll mithilfe von Schaltflächen ermöglicht werden. Die hier verwendete Marke *input* wird am häufigsten in Formularen eingesetzt. Mit ihrer Hilfe werden die meisten Eingabeobjekte erzeugt. Zu ihr wird keine Endmarke angegeben. Welches Objekt erzeugt wird, legt das Attribut *type* fest. Beim Wert *button* ist es eine Schaltfläche. Ihre Beschriftung wird durch das weitere Attribut *value* angegeben. Was beim Anklicken passieren soll, gibt das Attribut *onclick* an. Hier wird eine in Tabellenobjekte bereits eingebaute Funktion aufgerufen. Dazu muss auch der Objektname angegeben werden. Die Bezeichnung *matab.previousPage()* heißt hier so viel wie: die Funktion *previousPage* des Objektes *matab*.

(3) Normalerweise werden Leerräume in HTML ja stets zu einem einzigen Leerzeichen zusammengefasst. Durch diese Folge von -Ausdrücken (engl. non breaking space) werden nicht unterdrückbare Leerzeichen erzeugt, sodass ein fester Abstand zwischen der gerade erzeugten und der nachfolgenden Schaltfläche entsteht.

(4) Die zweite Schaltfläche wird definiert. Wenn sie angeklickt wird, soll für das Tabellenobjekt namens *matab* die eingebaute Funktion *nextPage* aufgerufen werden. Sie blättert zum nächsten, durch *data-pagesize* eingeteilten Block.

Die folgende Abbildung zeigt, wie die Seite nun aussieht.

E-Mail-Adressen

Für Fragen wenden Sie sich bitte an unsere Mitarbeiter:

Abteilung	Name	E-Mail-Adresse
Einkauf	Maria Meier	mmeier@firma.com
Einkauf	Paul Peters	ppeters@firma.com

Es werden nur zwei Zeilen angezeigt. Unterhalb der Tabelle erkennt man die beiden Schaltflächen, durch deren Anklicken die vorherigen bzw. die nächsten zwei Zeilen angezeigt werden.

Neben den beiden eingesetzten gibt es noch zwei weitere Funktionen für segmentierte Tabellen. Durch *firstPage* kann das erste und durch *lastPage* das letzte Segment der Tabelle angezeigt werden.

4.3.3 Daten selektieren

Auch das Durchblättern kann bei besonders großen Datenbeständen zu einer zeitraubenden Angelegenheit werden. Dann wünscht man sich eine Suchfunktion, mit der die gewünschten Daten schnell angezeigt werden können. Dies kann nur unter Verwendung einer Programmiersprache erreicht werden. Wie dies mit JavaScript bewerkstelligt werden kann, zeigt das nächste Beispiel.

```
<!-- Bspl020.htm -->
<!DOCTYPE HTML PUBLIC "-//W3C//DTD HTML 4.0
Transitional//EN">
<html>
  <head>
    <title>Durchsuchte Dateninsel</title>
    <script language="javascript"
        src="Bspl020.js"></script>            <!--1-->
  </head>
  <body>
    <h1>E-Mail-Adressen</h1>
    <p>Für Fragen wenden Sie sich bitte an unsere
Mitarbeiter:</p>
    <p>Abteilung: <input id="suchfeld"
            type="text">                      <!--2-->
                                     <!--3-->
    <input type="button" value="Start"
        onclick="such()">                     <!--4-->
    </p>
    <hr>
    <xml id="mailliste" src="Bspl017.xml"></xml>
    <div id="ergebnis"></div>                 <!--5-->
    <hr>
  </body>
</html>
```

(1) Skriptprogramme können in Webseiten genauso wie die Dateninseln intern und extern gespeichert werden. Hier wird eine externe
Skriptdatei eingebunden. Dies geschieht immer durch die Marke
script. Ihr Attribut *language* gibt die verwendete Sprache an, und das
Attribut *src* benennt wie bei der *xml*-Marke die Datei.

(2) Damit der Suchbegriff eingegeben werden kann, benötigt man ein
Textfeld. Es wird ebenfalls durch die bereits bekannte Marke *input*
in Verbindung mit dem Attribut *type* definiert. Die Angabe *text* erzeugt ein rechteckiges, einzeiliges Eingabefeld. Weil der Inhalt dieses Objekts vom Skript abgefragt wird, ist ein ein eindeutigen Name
dafür notwendig. Dieser wird durch das Attribut *id* festgelegt.

(3) Auch hier soll ein fester Abstand zum nächsten Objekt eingehalten
werden.

(4) Eine Schaltfläche wird noch definiert, die durch Anklicken den
Suchvorgang auslösen soll. Ihre Beschriftung lautet *Start* und die
auszulösende Funktion heißt *such*. Sie muss in der Skriptdatei programmiert werden.

(5) Hier soll später das Ergebnis angezeigt werden können. Dazu wird
durch die Start- und Ende-Tags der Marke *div* ein Block definiert,
der zunächst leer ist, vom Skript dann aber mit dem Ergebnis gefüllt
werden kann. Auch hier muss ein eindeutiger Name vorhanden
sein, damit das Skript diesen Bereich ansprechen kann.

Jetzt fehlt nur noch das JavaScript-Programm, das mit dem Inhalt des
Textfeldes die Suche in der Dateninsel ausführt und das Ergebnis in den
Zielbereich einfügt. Es wird nun in die Skriptdatei geschrieben. Das ist
ebenfalls, wie die HTML- und XML-Datei auch, eine einfache Textdatei.
Sie trägt jedoch die Namenserweiterung *.js*. Das Programm besteht nur
aus der benötigten Funktion *such* und sieht folgendermaßen aus:

```
// Bspl020.js                                   // 1
function such(){                                // 2
  suchtext = suchfeld.value.toLowerCase();      // 3
  if (suchtext == ""){                          // 4
    ergebnis.innerHTML =                        // 5
      "Bitte gew&uml;nschte Abteilung angeben!";
    return;                                     // 6
  }                                             // 7
  mailliste.recordset.moveFirst();              // 8
  htmlcode = "";                                // 9
```

```
  while (!mailliste.recordset.EOF){              // 10
    abtlg = mailliste.recordset("bereich")
                .value;                           // 11
    if (abtlg.toLowerCase() == suchtext)         // 12
      htmlcode += "<A HREF=\"mailto:"            // 13
          + mailliste.recordset("mail")          // 14
          + "\">"                                 // 15
          + mailliste.recordset("name")          // 16
          + "</A>"                                // 17
          + "<BR>";                               // 18
    mailliste.recordset.moveNext();              // 19
  }                                               // 20
  if (htmlcode == "")                            // 21
    ergebnis.innerHTML =
        "Abteilung nicht vorhanden!";            // 22
  else                                            // 23
    ergebnis.innerHTML = htmlcode;               // 24
}                                                 // 25
```

Dieses Programm benutzt eine Vielzahl von JavaScript-Anweisungen und -Konstruktionen. An dieser Stelle kann jetzt weder ein Kurzlehrgang für JavaScript erfolgen, noch jedes verwendete Sprachelement genau beschrieben werden. Daher beschränkt sich die Erläuterung auf die jeweilige Aufgabe der Anweisung.

(1) Hier wird nur der Dateiname als Kommentar angegeben. In JavaScript leiten die beiden Schrägstriche einen Kommentar ein, der bis zum Ende der Zeile reicht und dort auf jeden Fall beendet ist. Ein separates Endezeichen ist dafür nicht notwendig.

(2) Die Definition einer Funktion, das heißt die Beschreibung dessen, was beim Aufruf einer Funktion passiert, beginnt immer mit dem Schlüsselwort *function*, dem dann der Funktionsname mit runden Klammern folgt. Dahinter steht immer eine öffnende geschweifte Klammer, der sich dann die auszuführenden Anweisungen anschließen.

(3) Hier wird in einer Variablen der Suchbegriff, also der Inhalt des Eingabefeldes gespeichert, nachdem er vorher komplett in Kleinbuchstaben umgewandelt wurde. Dies geschieht, damit später Vergleiche unabhängig von der Schreibweise erfolgen können. Das Textfeld hat in *Bspl020.htm* die *id suchfeld* zugewiesen bekommen. Durch *suchfeld.value* kann dieser Inhalt abgefragt werden. Das heißt so viel wie Wert (engl. value) des Objektes *suchfeld*. Und

durch die Funktion *toLowerCase* wird das davor stehende Objekt, also *suchfeld.value*, in Kleinschrift umgewandelt.

(4)   Wenn (engl. if) der Inhalt der Variablen *suchtext* dann gleich einer leeren Zeichenkette ist, dann wurde kein Suchbegriff eingegeben. Die geschweifte Klammer leitet jetzt einen Block von Anweisungen ein, die nur in diesem Fall ausgeführt werden sollen.

(5)   Hier wird die *id* des leeren *div*-Blocks aus *Bspl020.htm* benutzt. Sein Inhalt wird durch *innerHTML* angesprochen. Der Text, der hier zugewiesen wird, erscheint damit auf der Webseite. Umlaute und Sonderzeichen in dieser Meldung müssen den HTML-Regeln folgen. Daher wird für das ü hier ü geschrieben.

(6)   Mit *return* wird anschließend die Funktion beendet.

(7)   Hier ist der Anweisungsblock zu Ende. Trifft die Bedingung in (4) nicht zu, wird dieser Block nicht ausgeführt, und die nächste Anweisung ist an der Reihe.

(8)   Das Objekt *mailliste* ist die Dateninsel. Durch diese Anweisung wird hier der erste Datensatz bzw. die erste Zeile der Datenquelle verfügbar gemacht und kann jetzt abgefragt werden. In dem XML-Dokument entspricht dies dem ersten Kindelement des Dokumentelementes, also einem *eintrag*-Element.

(9)   Eine Variable namens *htmlcode* wird mit einer leeren Zeichenkette angelegt. In ihr soll nach und nach das Suchergebnis aufgebaut werden.

(10) Hier wird eine Schleife programmiert. Alles, was zwischen den beiden geschweiften Klammern in dieser Zeile und in (20) steht, wird so lange wiederholt, wie die Bedingung in den runden Klammern gilt. Und die besagt, dass das Ende der Daten nicht erreicht sein darf. Aufgrund der vorhergehenden Anweisung in (8) und der noch folgenden in (19) wird so jedes *eintrag*-Element vom ersten bis zum letzten untersucht.

(11) In der Variablen *abtlg* wird der Wert bzw. Inhalt des Kindelementes *bereich* der aktuellen Zeile, also des aktuellen *eintrag*-Elementes gespeichert.

(12) Wenn dieser in Kleinbuchstaben umgewandelte Wert gleich dem in *suchtext* gespeicherten Suchbegriff ist, der ja auch in Kleinbuchstaben umgewandelt wurde, dann soll die folgende Anweisung ausgeführt werden.

(13) Hier wird der Inhalt der Variablen *htmlcode* für das Suchergebnis aufgebaut. Diese Anweisung reicht von hier bis zum Semikolon in

(18). Durch den Operator += wird bei jedem Schleifendurchlauf eine Zeichenkette aus mehreren Komponenten an den bestehenden Inhalt angehängt. Diese muss gültigen HTML-Code enthalten, da sie ja in den *div*-Bereich eingefügt werden soll. Damit die Mitarbeiternamen auf der Seite einfach angeklickt werden können, um eine Mail zu verschicken, wird ein entsprechender Hyperlink aufgebaut. Das bedeutet, dass die Marke *a* mit dem Attribut *href="mailto:* usw. generiert werden muss. Das Anführungszeichen wird dazu als Escapezeichen \" geschrieben, damit es die Zeichenkette für den Variableninhalt nicht abschließt.

(14) Der Inhalt des Elementes *mail* wird angehängt.

(15) Ein Anführungszeichen, das als so genanntes Escapezeichen (\") angegeben wird, und eine spitze Klammer werden angehängt, um das Start-Tag für den Link zu vervollständigen.

(16) Der Inhalt des Elementes *name* wird angefügt.

(17) Das Abschluss-Tag folgt.

(18) Den Abschluss einer Zeile bildet das Tag *br* (engl. **br**eak), mit dem ein Zeilenumbruch bewirkt wird.

(19) Diese Anweisung positioniert auf die nächste Datenzeile, also auf das nächste *eintrag*-Element.

(20) Hier ist der Schleifenblock zu Ende. Erst wenn das Ende der Daten erreicht ist, wird mit der folgenden Anweisung fortgefahren. In allen anderen Fällen ist (11) die nächste Anweisung, die ausgeführt wird.

(21) Wenn alle Informationen durchgearbeitet wurden und die Variable *htmlcode* danach immer noch eine leere Zeichenkette ist, dann wurden keine passenden Daten gefunden.

(22) Es wird dann wieder eine entsprechende Meldung als Inhalt des *div*-Blocks eingefügt.

(23) Durch *else* wird die Anweisung bestimmt, die ansonsten auszuführen ist, das heißt, wenn *htmlcode* Text enthält.

(24) Dann soll nämlich der generierte HTML-Code in das *div*-Element eingefügt werden.

(25) Durch die letzte schließende geschweifte Klammer wird das Ende der Anweisungen gekennzeichnet, die für die Suchfunktion auszuführen sind.

Die folgende Abbildung zeigt, wie die Seite im Browser aussieht, wenn bereits eine erfolgreiche Suche durchgeführt wurde.

E-Mail-Adressen

Für Fragen wenden Sie sich bitte an unsere Mitarbeiter:

Abteilung: | verkauf | [Start]

Hans Schmitz
Willi Schmidt
Karl Kaiser

Zwischen den beiden Trennlinien stehen nun die generierten Links für den Mailversand.
Alle Beispiele haben bisher immer die gleiche Dateninsel benutzt, nämlich *Bspl017.xml* aus Kapitel 4.1. Sie funktionieren natürlich auch mit anderen Dokumenten, allerdings müssen sie eines gemeinsam haben: ein tabellarisches Datenmodell. Das heißt, sie dürfen nur eine Schachtelungstiefe von 2 Ebenen aufweisen, sodass folgende Zuordnungen möglich sind:

Dokument	Tabellenmodell	Dateimodell
Dokumentelement	Tabelle	Datei
Kindelemente	Zeilen	Datensätze
Enkelelemente	Zellen einer Zeile	Datenfelder

Dieses Modell funktioniert aber nicht mehr, wenn die Datenstruktur weitere Ebenen aufweist, wie im folgenden, leicht geänderten Dokument.

```
<?xml version="1.0" encoding="utf-8" ?>
<!-- Bspl021.xlm -->
<adressen>
  <bereich>Einkauf                        <!--1-->
    <person>                               <!--2-->
      <name>Maria Meier</name>             <!--3-->
      <mail>mmeier@firma.com</mail>
    </person>
```

```
      <person>
        <name>Paul Peters</name>
        <mail>ppeters@firma.com</mail>
      </person>
    </bereich>
    <bereich>Verkauf
      <person>
        <name>Hans Schmitz</name>
        <mail>hschmitz@firma.com</mail>
      </person>
      <person>
        <name>Willi Schmidt</name>
        <mail>wschmidt@firma.com</mail>
      </person>
      <person>
        <name>Karl Kaiser</name>
        <mail>kkaiser@firma.com</mail>
      </person>
    </bereich>
    <bereich>Technik
      <person>
        <name>Otto Muster</name>
        <mail>omuster@firma.com</mail>
      </person>
    </bereich>
  </adressen>
```

(1) Das Dokument gliedert sich auf der ersten Ebene in verschiedene Bereiche bzw. Abteilungen.

(2) Zu jedem Bereich gehören eine oder mehrere Personen.

(3) Zu jeder Person sind dann ihr Name und ihre Mailadresse gespeichert.

Würde hier versucht, ein Tabellenmodell anzuwenden, dann müsste man mit verschachtelten Tabellen arbeiten. Es gibt aber noch ein weiteres Modell für die Datenanalyse, das hier flexibler ist und außerdem die Datenstruktur auch exakter darstellt. Es ist das so genannte *Document Object Model* (DOM).

Das DOM kann auch in JavaScript benutzt werden. Daher wird das vorige Beispiel nun mit der neuen Dateninsel realisiert. Dazu sind im HTML-Quelltext nur wenig Änderungen vorzunehmen.

```
<!-- Bsp1021.htm -->
```

```
<!DOCTYPE HTML PUBLIC "-//W3C//DTD HTML 4.0
Transitional//EN">
<html>
  <head>
    <title>Durchsuchte Dateninsel</title>
    <script language="javascript"
          src="Bspl021.js"></script>                 <!--1-->
  </head>
  <body>
    <h1>E-Mail-Adressen</h1>
    <p>Für Fragen wenden Sie sich bitte an unsere
Mitarbeiter:</p>
    <p>Abteilung: <input id="suchfeld"
                  type="text"
                  name="suchfeld">
      
    <input type="button" value="Start"
          onclick="such()">
    </p>
    <hr>
    <xml id="mailliste"
          src="Bspl021.xml"></xml>                  <!--2-->
    <div id="ergebnis"></div>
    <hr>
  </body>
</html>
```

(1) Eine neue Skriptdatei muss eingebunden werden.
(2) Außerdem soll jetzt ja die umstrukturierte Dateninsel verwendet werden.

Bevor das Skript geschrieben bzw. erläutert wird, sollte man sich zunächst die Struktur des Dokumentes genauer ansehen. Das DOM basiert auf einer Baumstruktur der Daten, wie auch bereits in Kapitel 2.3.1 kurz angesprochen wurde. Die Struktur des Beispieldokumentes zeigt die nachstehende Abbildung.

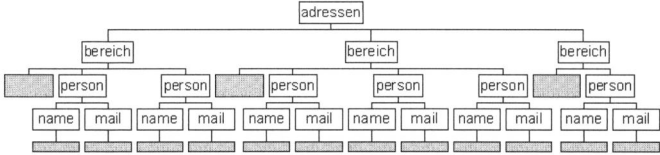

Jedes Rechteck steht hier für ein Element bzw. den Inhalt eines Elementes (graue Rechtecke). So besteht das Dokumentelement *adressen* eben aus drei *bereich*-Elementen. Jedes davon enthält einen gemischten Inhalt, nämlich Zeichendaten und ein oder mehrere *person*-Elemente. Diese wiederum enthalten stets ein *name*-Element, dem ein *mail*-Element folgt. Beide verfügen dann immer nur über Zeichendaten als Inhalt.

Hinweis:
Die Zeichendateninhalte, die nur aus Leerraum bestehen, sind in der Darstellung ignoriert worden.

Die Rechtecke dieser Baumstruktur werden auch Knoten (engl. nodes) genannt. Das DOM kennt viele verschiedene solcher Knotentypen, von denen hier nur zwei enthalten sind: Elementknoten und Textknoten.
Mit dieser Darstellung vor Augen soll nun mithilfe eines JavaScript-Programms oder vielmehr einer -Funktion dieser Baum analysiert und nach den gewünschten Daten durchsucht werden.

```
// Bspl021.js
function such(){
  suchtext = suchfeld.value.toLowerCase();
  if (suchtext == ""){
    ergebnis.innerHTML =
      "Bitte gew&uuml;nschte Abteilung angeben!";
    return;
  }
  htmlcode = "";
  docElement = mailliste.documentElement;            // 1
  bereichsEbene = docElement.childNodes;             // 2
  for (i=0; i<bereichsEbene.length; i++) {           // 3
    berKnoten = bereichsEbene.item(i);               // 4
    persEbene = berKnoten.childNodes;                // 5
    berTextKnoten = persEbene.item(0);               // 6
    berText = berTextKnoten.nodeValue;               // 7
    if (berText.toLowerCase().indexOf(suchtext)
            == 0) {                                  // 8
      for (j=0; j<persEbene.length; j++) {           // 9
        persKnoten = persEbene.item(j);              // 10
        if (persKnoten.nodeType == 1) {              // 11
          nameKnoten = persKnoten.childNodes
                .item(0);                            // 12
```

```
            mailKnoten = persKnoten.childNodes
                .item(1);                              // 13
            nameText = nameKnoten.childNodes
                .item(0);                              // 14
            mailText = mailKnoten.childNodes
                .item(0);                              // 15
          htmlcode += "<A HREF=\"mailto:"
                + mailText.nodeValue                   // 16
                + "\">"
                + nameText.nodeValue                   // 17
                + "</A>"
                + "<BR>";
        }
      }
    }
  }
  if (htmlcode == "")
    ergebnis.innerHTML =
        "Abteilung nicht vorhanden!";
  else
    ergebnis.innerHTML = htmlcode;
}
```

Einige Anweisungen des Skriptes sind unverändert geblieben, nur die Schleife, die in *Bspl020.js* Satz für Satz untersucht und das Ergebnis aufgebaut hat, ist komplett durch einen anderen Code ersetzt worden.

(1) Über die in der HTML-Datei definierte *id* kann die Dateninsel hier wieder angesprochen werden. Durch den Aufruf *mailliste. documentElement* erhält man die komplette Baumstruktur des Objektes. Sie wird in der Variablen *docElement* gespeichert, die nun auch die komplette Dateninsel enthält, aber eben als Knotenbaum.

(2) Ruft man für dieses Baumobjekt jetzt *childNodes* auf, erhält man die Liste aller Kindknoten.

(3) Diese Liste wird von der Zählschleife durchgearbeitet. Die Anzahl der Knoten in der Liste liefert *bereichsEbene.length*. Da der erste Knoten über den Index 0 angesprochen wird, muss *i* kleiner als die Anzahl der Knoten bleiben.

(4) Innerhalb der Schleife wird zunächst jeder Knoten, der an der Reihe ist, zwischengespeichert. Man erhält ihn, indem *item(i)* für das Listenobjekt aufgerufen wird. Die Variable *berKnoten* enthält danach den Knoten mit dem kompletten Unterbaum eines Bereichs!

(5) Eine Liste der Kindknoten des Bereichsknotens erhält man wieder über *childNodes*. Diese Liste enthält jetzt aber verschiedene Knotentypen, nämlich zuerst den Text- und danach Elementknoten.

(6) Den ersten Knoten, also den Textknoten, erhält man wieder über *item* mit dem Index 0.

(7) Den Inhalt bzw. Wert dieses Knotens *berTextKnoten* liefert *nodeValue*.

(8) Jetzt wird geprüft, ob dieser gefundene Bereichsname mit dem eingegebenen Suchbegriff beginnt. Der Text wird wieder durch *toLowerCase* in Kleinbuchstaben umgewandelt. Anschließend ermittelt *indexOf(suchtext)* die Startposition des Suchbegriffs *suchtext* im Bereichsnamen. Ist diese gleich 0, dann beginnt sie beim ersten Zeichen. Dieses Programm kann also auch mit abgekürzten Abteilungsbezeichnungen suchen.

(9) Jetzt wird die Liste der Kindknoten eines Bereichsknotens komplett durchgearbeitet.

(10) Wieder wird der jeweilige Knoten mit seinem Unterbaum über *item* und eine Indexangabe zwischengespeichert.

(11) Für dieses Objekt liefert *nodeType* den Knotentyp als Zahl. Dabei entspricht 1 einem Elementknoten und 3 einem Textknoten. Weitere Werte finden Sie in Kapitel 11.5. Nur wenn der Wert gleich 1 ist, dann handelt es sich also um einen *person*-Elementknoten.

(12) Nur dann wird hier durch verkettete Aufrufe aus der Kindknotenliste dieses Knotens der erste (Index 0) Knoten gespeichert. Es ist ein *name*-Knoten.

(13) Entsprechend handelt es sich bei dem zweiten (Index 1) Knoten um einen *mail*-Knoten.

(14) Der erste und einzige Kindknoten dazu ist der Textknoten mit dem Zeicheninhalt.

(15) Entsprechend gilt dies für den anderen Knoten.

(16) Über *nodeValue* kann hier jetzt der Text der Mailadresse für das Ergebnis in den HTML-Code eingebaut werden.

(17) Für das andere Objekt liefert *nodeValue* dann den Text für Vor- und Nachnamen.

Das Programm arbeitet also mit Objektvariablen, die den ganzen Dokumentbaum oder einen Teil davon enthalten. Durch entsprechende Aufrufe können dann Einzelheiten davon analysiert werden, wie beispielsweise Kindknoten, Knotentyp und Knotenwert. So lässt sich jede

Dokumentstruktur verarbeiten, egal wie tief eine Verschachtelung aussieht. Auch Attribute, Kommentare, PIs, CDATA-Sektionen usw. werden als Knoten betrachtet, wenn sie in einem Dokument vorkommen, und können so ausgewertet werden.

Wer tiefer in diese Materie einsteigen will, benötigt dann natürlich fundierte Kenntnisse in HTML und JavaScript. Ebenfalls bei rororo sind dazu die folgenden Bücher erschienen:

▨ HTML - Von der Baustelle bis JavaScript, ISBN 3-499-60085-4
▨ JavaScript - Programme für die Website, ISBN 3-499-61201-1

4.4 Zusammenfassung

Zum Thema Dateninseln lässt sich Folgendes zusammenfassen:

▨ Dateninseln sind XML-Dokumente, die innerhalb von HTML-Dateien verwendet werden.
▨ Interne Dateninseln werden vollständig im laufenden HTML-Code als Inhalt der Marke *xml* eingegeben.
▨ Externe Dateninseln liegen als eigenständige Datei vor und werden über das Attribut *src* im *xml*-Tag eingebunden.
▨ Dateninseln werden nicht automatisch angezeigt. Sie müssen dazu entweder an HTML-Tags gebunden oder per Skript aufbereitet werden.
▨ Mit dem Attribut *datasrc* wird die gesamte Dateninsel über ihre *id* angebunden.
▨ Das Attribut *datafld* bindet ein einzelnes Datenfeld. Derartig angebundene Tags werden so oft wiederholt, bis das Ende der Daten erreicht wurde.
▨ Das Attribut *datapagesize* erlaubt eine Segmentierung der Tabelle.
▨ Eingebaute Funktionen ermöglichen das Manövrieren zwischen den Segmenten. Sie heißen *previousPage()*, *nextPage()*, *firstPage()* und *lastPage()*.
▨ Zum Selektieren bzw. Suchen müssen Skriptsprachen eingesetzt werden. Dabei kann man dem Programm ein Tabellen- bzw. Dateimodell oder das DOM zugrunde legen.

4.5 Übung

Aufgabe 8

Das folgende Dokument enthält die Daten der Fußballbundesligatabelle.

```
<?xml version="1.0" encoding="ISO-8859-1"?>
<!-- Aufg08.xml -->
<tabelle>
  <verein>
    <rang>1</rang>
    <name>Bayern München</name>
    <spiele>30</spiele>
    <tore>61:19</tore>
    <punkte>66</punkte>
  </verein>
  ...
</tabelle>
```

Es soll als externe Dateninsel in ein HTML-Dokument eingebaut werden, sodass es als Tabelle etwa wie folgt angezeigt wird.

Rang	Verein	Spiele	Tore	Punkte
1	Bayern München	30	61:19	66
2	VfB Stuttgart	30	48:35	53
3	Bor. Dortmund	30	44:23	52

   2. BL?

Die Schaltflächen sollen von links nach rechts die Kandidaten für die Champions League, das vorherige Segment, das nächste Segment und die Abstiegskandidaten anzeigen.

5 Regeln definieren

Wohlgeformte Dokumente können ohne weiteres gelesen werden, denn sie enthalten ja keine Syntaxfehler. An einwandfreie und in sich logische konforme Daten müssen jedoch höhere Ansprüche gestellt werden. Woher soll beispielsweise eine Anwendung, die ein neues Dokument erstellen soll, die Namen und den richtigen Aufbau der Elemente kennen? Und wie sollen Fehler in der Struktur, zum Beispiel eine fehlende Postleitzahl bei Adressen, erkannt werden? Es wird also ein Mechanismus gebraucht, der den Aufbau einer Gruppe gleichartiger Dokumente, – man spricht hier auch von einer Dokumentklasse – mit all seinen erlaubten Varianten beschreibt.

XML kennt zwei derartige Mechanismen: eine DTD (engl. **D**ocument **T**ype **D**efinition) und das XML-Schema. Der erstere ist älter und weniger flexibel als der zweite, dennoch soll er hier zuerst beschrieben werden. Eine DTD ist nämlich leichter zu verstehen und zu erstellen als ein Schema. Außerdem werden DTDs noch von den meisten Parsern unterstützt, sodass sie voll funktionsfähig sind.

5.1 Gültige Dokumente

In den folgenden Kapiteln lernen Sie einen Typ von Dokumenten kennen, der nicht nur ohne Syntaxfehler ist, sondern auch einem vorgegebenen Regelwerk gehorcht. Dokumente dieses Typs sind zunächst einmal wohlgeformt, da sie ja keine Syntaxfehler enthalten. Weil sie aber auch keine Fehler in ihrem logischen Aufbau und ihrer Struktur aufweisen, werden sie als gültige Dokumente (engl. valid documents) bezeichnet.

Gültige Dokumente sind immer auch wohlgeformte Dokumente. Sie gehorchen einem Vokabular und einer Grammatik. Beides wird von der DTD bereitgestellt, indem sie einerseits festlegt, welche Wörter als Elementnamen erlaubt sind, und andererseits die Regeln bestimmt, wie aus diesen Wörtern sinnvolle Strukturen gebildet werden.

Parser, die in der Lage sind, Dokumente auf das für sie geltende Regelwerk hin zu überprüfen, werden als validierende Parser bezeichnet. Sie sind Bestandteil vieler Entwicklungsumgebungen, XML-Editoren und Browser. Obwohl jedoch der Internet Explorer genauso wie der Netscape Navigator und Opera einen validierenden Parser verwendet, hat er den Überprüfungsmodus abgeschaltet, sodass er sich wenig eignet, um die Beispiele dieses Kapitels zu überprüfen. Für ihn ist eine besondere Skriptprogrammierung notwendig. Sie kann selbst programmiert werden, wird aber auch von Microsoft für den Download bereitgestellt:

msdn.microsoft.com/downloads/samples/internet/default.asp

Schauen Sie dort im Inhaltsverzeichnis unter XML nach. Die Installation speichert eine HTML-Datei auf Ihrem Rechner, die etwa folgendermaßen aussieht:

XML Validator

↻ Close This Sample

Enter a url to load:

weatherReport.xml

or paste in some XML:

PASTE

check the "Validation" box if you want to validate your document:

☑ Validation

click the "Validate" button to see if your text is valid XML:

VALIDATE

Hier kann der Pfad der zu überprüfenden XML-Datei eingegeben werden. Nach Klicken auf *Validate* wird im unteren Teil eine Übersicht bzw. die Fehlermeldung angezeigt. Eine zweite Testmöglichkeit wird von der

Schaltfläche *Paste* geboten. Sie öffnet ein weiteres Eingabefeld, in das ein Dokument vollständig eingetippt oder hineinkopiert werden kann. Die Validierung mit dem Internet Explorer ist aber auch online unter

msdn.microsoft.com/downloads/samples/internet/xml/xml_validator/ validate_js.htm

möglich. Allerdings müssen die Dateien dann auch im Internet verfügbar sein, beispielsweise auf Ihrer Homepage.
Alternativ kann man auch mit dem Suchbegriff *xml validator* im Internet suchen.

5.2 Interne Regeln

Die Regeln, denen ein Dokument folgen muss, wenn es gültig sein soll, können als *Document Type Definition* (DTD) zusammen mit den Daten in ein und derselben Datei gespeichert werden. Diese internen Regeln werden auch *internal subset* genannt. Wie das aussieht, zeigt *Bspl022.xml*.

```
<?xml version="1.0" ?>
<!-- Bspl022.xml -->
<!DOCTYPE adressen [                      <!--1-->
<!ELEMENT adressen ANY>                   <!--2-->
]>                                        <!--3-->
<adressen></adressen>
```

(1) Jede DTD wird durch eine so genannte Dokumenttyp-Deklaration beschrieben. Sie beginnt mit *<!DOCTYPE* (in Großbuchstaben!), gefolgt vom Namen der Dokumentklasse. Dieser Name muss mit dem Namen des Dokumentelementes übereinstimmen. Eine öffnende eckige Klammer signalisiert dann den Beginn der internen DTD. Kommentare werden übrigens, wie man hier sieht, innerhalb einer DTD genauso gekennzeichnet wie innerhalb des XML-Bereiches.
(2) Jedes Element, auch das Dokumentelement, muss von der DTD deklariert sein. Dies erledigt diese Zeile. Mehr dazu im Kapitel 5.4.
(3) Mit der schließenden eckigen Klammer wird die interne DTD abgeschlossen. Die schließende spitze Klammer kennzeichnet das Ende der Dokumenttyp-Deklaration.

Zwei Dinge sind hier genau auseinander zu halten. Das ist zum einen die Dokumenttyp-Deklaration und zum anderen die DTD. Die Dokumenttyp-Deklaration muss immer im Prolog, das heißt zwischen der XML-Deklaration und dem Dokumentelement stehen. und gibt an, ob und wo eine DTD für das Dokument vorhanden ist. Die DTD definiert dann die Regeln. Hier sind beide ineinander geschachtelt. Die Deklaration beginnt mit <*!DOCTYPE* und endet mit >. Die interne DTD beginnt hier mit der öffnenden eckigen Klammer ([) und endet mit der schließenden eckigen Klammer (]).

Bereits in der XML-Deklaration kann festgelegt werden, dass nur eine interne DTD und keine externen Ressourcen benutzt werden. Dies geschieht durch das optionale Attribut *standalone*, zum Beispiel

```
<?xml version="1.0" encoding="ISO-8859-1" standalone="yes"?>
```

Wird dieses Attribut verwendet, dann muss es als letztes in der Marke vorkommen. Seine möglichen Werte sind ausschließlich *yes* und *no*. Wenn es weggelassen wird, gilt automatisch *standalone="no"*.

5.3 Externe Regeln

Interne Regeln sind praktisch, wenn das dadurch beschriebene Dokument auch das einzige seiner Art ist. Für eine ganze Klasse gleichartig aufgebauter Dokumente sind sie aber nicht praktikabel. Bei jeder Änderung müsste jedes Dokument angepasst werden. Besser wäre da schon eine zentrale Datei mit einer DTD, die von allen Dokumenten gleichzeitig genutzt werden kann. Dies ermöglicht eine externe DTD.

Das nächste Beispiel stellt die gleiche DTD dar wie Kapitel 5.2, jedoch dieses Mal als eigenständige Datei. Sie ist recht klein und sieht so aus:

```
<!-- Bsp1023.dtd -->
<!ELEMENT adressen ANY>
```

Sie enthält alles, was bei einer internen DTD zwischen den beiden eckigen Klammern steht. Externe DTDs benutzen als Namenserweiterung *.dtd*.

Von jedem Dokument muss jetzt nur ein Bezug zu dieser Datei hergestellt werden. Das erfolgt in der Dokumenttyp-Deklaration, wie die
nachstehende Abbildung zeigt.

```
<?xml version="1.0" encoding="iso-8859-1" ?>
<!-- Bsp1023.xml -->
<!DOCTYPE adressen SYSTEM "Bsp1502.dtd">
<adressen></adressen>
```

Statt der eckigen Klammern steht in der Deklaration hinter dem Doku-
mentelementnamen nun das Schlüsselwort *SYSTEM* und der Dateiname der externen DTD. Wenn die Datei sich nicht im gleichen Ordner
wie das Dokument befindet, muss hier natürlich der Dateipfad oder ein
URI stehen.

Private DTD

Durch das Schlüsselwort *SYSTEM* wird der dahinter stehende Dateiname als private DTD gekennzeichnet. Derartige Definitionen sind für eine geschlossene Benutzergruppe bestimmt. Sie können, müssen aber
nicht auf dem lokalen PC vorhanden sein.
Ein Beispiel:

```
<!DOCTYPE EMail SYSTEM "http://www.myweb.de/dtd/email.dtd">
```

Zur Laufzeit muss die durch *SYSTEM* angegebene Datei aber auf jeden
Fall verfügbar sein. Die Beispiele dieses Kapitels benutzen daher durchweg private DTDs.

Öffentliche DTD

Wird die DTD von der Allgemeinheit genutzt, dann sieht die Deklaration etwas anders aus, zum Beispiel so:

```
<!DOCTYPE EMail PUBLIC "-//IchAG//DTD EMail V 1.0//DE"
"http://www.myweb.de/dtd/email.dtd">
```

Das Schlüsselwort *PUBLIC* kennzeichnet die DTD als öffentlich. Dahin-
ter stehen zwei Angaben, ein DTD-Name und ein DTD-Speicherort.
Der DTD-Name soll einem Parser, der aus irgendeinem Grund keinen
Zugriff auf die DTD-Datei hat, trotzdem ermöglichen, eine Validierung

vorzunehmen. Das funktioniert natürlich nur, wenn ihm die DTD bekannt und irgendwie anderweitig verfügbar ist. Wenn nun eine DTD populär und weit genug verbreitet ist, werden Softwarehersteller entsprechende Implementierungen vornehmen. Ein Beispiel dafür ist die HTML, die allen Browsern beispielsweise unter "-//W3C//DTD HTML 4.0 Transitional//EN" bekannt ist. Sie brauchen dazu keine DTD-Datei mehr. Der Aufbau eines solchen DTD-Namens entspricht dem Muster "Präfix//Eigentümer//Beschreibung//ISO 639-Sprache", wobei als Präfix ISO für eine ISO-Standard-DTD, das Pluszeichen (+) für eine erprobte und das Minuszeichen (-) für eine unerprobte DTD auftreten können. Der Speicherort der DTD-Datei wird dahinter immer in Form eines URI angegeben.

Kombinationsmöglichkeiten

Für ein Dokument können auch DTDs miteinander kombiniert werden. Allerdings bezieht sich das nur auf die Kombination einer internen mit einer externen DTD. Für die externe DTD muss man sich dann entweder für eine öffentliche oder eine private entscheiden. Mit anderen Worten: SYSTEM und PUBLIC sind nicht kombinierbar!
Werden sowohl eine interne als auch eine externe DTD angegeben, dann muss die externe zuerst genannt werden.

Beispiel:

```
...
<!DOCTYPE document SYSTEM "Zusatz.dtd" [
<!ELEMENT adressen ANY>
]>
...
```

Doppelte Elementdefinitionen sind nicht erlaubt! Es darf also kein Element in der einen DTD definiert werden, das bereits in der anderen enthalten ist. Insofern handelt es sich nicht um zwei DTDs, sondern um eine einzige, die aufgesplittet ist. Der allgemeine Teil, der für mehrere Dokumente gilt, ist meistens in der externen enthalten, und der spezielle für dieses eine Dokument ist intern beschrieben.
Es gibt auch noch einen weiteren Grund, manche Definitionen als interne DTD anzulegen. Enthalten einige Namen zum Beispiel Umlaute, dann werden diese aufgrund der encoding-Angabe in der XML-Deklaration im internen Subset korrekt interpretiert, nicht jedoch im externen!

> *Hinweis:*
> Wird eine externe DTD allein oder in Verbindung mit einer internen DTD verwendet, dann muss in der XML-Deklaration auf jeden Fall *standalone="no"* gelten, das heißt, dass dieses Attribut entweder mit diesem Wert aufgeführt oder ganz weggelassen wird.

5.4 Elemente definieren

Eine der Aufgaben einer DTD, vielleicht sogar die Hauptaufgabe, besteht darin, jedes Element zu definieren, das in zugehörigen Dokumenten benutzt werden darf. Jede Elementdefinition besteht dabei aus zwei Teilen:

- dem Elementnamen
- dem erlaubten Inhalt.

Für den erlaubten Inhalt können dabei mehr oder weniger komplexe Angaben stehen, je nachdem, was die Regeln bestimmen sollen. Im einfachsten Fall werden für Elemente nur grobe Einschränkungen bezüglich ihres Inhaltes festgelegt. Dabei sind mehrere Abstufungen möglich:

- keine Einschränkungen bezüglich des Inhaltes
- Inhalt darf nur aus Text bestehen
- kein Inhalt erlaubt.

Durch derartige Regeln wird noch keine Struktur für Dokumente beschrieben, wie Sie in Kapitel 5.4.1 sehen werden. Erst wenn Einschränkungen bezüglich der Elemente als Inhalt vorgegeben werden, legt man die Struktur fest. Grob unterteilt kann das Folgendes bedeuten:

- Inhalt darf aus Elementen und Text bestehen
- Inhalt darf nur aus Elementen bestehen.

Zusammen mit einer vorgegebenen Reihenfolge der Elemente und ihrer Häufigkeit bestimmt dies die Feinstruktur einer Dokumentklasse.

5.4.1 Einfache Elemente

Jede DTD muss alle Elemente definieren, die überhaupt von den zugehörigen Dokumenten verwendet werden dürfen. Für ein Dokument, das Firmenadressen enthält, kann dies beispielsweise wie folgt aussehen:

```
<!-- Bspl024.dtd -->
<!ELEMENT adressen ANY>                        <!--1-->
<!ELEMENT adresse ANY>
<!ELEMENT name (#PCDATA)>                       <!--2-->
<!ELEMENT strasse (#PCDATA)>
<!ELEMENT plz (#PCDATA)>
<!ELEMENT ort (#PCDATA)>
<!ELEMENT firma EMPTY>                          <!--3-->
```

(1) Jede Elementdefinition beginnt mit <*!ELEMENT*, wobei unbedingt Großbuchstaben verwendet werden müssen. Diesem Tag-Namen folgen dann zuerst der Name des definierten Elementes in der gewünschten Schreibweise und eine Angabe zu seinem erlaubten Inhalt. Die Definition bzw. die Marke wird dann mit der spitzen Klammer abgeschlossen. Wird für die Inhaltsregel *ANY* angegeben, so bedeutet das, dass keine Einschränkungen festgelegt werden. Derartig schwache Regeln sollten in DTDs nicht vorkommen. Sie sind vielmehr für Test- und Entwicklungsphasen gedacht, in denen man sich noch nicht genau festgelegt hat.

(2) Für Elemente, die nur Text enthalten dürfen, wird *#PCDATA* (engl. **p**arsed **c**haracter **d**ata) angegeben. Dies muss in Klammern gesetzt werden. Die so definierten Elemente dürfen dann zwar auch leer sein, aber keinesfalls andere Elemente enthalten.

(3) Wird als Inhaltsregel *EMPTY* festgelegt, dann darf das jeweilige Element gar keinen Inhalt besitzen. Es muss also zwangsweise immer als leeres Element auftreten.

Üblicherweise wird jede Elementdefinition in einer eigenen Zeile geschrieben. Das ist nicht unbedingt notwendig, macht die Definitionen aber übersichtlicher. Auch die Reihenfolge, in der die Elemente definiert werden, spielt keine Rolle.

Was hat dies nun für Auswirkungen auf ein Dokument?

Nur wenn es alle aufgeführten Regeln einhält, ist es ein gültiges Dokument. Werden zwar Regeln, aber keine Syntax verletzt, dann ist es auf

jeden Fall noch wohlgeformt. Ein Beispiel für ein gültiges Dokument zu
der aufgeführten DTD ist *Bspl024.xml*.

```
<?xml version="1.0" encoding="ISO-8859-1"
standalone="no" ?>                                    <!--1-->
<!-- Bspl024.xml -->
<!DOCTYPE adressen SYSTEM "Bspl024.dtd">              <!--2-->
<adressen>
  <adresse>
    <firma/>                                          <!--3-->
    <name>Mustermann</name>                           <!--4-->
    <plz>20000</plz>
    <ort>Hamburg</ort>
    <strasse>Seestr. 5</strasse>
  </adresse>
  <adresse></adresse>                                 <!--5-->
</adressen>
```

(1) Die XML-Deklaration muss direkt oder indirekt *standalone="no"*
festlegen, weil die DTD als externe DTD vorliegt.

(2) Über die Dokumenttyp-Deklaration muss die externe DTD eingebunden werden. Dies geschieht hier als private DTD. Die Datei liegt
auf dem lokalen PC im gleichen Ordner wie das Dokument selbst
und heißt *Bspl024.dtd*.

(3) Ein Element *firma* darf nur als leeres Element aufgeführt werden,
kann aber auch fehlen.

(4) Die Elemente *name*, *plz*, *ort* und *strasse* dürfen nur Text enthalten.
Regeln, was dieser dann letztendlich enthalten oder wie dieser aufgebaut sein darf, kann eine DTD nicht festlegen. Er darf eben auch
fehlen.

(5) Das Element *adresse* darf, wie auch das Element *adressen*, alles enthalten. Das bedeutet auch, dass es leer sein darf.

Wenn Sie die Reihenfolge der Elementdefinition in der DTD mit der
Reihenfolge der Elemente im Dokument vergleichen, werden Sie feststellen, dass sie voneinander abweichen. Das ist normal, denn eine Reihenfolge der Elemente wird überhaupt nicht festgelegt. Nur die erlaubten Bereiche, in denen sie vorkommen können, liegen fest. Und das
sind eben die Elemente *adressen* und *adresse*, in denen alles enthalten
sein darf, also auch Elemente.

Enthält jedoch das Element *firma* Text oder ein anderes Element oder
wird beispielsweise dem Element *name* das Element *firma* als Inhalt

hinzugefügt, dann meldet ein validierender Parser Fehler. Ein nichtvalidierender akzeptiert dies, da dies ja keine Verstöße gegen die XML-Syntax sind.

Experimentieren Sie ruhig etwas mit dem Dokument, indem Sie Elemente verschieben, Texte zum Inhalt hinzufügen usw. Lassen Sie dann das Dokument erneut auf seine Gültigkeit überprüfen.

5.4.2 Struktur festsetzen

Für das Element *adresse* wurde im vorherigen Beispiel noch als Inhaltsregel *ANY* angegeben. Bei genauer Überlegung wird man aber zu dem Ergebnis kommen, dass als Inhalt nur eine ganz bestimmte Reihenfolge einiger Elemente sinnvoll ist. Betrachtet man eine typische Adresse wie

```
Firma
Mustermann
Seestr. 5

20000 Hamburg
```

dann findet man in Leserichtung, das heißt von links nach rechts und von oben nach unten, die Elemente *firma, name, strasse, plz* und *ort*. Dies soll in der DTD als Regel festgeschrieben werden. Dazu muss die Elementdefinition für *adresse* geändert werden.

```
<!-- Bspl025.dtd -->
<!ELEMENT adressen ANY>
<!ELEMENT adresse (firma, name, strasse, plz, ort)>
<!ELEMENT name (#PCDATA)>
<!ELEMENT strasse (#PCDATA)>
<!ELEMENT plz (#PCDATA)>
<!ELEMENT ort (#PCDATA)>
<!ELEMENT firma EMPTY>
```

In der Markierung wird die Inhaltsregel *ANY* durch einen eingeklammerten Ausdruck ersetzt. Außer *ANY* und *EMPTY* wird jede Inhaltsregel als Klammer dargestellt. Innerhalb der Klammer werden jetzt die erlaubten Elemente in genau der Reihenfolge aufgeführt, in der sie im Dokument auftreten müssen. Selbstverständlich darf hier auch nur ein Element stehen. Werden jedoch mehrere genannt, dann müssen sie

durch Kommas voneinander getrennt werden. Dieses Trennzeichen
signalisiert in der Elementdefinition die Abfolge.

Am Dokument sind nun einige Änderungen erforderlich, damit es weiterhin ein gültiges Dokument bleibt.

```
<?xml version="1.0" encoding="ISO-8859-1"
standalone="no" ?>
<!-- Bspl025.xml -->
<!DOCTYPE adressen SYSTEM "Bspl025.dtd">
<adressen>
   <adresse>                                           <!--1-->
     <firma/>
     <name>Mustermann</name>
     <strasse>Seestr. 5</strasse>
     <plz>20000</plz>
     <ort>Hamburg</ort>
   </adresse>
   <adresse>                                           <!--2-->
     <firma/>
     <name>Demo</name>
     <strasse>Hauptstr. 15</strasse>
     <plz>10000</plz>
     <ort>Berlin</ort>
   </adresse>
</adressen>
```

(1) Im ersten Element *adresse* muss die Reihenfolge geändert werden.
    Sie muss genau mit der von der DTD vorgegebenen übereinstim-
    men. Auch darf keines der Elemente weggelassen werden. Es han-
    delt sich bei allen um Pflichtelemente.

(2) Das zweite Element darf aus diesem Grunde auch nicht mehr leer
    sein. Allerdings darf jedes der Elemente leer sein, da sie ja nur Text
    enthalten müssen.

Jetzt legt die DTD schon ziemlich genau fest, was als Adresse akzeptiert
wird, aber wie kann im Dokument nun die folgende Adresse gespeichert werden?

```
Firma
Demo
Postfach 3042134

10000 Berlin
```

Natürlich kann man einfach die Postfachangabe im Element *strasse* speichern, aber so einfach sollte man es sich nicht machen. Es geht dann nämlich die Unterscheidungsmöglichkeit verloren. Ein Parser erkennt eben nur an den Elementen, um was es sich handelt, und nicht am Inhalt selbst. Also muss es möglich sein, in der Adresse ein neues Element *postfach* unterzubringen. Die entsprechenden Änderungen sind in der nachstehenden DTD markiert.

```
<!-- Bspl026.dtd -->
<!ELEMENT adressen ANY>
<!ELEMENT adresse (firma, name, (strasse | postfach),
                   plz, ort)>                         <!--1-->
<!ELEMENT name (#PCDATA)>
<!ELEMENT strasse (#PCDATA)>
<!ELEMENT plz (#PCDATA)>
<!ELEMENT ort (#PCDATA)>
<!ELEMENT firma EMPTY>
<!ELEMENT postfach (#PCDATA)>                          <!--2-->
```

(1) An der dritten Stelle der Inhaltsregel steht in der Klammer nun wiederum eine Klammer. Das bedeutet, dass hier ein einziges Element steht, für das jedoch spezielle Regeln gelten, die in der Klammer aufgeführt werden. Die beiden Elemente, die hier stehen, werden durch einen senkrechten Strich (|) getrennt. Er steht für *entweder oder*, sodass also als drittes Element in einer Adresse entweder das Element *strasse* oder das Element *postfach* erlaubt ist. Diesem folgt dann wieder wie gehabt das Element *plz*.

(2) Das neue Element *postfach* muss natürlich auf jeden Fall ebenfalls definiert werden. Es soll nur Text enthalten können.

Jetzt können sowohl normale als auch Postfach-Adressen im Dokument abgelegt werden, ohne dass es dadurch seine Gültigkeit verliert, wie man am folgenden Dokument sieht.

```
<?xml version="1.0" encoding="ISO-8859-1" standalone="no" ?>
<!-- Bspl026.xml -->
<!DOCTYPE adressen SYSTEM "Bspl026.dtd">
<adressen>
  <adresse>
    <firma/>
    <name>Mustermann</name>
```

```
    <strasse>Seestr. 5</strasse>
    <plz>20000</plz>
    <ort>Hamburg</ort>
  </adresse>
  <adresse>
    <firma/>
    <name>Demo</name>
    <postfach>3042134</postfach>
    <plz>10000</plz>
    <ort>Berlin</ort>
  </adresse>
</adressen>
```

Die zweite Adresse ersetzt genau das Element *strasse* durch das Element
postfach.

5.4.3 Häufigkeiten festlegen

Ein Element ist bis jetzt in der DTD noch nicht vernünftig beschrieben,
sondern immer noch mit der Inhaltsregel *ANY* versehen, nämlich das
Dokumentelement. Die Tatsache, dass es nur das Element *adresse* enthalten darf, kann man zwar bereits festlegen. Die Definition dazu lautet:

```
<!ELEMENT adressen (adresse)>
```

Nach dieser Änderung ist das Beispieldokument aber plötzlich nicht
mehr gültig. Warum? Nun, das liegt daran, dass ein Elementname in einer Inhaltsregel so viel wie genau einmal bedeutet. Diese Häufigkeit,
man spricht auch von der Kardinalität, ist aber zu gering, denn es sollen ja mehrere Adressen enthalten sein.
Umgekehrt wäre es wünschenswert, wenn das Element *firma* weniger
als einmal vorkommen dürfte. Dann könnten nämlich auch Privatadressen im Dokument aufgeführt werden.
Für die Häufigkeitsangaben stellt die DTD Sonderzeichen zur Verfügung, die dem Inhalt, auf den sie sich beziehen, einfach angehängt
werden. Für das Beispiel sieht das dann so aus:

```
<!-- Bsp1027.dtd -->
<!ELEMENT adressen (adresse)*>                    <!--1-->
<!ELEMENT adresse (firma?, name, (strasse | postfach),
```

```
                    plz, ort)>                        <!--2-->
<!ELEMENT name (#PCDATA)>
<!ELEMENT strasse (#PCDATA)>
<!ELEMENT plz (#PCDATA)>
<!ELEMENT ort (#PCDATA)>
<!ELEMENT firma EMPTY>
<!ELEMENT postfach (#PCDATA)>
```

(1) Im Dokumentelement soll nur das Element *adresse* enthalten sein dürfen. Deshalb steht es hier nun allein in der Klammer. Das Sternchen spezifiziert nun, dass dieser Inhalt überhaupt nicht, einmal oder beliebig oft vorkommen darf. Das Dokument kann also sowohl leer sein als auch beliebig viele Adressen enthalten.

(2) An den Elementnamen von *firma* ist ein Fragezeichen angehängt. Dadurch wird *firma* zu einem optionalen Element, das heißt, es darf fehlen oder höchstens einmal vorkommen.

Jetzt ist auch ein Dokument gültig, das eine Adresse ohne das Element *firma* beschreibt.

```
<?xml version="1.0" encoding="ISO-8859-1" standalone="no" ?>
<!-- Bsp1027.xml -->
<!DOCTYPE adressen SYSTEM "Bsp1027.dtd">
<adressen>
  <adresse>
    <name>Hans Mustermann</name>
    <strasse>Seestr. 5</strasse>
    <plz>20000</plz>
    <ort>Hamburg</ort>
  </adresse>
  <adresse>
    <firma/>
    <name>Demo</name>
    <postfach>3042134</postfach>
    <plz>10000</plz>
    <ort>Berlin</ort>
  </adresse>
</adressen>
```

In der markierten Adresse fehlt das Element *firma*. Es kann nun also dazu eingesetzt werden, Privat- von Firmenadressen zu unterscheiden.

Die für Häufigkeitsangaben erlaubten Zeichen und ihre Bedeutung enthält die folgende Tabelle.

Kardinalität	Bedeutung
ohne	muss genau einmal vorkommen
*	darf keinmal, einmal oder beliebig oft vorkommen
+	darf einmal oder beliebig oft vorkommen
?	darf nur einmal oder keinmal vorkommen

An ein Element angehängt, bewirkt das jeweilige Zeichen, dass dieses Element entsprechend wiederholt werden darf bzw. muss. Steht das Zeichen direkt hinter einer Klammer, so bezieht es sich auf den kompletten Ausdruck. So heißt beispielsweise *(eins, zwei)**, dass das Ganze beliebig oft, aber nur paarweise vorkommen darf. Erlaubt sind also Elementfolgen wie

```
<eins/><zwei/>
<eins/><zwei/><eins/><zwei/>
<eins/><zwei/><eins/><zwei/><eins/><zwei/>
```

Nicht erlaubt dagegen ist die Folge

```
<eins/><zwei/><eins/><zwei/><eins/>
```

Hier fehlt ein Element *zwei*, das dem letzten Element *eins* folgen muss.

5.4.4 Gemischten Inhalt beschreiben

Der Inhalt mancher Elemente darf sowohl aus Text als auch aus Elementen bestehen. Nach den bisherigen Ausführungen dieses Kapitels lässt sich nun erklären, wie ein solches Element definiert werden muss. Gemischter Inhalt bedeutet nichts anderes, als dass alle erlaubten Bestandteile wahllos und beliebig oft vorkommen dürfen. Dies wird zum Beispiel so definiert:

```
<!ELEMENT name (#PCDATA | kind1 | kind2)*>
```

Dadurch wird eben festgelegt, dass der Inhalt entweder aus Text oder einem Element namens *kind1* oder einem Element namens *kind2* besteht. Die Multiplizitätsangabe durch den Stern erlaubt aber, dass weitere Teile folgen dürfen, also wieder entweder Text oder Element *kind1* oder Element *kind2* usw.

Alle folgenden Elemente sind also gültig.

```
...
<name>abcdef
  <kind1/>
  <kind2/>
</name>
...
```

```
...
<name>
  <kind1/> abcdef
  <kind2/>
</name>
...
```

```
...
<name>
  <kind1/>
  <kind2/>
abcdef
</name>
...
```

```
...
<name>abcdef
  <kind1/>abcdef
  <kind2/>abcdef
  <kind1/>abcdef
  <kind1/>abcdef
abcdef
</name>
...
```

Hinweis:
Bei gemischtem Inhalt muss *#PCDATA* zuerst genannt werden.

5.5 Attribute definieren

Elemente werden nicht nur durch ihren Inhalt, sondern auch durch ihre Attribute beschrieben. Auch dafür können Regeln in der DTD festgelegt werden. Durch sie lässt sich bestimmen, welche Attribute zu einem Element erlaubt sind und ob es stets angegeben werden muss oder nicht. Auch für ihre möglichen Werte sind Einschränkungen möglich. Das Spektrum umfasst

- beliebige Werte
- Werte aus einer vorgegebenen Liste
- ein einziger fester Wert.

Auch Standardvorgaben für nicht angegebene Attribute sind möglich.

5.5.1 Verbindlichkeit angeben

Jedes Attribut, das zu einem Element angegeben werden darf, muss in der DTD definiert sein. Fehlen solche Festlegungen wie in den bisherigen Beispielen, dann darf in gültigen Dokumenten überhaupt kein Attribut verwendet werden. Eine Attributdefinition legt also fest, ob ein bestimmtes Attribut erlaubt ist. Darüber hinaus kann sie eine Attributsangabe auch erzwingen.

Im nächsten Beispiel soll die Anrede zu einer Adresse flexibler gestaltet werden und auch Angaben wie Herr, Frau usw. ermöglichen. Außerdem soll eine Länderkennung wie D, CH usw. zur Postleitzahl erlaubt sein. Beides soll als Attribut realisiert werden.

```
<!-- Bspl028.dtd -->
<!ELEMENT adressen (adresse)*>
<!ELEMENT adresse (anrede?, name,
          (strasse | postfach), plz, ort)>        <!--1-->
<!ELEMENT name (#PCDATA)>
<!ELEMENT strasse (#PCDATA)>
<!ELEMENT plz (#PCDATA)>
<!ELEMENT ort (#PCDATA)>
<!ELEMENT anrede EMPTY>                            <!--2-->
<!ELEMENT postfach (#PCDATA)>
<!ATTLIST anrede
bez CDATA #REQUIRED
titel CDATA #IMPLIED
```

```
>                                              <!--3-->
<!ATTLIST plz
land CDATA #IMPLIED
>
```

(1) Der Name des Elementes für die Anrede ist hier geändert worden, denn es soll nicht mehr nur zwischen Firmen- und Privatadressen unterschieden werden. Vielmehr soll eine flexible Anrede möglich sein. Das Element ist aber nach wie vor optional. Deshalb wird wieder das Fragezeichen angehängt.

(2) Das Element soll immer leer sein, denn die Information wird komplett über seine Attribute verwaltet.

(3) Hier werden die möglichen Attribute eines Elementes definiert. Dazu dient immer die Marke <!ATTLIST ... > (engl. **att**ribute **list**). Das Schlüsselwort *ATTLIST* muss immer groß geschrieben werden. Ihm folgt direkt der Name des Elementes, für das die Attribute definiert werden. Hier gelten die Attribute also für das Element *anrede*. Dem Elementnamen schließen sich dann die Attributdefinitionen an. Sie bestehen hier jeweils aus einem Attributnamen, einem Attributtyp namens *CDATA* (engl. character **data**) und einer Verbindlichkeitsangabe. Es wird hier also zuerst ein Attribut namens *bez* definiert, das den Typ *CDATA* hat. Das bedeutet, es enthält normalen, ungeparsten Text. Die Verbindlichkeitsangabe *#REQUIRED* (deutsch: erforderlich) sorgt dafür, dass dieses Attribut immer angegeben werden muss. Das zweite Attribut heißt *titel*, enthält ebenfalls ungeparsten Text und darf wegen *#IMPLIED* (deutsch: mit inbegriffen) auch fehlen. Das ist vernünftig, denn nicht jede Person verfügt über einen Titel wie Dr. oder Prof. Für Firmen gilt das schon gar nicht.

Statt die Attribute eines Elementes in einer einzigen Marke zu beschreiben, kann auch für jedes eine eigene benutzt werden, wie zum Beispiel:

```
...
<!ATTLIST anrede bez    CDATA #REQUIRED>
<!ATTLIST anrede titel CDATA #IMPLIED>
...
```

Aufgrund der Definitionen der DTD kann das Dokument nun um Attribute erweitert werden.

```
<?xml version="1.0" encoding="ISO-8859-1"
standalone="no" ?>
<!-- Bspl028.xml -->
<!DOCTYPE adressen SYSTEM "Bspl028.dtd">
<adressen>
  <adresse>                                    <!--1-->
    <name>Hans Mustermann</name>
    <strasse>Seestr. 5</strasse>
    <plz land="D">20000</plz>                  <!--2-->
    <ort>Hamburg</ort>
  </adresse>
  <adresse>
    <anrede bez="Firma"/>                      <!--3-->
    <name>Demo</name>
    <postfach>3042134</postfach>
    <plz>10000</plz>                           <!--4-->
    <ort>Berlin</ort>
  </adresse>
</adressen>
```

(1) Bei der ersten Adresse fehlt das Element *anrede*. Das ist erlaubt, da es ja als optionales Element definiert ist.

(2) Bei der Postleitzahl wird das einzige erlaubte Attribut *land* benutzt.

(3) Hier wird das Element *anrede* jetzt benutzt. Deshalb muss auf jeden Fall auch das Pflichtattribut *bez* angegeben werden. Das zweite, optionale Element *titel* darf hier fehlen.

(4) Da das Attribut *land* zum Element *plz* optional ist, darf es hier ebenfalls fehlen.

Die hier definierten Attribute sind vom Typ CDATA. Die Werte dieses Typs werden vom Parser keiner Kontrolle unterzogen, das heißt, dass sie jede Zeichenkombination aus Buchstaben, Ziffern und Sonderzeichen beinhalten dürfen. So können hier beispielsweise auch so unsinnige Attribute wie *land="9"* angegeben werden. Das Kapitel 5.5.3 zeigt, wie Attributwerte kontrolliert werden können.

Hinweis:
Soll ein Attributwert den Namensregeln für XML unterworfen werden, dann muss statt *CDATA* die Bezeichnung *NMTOKEN* bzw. *NMTOKENS* für eine Wortfolge verwendet werden.

Die Verbindlichkeit von Attributen bezieht sich auf ihr Element und nicht auf das Dokument. Deshalb ist es auch nicht verwunderlich, dass in einer Adresse das Element *anrede* fehlen darf, wenn das Attribut *bez* obligatorisch ist. Die Attributdefinition durch *#REQUIRED* verlangt eben nur, dass das Element nicht mehr ohne dieses Attribut auftreten darf.

5.5.2 Standardwerte vereinbaren

Wenn für ein Attribut häufig ein und derselbe Wert in Dokumenten auftritt, dann kann man diesen Wert als Standardwert des Attributes definieren. Das erleichtert die Datenverwaltung und hat eine ähnliche Wirkung wie *#REQUIRED*, wie das nachstehende Beispiel demonstriert.

```
<!-- Bspl029.dtd -->
<!ELEMENT adressen (adresse)*>
<!ELEMENT adresse (anrede?, name,
          (strasse | postfach), plz, ort)>
<!ELEMENT name (#PCDATA)>
<!ELEMENT strasse (#PCDATA)>
<!ELEMENT plz (#PCDATA)>
<!ELEMENT ort (#PCDATA)>
<!ELEMENT anrede EMPTY>
<!ELEMENT postfach (#PCDATA)>
<!ATTLIST anrede
bez   CDATA "Herr"
titel CDATA #IMPLIED
>                                             <!--1-->
<!ATTLIST plz
land  CDATA #FIXED "D"
>                                             <!--2-->
```

(1) Statt einer Verbindlichkeitsangabe steht ein Attributwert hinter der Typbezeichnung. Dieser Wert wird dadurch als Standardwert für das Attribut *bez* festgelegt. Weder *#REQUIRED* noch *#IMPLIED* können mit einem Standardwert kombiniert werden, denn sie haben einen eigenen Verbindlichkeitscharakter. Jetzt kann das Attribut *bez* nämlich zwar weggelassen werden, wird dann aber vom Parser automatisch mit dem Standardwert eingefügt. Im Dokument sieht das so aus, als gelte *#IMPLIED*, tatsächlich wird es vom Parser wie *#REQUIRED* behandelt.

(2) Eine andere Verbindlichkeitsangabe ist *#FIXED* (deutsch: starr). Dieser muss immer ein Standardwert folgen. Solche Attribute können nur diesen einen Wert annehmen. Sie dürfen zwar fehlen, werden dann aber ebenfalls automatisch vom Parser eingefügt.

Das folgende Dokument zeigt, welche Elemente jetzt gültig sind.

```
<?xml version="1.0" encoding="ISO-8859-1" standalone="no" ?>
<!-- Bspl029.xml -->
<!DOCTYPE adressen SYSTEM "Bspl029.dtd">
<adressen>
  <adresse>
    <anrede/>                                        <!--1-->
    <name>Hans Mustermann</name>
    <strasse>Seestr. 5</strasse>
    <plz land="D">20000</plz>                         <!--2-->
    <ort>Hamburg</ort>
  </adresse>
  <adresse>
    <anrede bez="Firma"/>                             <!--3-->
    <name>Demo</name>
    <postfach>3042134</postfach>
    <plz>10000</plz>                                  <!--4-->
    <ort>Berlin</ort>
  </adresse>
</adressen>
```

(1) Das Element *anrede* ist leer und ohne Attributsangabe. Es sieht also so aus, als sei *bez* nicht obligatorisch. Aufgrund der Definition mit einem Standardwert fügt der Browser aber trotzdem *bez="Herr"* ein (siehe umseitige Abbildung). Da das Element aber selbst optional ist, kann es weggelassen werden. Dann fehlt natürlich auch das Attribut.

(2) Beim Element *plz* wird das Attribut *land* aufgeführt. Wird dabei ein anderer Wert als *D* angegeben, so führt dies zu einem Fehler, denn das Attribut ist *#FIXED*.

(3) Anders ist das beim Attribut *bez* des Elementes *anrede*. Es verfügt zwar über einen Standardwert, kann aber trotzdem auch andere Werte annehmen.

(4) Da für das Attribut *land* sowieso nur der eine Standardwert benutzt werden kann, kann man es auch immer weglassen. Das hat allerdings dann den Nachteil, dass ein Parser zwar immer weiß, dass die-

ses Attribut einzufügen ist, ein menschlicher Leser dies aber auf den ersten Blick nicht sofort erkennt.

Die folgende Abbildung zeigt, wie dieses Dokument im Browser aussieht. Deutlich sind die automatisch eingefügten Attribute zu erkennen.

```
<?xml version="1.0" encoding="ISO-8859-1" standalone="no" ?>
<!-- Bspl029.xml -->
<!DOCTYPE adressen (View Source for full doctype...)>
- <adressen>
  - <adresse>
      <anrede bez="Herr" />
      <name>Hans Mustermann</name>
      <strasse>Seestr. 5</strasse>
      <plz land="D">20000</plz>
      <ort>Hamburg</ort>
    </adresse>                                    vom Parser eingefügt
  - <adresse>
      <anrede bez="Firma" />
      <name>Demo</name>
      <postfach>3042184</postfach>
      <plz land="D">10000</plz>
      <ort>Berlin</ort>
    </adresse>
  </adressen>
```

5.5.3 Werte einschränken

Wie bereits im Kapitel 5.5.1 erwähnt wurde, können Parser die Attributwerte des Typs CDATA genauso wenig kontrollieren wie die Elementinhalte vom Typ #PCDATA. Nun gibt es aber recht häufig Attribute, die nur ganz bestimmte Werte haben dürfen. Ein typisches Beispiel ist das Attribut *anrede*. Es gibt eben nur wenige Anreden wie Herr, Frau usw. Auch für das Attribut *titel* machen nur Dr., Prof. usw. einen Sinn. Die DTD erlaubt es, die Attributwerte auf solche Vorgabewerte einzuschränken. *Bspl030.dtd* demonstriert dies für das Attribut *anrede*.

```
<!-- Bspl030.dtd -->
<!ELEMENT adressen (adresse)*>
```

```
<!ELEMENT adresse (anrede?, name,
        (strasse | postfach), plz, ort)>
<!ELEMENT name (#PCDATA)>
<!ELEMENT strasse (#PCDATA)>
<!ELEMENT plz (#PCDATA)>
<!ELEMENT ort (#PCDATA)>
<!ELEMENT anrede EMPTY>
<!ELEMENT postfach (#PCDATA)>
<!ATTLIST anrede
bez (Herr | Frau | Familie | Firma) "Herr"
titel CDATA #IMPLIED
>
<!ATTLIST plz
land CDATA #FIXED "D"
>
```

In der markierten Zeile steht als Attributtyp ein Klammerausdruck. Diesen Typ nennt man Aufzählungstyp oder auch Enumerationstyp. In der Klammer stehen alle erlaubten Werte, jeweils durch einen senkrechten Strich (|) voneinander getrennt. Er bedeutet genauso wie bei den Elementen *entweder oder*. Der Klammer folgt dann wieder die Verbindlichkeitsangabe. Hier ist es ein Standardwert, der natürlich zur Aufzählung gehören muss. Es darf hier aber auch *#REQUIRED* oder *#IMPLIED* stehen.

Inhaltstext vs. Attributwert

Spätestens jetzt wird vielleicht klar, welche Aufgabe Attribute bei der Beschreibung der Daten übernehmen können. Ein Vergleich zwischen Inhaltstexten und Attributen von Elementen macht dies deutlich.
Die Anrede kann einmal als Inhalt angegeben werden, z. B.:

```
<anrede>Frau</anrede>
```

In dieser Form kann keine Prüfung übernommen werden. Weder ungültige Werte noch Rechtschreibfehler werden erkannt.
Als Alternative kann sie den Wert eines Attributes darstellen:

```
<anrede bez="Frau"/>
```

Jetzt bestehen Kontrollmöglichkeiten hinsichtlich fehlender oder fehlerhafter Angaben. Dadurch werden auch automatisch Rechtschreibfehler erkannt.

Für diese Kontrollen muss der Parser natürlich einen zusätzlichen Aufwand betreiben, der die Verarbeitungsgeschwindigkeit eines Dokumentes belastet. Deshalb ist es nicht sinnvoll, jetzt alles als Attribute zu definieren. Attribute sollten gewählt werden, wenn Kontrollen unbedingt notwendig sind, um grobe Fehler zu vermeiden. Wo Fehler verziehen werden können und wo alle Daten möglich sein können, sollte man als Speicherform den Inhaltstext eines Elementes wählen.

5.6 Referenzen definieren

Im Kapitel 2.2.2 wurden die Entity-Referenzen vorgestellt, mit denen die für XML reservierten Zeichen in Dokumenten als normaler Text verwendet werden können. Im Prinzip handelt es sich dabei um eine Art Textbaustein. Er besteht zwar nur aus einem einzigen Zeichen, aber dieses wird quasi über den Namen des Bausteins vom Parser eingefügt. Mit Hilfe der DTD können weitere Entities definiert werden, die als Textbaustein funktionieren und wiederkehrende Informationen repräsentieren. Sie können dann in Dokumenten und zum Teil auch in den DTDs verwendet werden.

Eine andere Art von Referenzen wird durch besondere Attribute verwirklicht. Sie verweisen auf andere Elemente, indem sie genau denselben Wert enthalten wie ein Attribut des referenzierten Elementes.

5.6.1 Vordefinierte Referenzen

Die XML definiert bereits fünf Entity-Referenzen, die jeder Parser kennen muss. Gültige Dokumente sollten sie aber dennoch deklarieren, damit sichergestellt ist, dass ihre DTD wirklich alles definiert, was im Dokument benutzt werden darf. Wie das aussehen muss, zeigt *Bspl031*.

```
<?xml version="1.0" encoding="ISO-8859-1" standalone="no" ?>
<!-- Bspl031.xml -->
<!DOCTYPE text SYSTEM "Bspl031.dtd" [        <!--1-->
<!ENTITY lt "&#38;#60;">                      <!--2-->
<!ENTITY gt "&#62;">
<!ENTITY amp "&#38;#38;">                     <!--3-->
<!ENTITY apos "&#39;">
<!ENTITY quot "&#34;">
]>
```

```
<text>
Das Motto von Meier &amp; Co. lautet &lt;Zitat&gt; &quot;Packen
wir&apos;s an!&quot; &lt;Zitatende&gt;
</text>
```

(1) Um für diese Erläuterung sowohl die Definition als auch die Verwendung der Entity-Referenzen auf einen Blick sehen zu können, werden die Definitionen als interne DTD formuliert. Andere Definitionen sollen aber der besseren Übersicht halber weiterhin in einer externen DTD enthalten sein. Deshalb mischt die Dokumenttyp-Deklaration hier die Definitionen aus externer und interner DTD, die hier der eckigen Klammer folgt (siehe auch Kapitel 5.3).

(2) Die Definitionen von Entity-Referenzen beginnen mit <*!ENTITY* in Großbuchstaben und werden durch eine schließende spitze Klammer abgeschlossen. Dem Schlüsselwort *ENTITY* folgen zuerst der Name und danach in Anführungszeichen sein Ersetzungstext. Der Name muss den allgemeinen Namensregeln für XML (siehe Kapitel 2.2.1) folgen und wird ohne führendes Ampersand (&) und ohne das abschließende Semikolon angegeben. Diese werden nur beim «Aufruf» verwendet. Hier wird also mit *lt* das Zeichen definiert, das bei der Zeichenfolge *<* die öffnende spitze Klammer (<) ergibt. Als Ersetzungstext darf nun nicht etwa einfach "<" angegeben werden, denn die spitze Klammer wird ja automatisch als Beginn einer Marke interpretiert. Also werden Zeichenreferenzen eingesetzt. Der Code für das Zeichen < lautet nun 60, also ist *<* die zugehörige Zeichenreferenz. Warum steht hier aber dann *&#60*; als Ersetzungstext? Nun, vereinfacht gesagt, muss der Parser das Dokument mehrmals durcharbeiten. Beim ersten Mal löst er die Zeichenreferenzen auf und «merkt» sich den Baustein. Sobald er dann auf Entity-Referenzen stößt, werden sie durch ihren zugeordneten Text ersetzt und das Dokument erneut geparst. Damit er dabei dann nicht schon wieder auf eine öffnende spitze Klammer stößt, wird in *<* nun auch das Ampersand-Zeichen als Zeichenreferenz angegeben. Aus *&#60*; wird daher im ersten Schritt *<* und daraus dann beim zweiten Parsen erst die spitze Klammer.

(3) Entsprechendes gilt auch für das Ampersand-Zeichen selbst. Für die anderen Entity-Referenzen ist das nicht notwendig, da sie nicht so «sensibel» sind, denn die beiden Zeichen < und & sind die einzigen, die als Startzeichen für besondere XML-Ausdrücke eingesetzt werden.

Für Entity-Referenzen ist also mehrmaliges Parsen notwendig. Das Dokument wird zuerst samt DTD geprüft, wobei dann die Zeichenreferenzen aufgelöst und als Entity festgehalten werden. Ihnen sind danach folgende Zeichenketten zugeordnet:

```
lt: &#60;
gt: >
amp:&#38;
apos: '
quot: "
```

Nachdem dann die Entity-Referenzen durch diese Zeichenketten ersetzt wurden, sieht der Inhalt des Elementes *text* folgendermaßen aus:

```
Das Motto von Meier &#38; Co. lautet &#60;Zitat> "Packen wir's
an!" &#60;Zitatende>
```

Das ist wohlgeformtes XML und kann fehlerfrei geparst werden. Würden bereits jetzt die Zeichen < und & vorkommen, so wären das Syntaxfehler.

Der Vollständigkeit halber soll auch die externe DTD aufgeführt werden.

```
<!-- Bspl031.dtd -->
<!ELEMENT text (#PCDATA)>
```

Sie braucht hier nur das einzige Element zu definieren, das verwendet wird, nämlich das Dokumentelement.

5.6.2 Allgemeine Referenzen

Statt einzelner Zeichen können auch längere, häufig wiederkehrende Texte als Entity definiert werden. So wird im nächsten Beispiel ein Firmenname als Entity definiert.

```
<!-- Bspl032.dtd -->
<!ELEMENT text (#PCDATA)>
<!ENTITY firma "Meyer &#38;#38; Co.">
```

In der Markierung wird dem Namen *firma* als Ersetzungstext die Firmenbezeichnung zugewiesen. Kommen darin die Zeichen & und < vor, so muss wieder daran gedacht werden, sie so zu referenzieren, dass nach dem Ersetzen wohlgeformte Elemente entstehen.

Das Dokument kann dann von dieser Entity Gebrauch machen:

```
<?xml version="1.0" encoding="ISO-8859-1" standalone="no" ?>
<!-- Bspl032.xml -->
<!DOCTYPE text SYSTEM "Bspl032.dtd" [
<!ENTITY lt "&#38;#60;">
<!ENTITY gt "&#62;">
<!ENTITY amp "&#38;#38;">
<!ENTITY apos "&#39;">
<!ENTITY quot "&#34;">
]>
<text>
Das Motto von &firma; lautet &lt;Zitat&gt; &quot;Packen
wir&apos;s an!&quot; &lt;Zitatende&gt;
</text>
```

Durch die Entity-Referenz *&firma;* wird der Ersetzungstext eingefügt. Kommt dieser Name nun in vielen Dokumenten häufig vor, so kann er an einer einzigen Stelle, nämlich in der DTD geändert werden. In allen Dokumenten wird danach dann der korrigierte Name angezeigt.

Bei der Definition von Entities dürfen diese auch verschachtelt werden. So kann beispielsweise die bereits definierte Entity *amp* bei der Definition von *firma* benutzt werden. Das sieht dann so aus:

```
<!ENTITY firma "Meyer &amp; Co.">
```

Dabei ist nur darauf zu achten, dass jede Entity vor ihrem erstmaligen Gebrauch definiert wurde. Bei gemischter DTD kommt dabei die externe DTD vor der internen.

Hinweis:
Man nennt die hier beschriebenen Entities auch interne Entities. Damit sind aber keineswegs nur Entities in internen DTDs gemeint! Bei externen Entities wird statt eines Ersetzungstextes eine externe eigenständige Datei angegeben. Das können auch Bilder oder andere binäre Daten sein. Diese Entities und ihre Definitionen unterliegen anderen Regeln und sollen hier nicht näher erläutert werden.

5.6.3 Parameterreferenzen

Ein besonderer Typ von Entities kann in einer DTD eingesetzt werden. Es handelt sich dabei um die so genannten Parameter-Entities. Sie sind keine normalen Textbausteine, sondern DTD-Bausteine. Häufig wiederkehrende Definitionen innerhalb einer oder mehrerer DTDs können so einmal definiert und dann immer wieder eingesetzt werden.

Das folgende Dokument enthält Personaldaten eines Betriebes. Um Platz zu sparen (oder aus Datenschutzgründen), sind als Attributwerte nur leere Zeichenketten angegeben.

```
<?xml version="1.0" encoding="ISO-8859-1" standalone="no" ?>
<!-- Bspl033.xml -->
<!DOCTYPE personal SYSTEM "Bspl033.dtd">
<personal>
   <gruppe betrieb="" abtlg=""
           name="" gehalt="">                              <!--1-->
      <mitarbeiter betrieb="" abtlg="" lohn="">
      </mitarbeiter>                                        <!--2-->
      <mitarbeiter betrieb="" abtlg="" lohn="">
      </mitarbeiter>
      <mitarbeiter betrieb="" abtlg="" lohn="">
      </mitarbeiter>
   </gruppe>
   <gruppe name="" betrieb="" abtlg="" gehalt="">
      <mitarbeiter betrieb="" abtlg="" lohn="">
      </mitarbeiter>
      <mitarbeiter betrieb="" abtlg="" lohn="">
      </mitarbeiter>
      <mitarbeiter betrieb="" abtlg="" lohn="">
      </mitarbeiter>
   </gruppe>
</personal>
```

(1) Von den vier Attributen des Elementes *gruppe* ...

(2) werden zwei, nämlich *betrieb* und *abtlg,* auch beim Element *mitarbeiter* angegeben.

Diese beiden Attributdefinitionen kann man nun einmal als Baustein definieren und dann bei allen Elementen einsetzen, die diese Attribute benutzen sollen.

Wichtig!
Diese DTD-Bausteine funktionieren nur in externen DTDs .

```
<!-- Bspl033.dtd -->
<!ENTITY % stdattrib "betrieb CDATA #REQUIRED
                abtlg CDATA #REQUIRED">          <!--1-->
<!ELEMENT personal (gruppe)*>
<!ELEMENT gruppe (mitarbeiter, mitarbeiter,
mitarbeiter+)>
<!ELEMENT mitarbeiter (#PCDATA)>
<!ATTLIST mitarbeiter
%stdattrib;
lohn  CDATA #REQUIRED
>                                               <!--2-->
<!ATTLIST gruppe
name  CDATA #REQUIRED
%stdattrib;
gehalt  CDATA #REQUIRED
>
```

(1) Bei Parameter-Entities steht vor dem Namen, durch Leerzeichen ge-
    trennt, das Prozentzeichen. Als Ersetzungstext wird dann ein DTD-
    Baustein angegeben. Das kann auch eine vollständige Definition
    sein, wie man hier sieht. Wichtig ist auf jeden Fall, dass diese Enti-
    ty vor ihrer erstmaligen Verwendung definiert wird. Am besten ge-
    schieht dies wohl am Dateianfang.
(2) Wenn dieser Baustein eingefügt werden soll, dann wird die zu-
    gehörige Referenz angegeben. Allerdings beginnt sie nicht mit dem
    Ampersand, sondern mit dem Prozentzeichen. Dieses Mal darf aber
    keine Leerstelle zwischen ihm und dem Namen stehen. Nach der
    Einfügung stehen hier die beiden Attributdefinitionen.

Es lassen sich eigenständige Dateien als Bausteine einsetzen, um so um-
fangreichere DTDs zu modularisieren. Ein solcher Baustein enthält
dann häufig wiederverwendete DTD-Anweisungen, wie beispielsweise:

```
<!-- Bspl033a.dtd -->
<!ENTITY % stdattrib "betrieb CDATA #REQUIRED
                abtlg CDATA #REQUIRED">
```

Hier ist es die Entity-Definition. Es können aber auch alle anderen DTD-Anweisungen sein.

Dieser Baustein kann jetzt von anderen DTDs benutzt werden, wie die nachstehende DTD zeigt.

```
<!-- Bspl033.dtd -->
<!ENTITY % baustein1 SYSTEM "Bspl033a.dtd">      <!--1-->
%baustein1;                                      <!--2-->
<!ELEMENT personal (gruppe)*>
<!ELEMENT gruppe (mitarbeiter, mitarbeiter,
mitarbeiter+)>
<!ELEMENT mitarbeiter (#PCDATA)>
<!ATTLIST mitarbeiter
%stdattrib;
lohn  CDATA #REQUIRED
>
<!ATTLIST gruppe
name  CDATA #REQUIRED
%stdattrib;
gehalt  CDATA #REQUIRED
>
```

(1) Der DTD-Baustein wird wieder als Parameter-Entity definiert, dieses Mal aber als externe Entity. Dazu wird der Ersetzungstext wie bei externen DTDs entweder durch *SYSTEM* oder *PUBLIC* gefolgt von Angaben zur Datei ersetzt. Durch diese Anweisung wird die Entity definiert.

(2) Jetzt muss sie aufgerufen werden, um den Inhalt der Datei einzufügen. Da er in diesem Fall aus einer Entity-Definition besteht, muss dies vor ihrer Verwendung passieren.

Auf diese Weise kann man sich als Entwickler also einen kleinen DTD-Baukasten aus vielen kleinen Modulen erstellen, die dann schnell zu größeren zusammengesetzt werden können.

5.6.4 Dokumentreferenzen

Eine andere Art von Referenzen verweist nicht auf Text, der zu ersetzen ist, sondern auf Elemente, die zueinander in einer bestimmten Beziehung stehen. Diese Referenzen haben die Aufgabe, die Logik der Daten zu kontrollieren. Ein Beispiel:

Ein Lieferservice will die Auslieferungstouren festlegen. Dazu wird für jede Tour angegeben, welches Fahrzeug von welchem Fahrer gefahren wird. Eventuell wird auch ein Beifahrer eingeteilt. Dabei soll sichergestellt werden, dass kein Fahrzeug eingesetzt wird, das nicht verfügbar ist, weil es beispielsweise gewartet wird. Auch darf kein Fahrer eingeteilt werden, der gerade Urlaub hat oder krank ist.

Um das zu erreichen, wird folgende DTD geschrieben:

```
<!-- Bspl034.dtd -->
<!ELEMENT tourenplan (auto+, fahrer+,
                 tour*)>                    <!--1-->
<!ELEMENT auto (#PCDATA)>
<!ELEMENT fahrer (#PCDATA)>
<!ELEMENT tour (#PCDATA)>
<!ATTLIST auto
kennzeichen ID #REQUIRED >                  <!--2-->
<!ATTLIST fahrer
pers_nr ID #REQUIRED >                       <!--3-->
<!ATTLIST tour
auto   IDREF   #REQUIRED
fahrerIDREFS  #REQUIRED >                    <!--4-->
```

(1) Das Dokumentelement *tourenplan* soll zuerst mindestens ein Element *auto* enthalten. Danach folgt mindestens ein Element *fahrer*. Zum Schluss werden erst eventuell vorhandene Elemente *tour* aufgeführt.

(2) Beim Element *auto* muss in jedem Fall das Attribut *kennzeichen* angegeben werden. Es hat den Attributtyp *ID*. Das bedeutet, dass der Wert des Attributes den XML-Namensregeln (siehe Kapitel 2.2.1) folgen muss. Außerdem darf er im gesamten Dokument bei diesem Attribut nur einmal vorkommen. Als Verbindlichkeitsangabe sind nur *#REQUIRED* oder *#IMPLIED* erlaubt, keine Standardwerte! Dieses Attribut stellt also zunächst einmal sicher, dass keine Autos zweimal aufgeführt werden. Mehr als ein *ID*-Attribut darf ein Element nicht benutzen.

(3) Genauso wird das Attribut *pers_nr* definiert. Es sorgt dafür, dass keine Mitarbeiter doppelt auftreten.

(4) Das Element *tour* erfordert zwei Pflichtattribute. Das erste namens *auto* hat den Typ *IDREF*. Dadurch darf der Wert dieses Attributes nur Werte annehmen, die in anderen Attributen vom Typ *ID* festgelegt

werden. Dadurch soll gewährleistet werden, dass kein Auto eingetragen wird, das im Dokument nicht vorkommt.

(5) Das Attribut *fahrer* hat den Typ *IDREFS*. Dieser Typ unterscheidet sich von *IDREF* nur dadurch, dass statt eines einzelnen Wertes mehrere eingetragen werden dürfen.

Gültige Dokumente müssen nun diese Attributbeziehungen beachten. Das kann beispielsweise folgendermaßen geschehen.

```
<?xml version="1.0" encoding="ISO-8859-1"
standalone="no" ?>
<!-- Bspl034.xml -->
<!DOCTYPE tourenplan SYSTEM "Bspl034.dtd">
<tourenplan>
    <auto kennzeichen="K-L9999">                    <!--1-->
    </auto>
    <auto kennzeichen="K-L8888">
    </auto>
    <fahrer pers_nr="P15">Müller                     <!--2-->
    </fahrer>
    <fahrer pers_nr="N13">Meier
    </fahrer>
    <fahrer pers_nr="P8">Schulze
    </fahrer>
    <tour fahrer="P15" auto="K-L8888">              <!--3-->
    </tour>
    <tour fahrer="N13 P8" auto="K-L9999">           <!--4-->
    </tour>
</tourenplan>
```

(1) Das Kennzeichen darf keine Leerstelle enthalten. Das wäre ein Verstoß gegen die Namensregeln. Außerdem darf dieses Kennzeichen bei keinem anderen *auto*-Element im Attribut *kennzeichen* mehr vorkommen.

(2) Die Personalnummer darf hier nicht numerisch sein. Auch das würde gegen die Namensregeln verstoßen. Kein zweites Attribut *pers_nr* eines *fahrer*-Elementes darf diesen Wert besitzen.

(3) Die Attribute *fahrer* und *auto* dürfen nur Werte von *ID*-Attributen annehmen, allerdings eines jeden x-beliebigen. Es kann also für *fahrer* ein Kennzeichen und für *kennzeichen* eine Personalnummer

eingetragen werden. Deshalb sollte man nicht zu viele *ID*-Attribute benutzen.

(4) Da *fahrer* den Typ *IDREFS* hat, können hier mehrere Personalnummern aufgeführt werden. Sie werden dabei durch Leerstellen getrennt.

Die nachstehende Abbildung macht anhand der Browserdarstellung diese Beziehungen noch einmal deutlich.

```
<?xml version="1.0" encoding="ISO-8859-1" standalone="no" ?>
<!-- Bspl034.xml -->
<!DOCTYPE tourenplan (View Source for full doctype...)>
- <tourenplan>
    <auto kennzeichen="K-L9999" />
    <auto kennzeichen="K-L8888" />
    <fahrer pers_nr="P15">Müller</fahrer>
    <fahrer pers_nr="N13">Meier</fahrer>
    <fahrer pers_nr="P8">Schulze</fahrer>
    <tour fahrer="P15" auto="K-L8888" />
    <tour fahrer="N13 P8" auto="K-L9999" />
</tourenplan>
```

Die Attribute vom Typ *IDREF* bzw. *IDREFS* stellen hier die Referenz dar. Sie verweisen auf Elemente mit einem ganz bestimmten Wert eines *ID*-Attributes.

5.7 Zusammenfassung

Die Aufgaben einer DTD und ihre wichtigsten Regeln sind:

- Eine DTD beschreibt das Vokabular und die Grammatik einer ganzen Dokumentklasse.
- Dokumente, die den Regeln einer DTD folgen, heißen gültige Dokumente.
- Jedes Dokument gehört nur zu einer einzigen Klasse, das heißt, dass nur eine DTD zu einem Dokument gehört. Diese kann aber entweder als externes, internes oder gemischtes *Subset* aufgebaut sein.
- Jedes Element muss in der DTD definiert sein, auch das Dokument-

element. Eine Definition besteht dabei mindestens aus dem Elementnamen und einer Angabe zum Inhalt.

▧ Durch *ANY* wird festgelegt, dass keine Einschränkung bezüglich des Inhaltes gilt. *EMPTY* verlangt, dass das Element leer ist, und *#PCDATA* steht für reinen Textinhalt, der auch leer sein darf.

▧ Besteht der Inhalt aus Elementen, dann werden sie in Klammern in der Reihenfolge aufgeführt, in der sie vorkommen dürfen. Als Trennzeichen wird das Komma verwendet.

▧ Alternative Elemente werden durch einen senkrechten Strich getrennt. Er steht für *entweder oder*.

▧ Die Häufigkeit oder auch Kardinalität eines Elementes wird durch ein dem Namen bzw. der Klammer angehängtes Sonderzeichen angegeben. Dabei steht ein Sternchen (*) für beliebig oft, ein Fragezeichen (?) für einmal oder keinmal und ein Pluszeichen (+) für mindestens einmal. Wird gar nichts angegeben, so bedeutet das genau einmal.

▧ Alle Attribute müssen definiert werden. Sie werden als Attributliste zu einem Element aufgeführt. Für jedes Attribut werden dann mindestens der Name, der Typ und seine Verbindlichkeit festgelegt.

▧ Als Verbindlichkeit gelten *#REQUIRED*, *#IMPLIED*, ein Standardwert oder *#FIXED* mit einem Standardwert.

▧ Durch eine Aufzählung bzw. Enumeration können die erlaubten Werte genau festgelegt werden. Sie werden durch einen senkrechten Strich voneinander getrennt, was wieder so viel wie *entweder oder* heißt.

▧ Bei der Definition von Entities müssen die Zeichen < und & besonders codiert werden, damit nach dem Einfügen wohlgeformte Dokumente entstehen.

▧ Durch eine Entity wird ein Textbaustein für das Dokument definiert. Er muss vor seiner ersten Verwendung definiert sein.

▧ Eine Parameter-Entity ist ein Baustein für die DTD. Sie wird durch das Prozentzeichen (%) gekennzeichnet.

▧ Der Attributtyp *ID* bewirkt, dass die Attributwerte eindeutig sein und den Namensregeln folgen müssen. Der Typ *IDREF* darf nur Werte eines *ID*-Attributes enthalten.

5.8 Übungen

Aufgabe 9

Definieren Sie eine DTD, die einen Güterzug beschreibt. Dieser kann von einer oder zwei Loks gezogen werden und soll theoretisch aus beliebig vielen Waggons bestehen.

Aufgabe 10

Was ist der Unterschied zwischen den beiden folgenden Definitionen?

```
<!ELEMENT adresse (firma?, name, (strasse | postfach),
           plz, ort)>
```

```
<!ELEMENT adresse (firma?, name, strasse?, postfach?,
           plz, ort)>
```

Aufgabe 11

Der Lösung zu Aufgabe 9 sollen Attribute hinzugefügt werden. Zu einer Lok soll immer der Antrieb angegeben werden müssen und ein Waggon soll optional durch seine Ladung beschrieben werden.

Aufgabe 12

Als Antrieb soll für eine Lok nur *Elektro* oder *Diesel* angegeben werden können.

Aufgabe 13

Wie wird eine Entity definiert, die den folgenden Text ergibt?

© 2003 by Hans Mustermann

> *Tipp*:
> Im Anhang finden Sie einige wichtige Zeichenreferenzen.

6 Das XML-Schema

Eine DTD ist nicht die einzige Möglichkeit, um die Regeln zu definieren, nach denen die Dokumente einer Klasse aufgebaut sein müssen. Eine andere, leistungsfähigere und damit auch komplexere Technik bietet das XML-Schema. Es ist entwickelt worden, weil sich manche Regeln nicht durch eine DTD beschreiben lassen. So kann man beispielsweise weder als Multiplizität eines Elementes einen exakten Wertebereich angeben, z.B. ein- bis viermal, noch lässt sich ein Attribut auf numerische Werte festlegen. Nun hätte man ja die DTD weiter entwickeln können, aber dagegen spricht ein anderer Grund. Eine DTD ist nämlich nicht XML-konform, sondern verwendet eine eigene Syntax. Anders ausgedrückt heißt das, dass eine DTD kein XML-Dokument darstellt. Parser müssen also zweierlei Sprachen beherrschen, wenn sie DTD und XML interpretieren wollen.

Ein Schema für Dokumente wird durch die XML Schema Definition (XSD) beschrieben und in Dateien mit der Erweiterung *.xsd* gespeichert. Es handelt sich dabei um reine XML-Dokumente, für die auch die Regeln für Wohlgeformtheit und Gültigkeit gelten. Die Regeln, die von einem Schema festgelegt werden können, sind sehr umfangreich. So können unter anderem auch Datentypen für Element- und Attributinhalte sowie genaue Multiplizitäten angegeben werden. Als Datentypen lassen sich vordefinierte oder eigene Typen verwenden, deren Wertebereiche sowohl eingeschränkt als auch erweitert werden können.

Validierende Parser

Um die Beispiele dieses Kapitels auch überprüfen zu können, benötigt man einen validierenden Parser für das XML-Schema. Die Browser Internet Explorer 6, Netscape Navigator 6 und Opera 7 ignorieren XSD-Dateien und zeigen die Dokumente ohne Validierung an. Einige Tools, die das XML-Schema nach der W3C-Spezifikation unterstützen, werden auf der folgenden Site im Internet aufgeführt:

```
http://www.w3.org/XML/Schema
```

Unter anderem wird hier auch MSXML (Microsoft XML Core Services 4.0) angegeben, dessen Vorversionen noch kein Schema unterstützt haben. Damit dieser Parser beispielsweise von dem auf Seite 106 beschriebenen Tool verwendet wird, muss das eingesetzte Skript kontrolliert und gegebenenfalls angepasst werden. Für den XML-Validator von Microsoft heißt das, dass man den Quelltext der HTML-Datei editieren muss, die man verwendet. Gehen Sie dazu folgendermaßen vor:

1. Öffnen Sie mit dem Windows-Editor die Datei *validate_js.htm*.
2. Suchen Sie *xmldoc= new ActiveXObject("Microsoft.XMLDOM");*.
3. Ändern Sie jetzt die Zeichenkette in der Klammer wie folgt: *xmldoc= new ActiveXObject("Msxml2.DOMDocument.4.0");*.
4. Speichern Sie die Änderung.

Danach kann mithilfe dieser Seite durch den Browser ein Dokument validiert werden, das sich auf ein XML-Schema bezieht.
Soll die Datei *validate_vbs.htm* verwendet werden, so muss hier das VB-Skript entsprechend geändert werden.

6.1 Der Grundaufbau

Ein Schema ist ein XML-Dokument. Es hat also zunächst prinzipiell den gleichen Aufbau wie jedes andere Dokument auch. Das heißt, es beginnt mit der XML-Deklaration und benötigt mindestens ein Dokumentelement. Da ein Schema aber ein spezielles Dokument ist – es gehört praktisch zur Klasse der Schema-Dokumente –, dürfen nicht mehr x-beliebige Elemente und Attribute verwendet werden, sondern nur noch ganz bestimmte. Für einen ganz einfachen Fall ähnlich dem *Bspl023* aus dem vorherigen Kapitel sieht das Schema dann folgendermaßen aus:

```
<?xml version="1.0"?>
<!-- Bspl035.xsd -->
<xsd:schema
      xmlns:xsd="http://www.w3.org/2001/XMLSchema"
      targetNamespace="http://www.test.de"
      xmlns="http://www.test.de">                    <!--1-->
```

```
    <xsd:element name="adressen">                    <!--2-->
      <xsd:complexType mixed="true">                 <!--3-->
      </xsd:complexType>
    </xsd:element>
</xsd:schema>
```

(1) Das Dokumentelement für ein Schema heißt immer *schema*. Die XSD folgt bei der Namensgebung nun aber einem besonderen Prinzip. Damit alle Namen eindeutig sind, werden so genannte Namensräume eingesetzt und durch ein Präfix mit angegeben. Durch *xsd:schema* erhält dieses XML-Tag den Namen *schema*, der zu dem Namensraum gehört, dessen Synonym *xsd* lautet. Man kann das in etwa mit einem Vor- und Nachnamen vergleichen. Die drei Attribute *xmlns:xsd*, *targetNamespace* und *xmlns* definieren solche Namensräume. Mehr dazu erläutert das nachstehende Kapitel 6.1.1.

(2) Auch ein Schema muss jedes Element eines Dokumentes beschreiben und das ist mindestens das Dokumentelement. Dieses wird hier durch das XSD-Element *element* deklariert. Das Attribut *name* legt seinen Namen fest. Er darf keinen Doppelpunkt beinhalten. Der Inhalt dieses *element*-Elementes beschreibt die Regeln für das Element *adressen*.

(3) XSD unterscheidet zwischen einfachen und komplexen Typen. Einfache Elementtypen beinhalten nur Text und keine anderen Elemente. Elemente mit Kindelementen gehören zu den komplexen Typen. Deshalb ist ein Dokumentelement eben in der Regel immer ein komplexer Typ. Er wird durch *complexType* definiert. Das zugehörige Attribut *mixed* steuert, ob Zeicheninhalte dazwischen erlaubt sind. Fehlt dieses, so gilt *mixed="false"* und Textinhalte sind nicht erlaubt. Hier wird erstmals deutlich, dass Leerräume in XML nicht ignoriert werden, denn ohne diesen Attributwert dürfen die Leerzeichen und die Zeilenschaltung im nachstehenden Beispieldokument nicht enthalten sein.

Durch dieses Schema wird eine Klasse von Dokumenten beschrieben, die nur das Dokumentelement *adressen* enthalten dürfen, für das Zeichendaten als Inhalt erlaubt sind. Ein Beispiel dafür sieht so aus:

```
<?xml version="1.0" encoding="ISO-8859-1"?>
<!-- Bspl035.xml -->
```

```
<adressen xmlns="http://www.test.de"
xmlns:xsi="http://www.w3.org/2001/XMLSchema-instance"
xsi:schemaLocation="http://www.test.de Bspl036.xsd">
</adressen>
```

Es besteht nur aus dem Dokumentelement, das hier grau hinterlegt ist. Seine drei Attribute geben wieder Namensräume an.

6.1.1 Namensräume

Das Konzept der Namensräume ist von den Programmiersprachen übernommen worden. Es dient dazu, die Namen einer Dokumentklasse oder Anwendung zusammenzufassen und gleiche Namen voneinander zu unterscheiden. Ein Namensraum ist für XML also so etwas wie eine Familie für Menschen, das heißt,

- ein Namensraum trägt einen eindeutigen Namen
- innerhalb eines Namensraumes muss jeder Name eindeutig sein
- derselbe Name darf in verschiedenen Namensräumen auftreten.

Betrachtet man den Namen eines Elementes oder Attributes als seinen Vornamen und den Namen des Namensraumes als seinen Nachnamen, so wird durch den Vergleich mit einer Familie klar, was gemeint ist. Nur ist XML nicht so tolerant wie wir Menschen und lässt keine zwei Willi Müller zu.

Namensraum deklarieren

Namensräume können für jedes Element durch das Attribut *xmlns* (**xml** **n**amespace) deklariert werden und gelten für dieses und alle seine Kindelemente, solange für diese nicht explizit ein anderer Namensraum festgelegt wird. Eine solche Deklaration wird immer im Dokumentelement eines Schemas angegeben:

xmlns:xsd="http://www.w3.org/2001/XMLSchema"

Name des Namensraumes

Kürzel für Namensraum

Sie besteht aus dem Attribut *xmlns*, dem nach einem Doppelpunkt ein beliebiges Kürzel für den Namensraum folgt. Hier heißt es *xsd* (**X**ML **S**chema **D**efinition). Diesem wird dann über das Gleichheitszeichen der Name des Namensraumes zugewiesen. Für die Elemente der XSD muss der Namensraum immer *http://www.w3.org/2001/XMLSchema* lauten.

Elemente, die in diesem Namensraum definiert sind, werden dann über das Namensraum-Präfix eindeutig angegeben. So ist *xsd:schema* eben das Element mit dem lokalen Namen *schema* aus dem Namensraum, der mit *xsd* verbunden ist. Derartige aufgebaute Namen heißen *qualifizierte Namen*, abgekürzt QNames.

Standardnamensraum definieren

Wird bei der Namensraumdefinition kein Kürzel angegeben, dann wird dadurch der Standardnamensraum festgelegt. Dies passiert ebenfalls im Dokumentelement *schema* und lautet

```
xmlns="http://www.test.de"
```

Er gilt für alle Elemente, denen kein Namensraum-Präfix vorangestellt ist. Eigentlich könnte dieser Name frei wählbar sein. Um aber möglichst eindeutige Namen zu erhalten, hat man sich darauf geeinigt, ihn immer in Form eines URI anzugeben. Aber keine Angst, man muss jetzt nicht über eine eigene Domain verfügen, um Schemas erstellen zu können. Der URI ist hier nur ein Name, der eben speziell aufgebaut ist. Die Dateien müssen weder hier gespeichert sein, noch wird auf diesen URI zugegriffen.

Namensräume für das Schema

Jetzt kann man verstehen, welche Bedeutung die Attribute im Dokumentelement des Schemas haben:

xmlns:xsd="http://www.w3.org/2001/XMLSchema"
Hier wird das Kürzel *xsd* für den Namensraum der XSD-Elemente festgesetzt.

targetNamespace="http://www.test.de"
Durch das Attribut *targetNamespace* wird der Namensraum angegeben, zu dem die vom Schema definierten Elemente und Attribute gehören sollen.

xmlns="http://www.test.de"
Dieser Namensraum wird zusätzlich als Standardnamensraum einge-
führt, damit die definierten Elemente unqualifiziert, das heißt ohne
Präfix angegeben werden können.

Namensräume für das Dokument

Auch das Dokument legt Namensräume fest:

xmlns="http://www.test.de"
Damit die Elemente im Dokument ohne Präfix benannt werden können, wird ihr Namensraum auch im Dokument als Standardnamensraum festgelegt.

xmlns:xsi="http://www.w3.org/2001/XMLSchema-instance"
Das Kürzel *xsi* wird für den Namensraum angegeben, der den Namen
schemaLocation enthält.

xsi:schemaLocation="http://www.test.de Bspl035.xsd"
Über *schemaLocation* wird ein Dokument mit dem Schema verbunden,
das seine Regeln beschreibt. Dabei muss die Zeichenkette aus zwei Teilen bestehen, die durch Leerraum getrennt sind. Der erste gibt den Namensraum an, der vom Schema per *targetNamespace* definiert wird, und
der zweite gibt Ort und Namen der Datei an. Wird wie hier nur der Name aufgeführt, dann muss die Datei im gleichen Ordner wie das Dokument gespeichert sein.

Hinweis:
Man kann natürlich auch andere Kürzel benutzen oder den Standardnamensraum für XSD statt für den eigenen und dann Kürzel
für die zu definierenden Elemente verwenden.

6.1.2 Die Validierung

Ein Schema soll ein gültiges XML-Dokument sein. Das bedeutet einerseits, dass es auf jeden Fall wohlgeformt ist, also der XML-Syntax entspricht. Darüber hinaus muss es aber den Regeln eines Schemas folgen,
nämlich denen des Schemas für Schemas. Dadurch ergibt sich ein
mehrstufiger Validierungsprozess der Parser, wie ihn die folgende Abbildung zeigt.

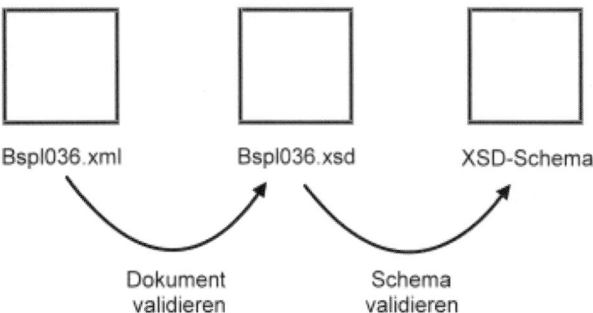

Das Dokument wird gegen sein zugeordnetes Schema und das Schema gegen das XSD-Schema geprüft. Dieses muss aber nicht als eigene Datei vorliegen, sondern kann den Parsern über andere Wege zur Verfügung stehen, beispielsweise durch «fest verdrahtete» Programmierung.

Die Verbindung zu seinem Schema stellt ein Dokument dabei über das Attribut *schemaLocation* im Dokumentelement her. Das Schema wiederum stellt die Verbindung zum «Superschema» über den angegebenen Namensraum her. So kann ein Parser die Elemente des XSD-Schemas identifizieren und prüfen.

6.1.3 Die Schemastruktur

Die XSD ermöglichen unterschiedliche Strukturen für den Aufbau eines Schemas. Das unterstützt verschiedene Denk- und Sichtweisen bei der Entwicklung. Ohne auf die Feinheiten dieser Schema-Designs mit ihren Vor- und Nachteilen einzugehen, sollen einmal zwei grundsätzlich verschiedene Strukturen vorgestellt werden.

Die erste baut voll auf die Tatsache, dass ein Schema ein XML-Dokument ist, das die Struktur eines Datendokumentes beschreibt. Man nennt Letzteres auch Instanzdokument. Ein Schema muss also auch die gleiche Struktur wie seine Instanzdokumente haben. Als Beispiel soll wieder die bereits bekannte Adressliste dienen. Mit den entsprechenden Namensraumdeklarationen und der Verknüpfung zum Schema sieht es so aus:

```
<?xml version="1.0"?>
<!-- Bspl036.xml -->
```

```
<adressen
xsi:schemaLocation="http://www.test.de Bspl036.xsd"
xmlns="http://www.test.de"
xmlns:xsi="http://www.w3.org/2001/XMLSchema-instance">
  <adresse>
    <firma></firma>
    <name>Mustermann</name>
    <plz>20000</plz>
    <ort>Hamburg</ort>
    <strasse>Seestr. 5</strasse>
  </adresse>
<adresse></adresse>
</adressen>
```

Diese Schachtelung der Elemente und die damit verbundene Baumstruktur kann sich auch im Schema widerspiegeln. Das Ergebnis zeigt
die nachstehende Abbildung.

```
<?xml version="1.0"?>
<!-- Bspl036.xsd -->
<xsd:schema
    xmlns:xsd="http://www.w3.org/2001/XMLSchema"
    targetNamespace="http://www.test.de"
    xmlns="http://www.test.de"
    elementFormDefault="qualified">
  <xsd:element name="adressen">
    <xsd:complexType mixed="true">
      <xsd:sequence>
        <xsd:element name="adresse"
              maxOccurs="unbounded"
              minOccurs="0">
          <xsd:complexType mixed="true">
            <xsd:sequence>
              <xsd:element name ="firma"
               minOccurs="0">
                 <xsd:complexType/>
              </xsd:element>
              <xsd:element name="name"
                type="xsd:string"
                minOccurs="0"/>
              <xsd:element name="plz"
                type="xsd:string"
                minOccurs="0"/>
              <xsd:element name="ort"
                type="xsd:string"
```

```
                     minOccurs="0"/>
              <xsd:element name="strasse"
                  type="xsd:string"
                  minOccurs="0"/>
            </xsd:sequence>
          </xsd:complexType>
        </xsd:element>
      </xsd:sequence>
    </xsd:complexType>
  </xsd:element>
</xsd:schema>
```

Zur Verdeutlichung sind die Marken, mit denen eine jede Elementdefinition beginnt, grau hinterlegt. Deutlich erkennt man dieselbe Schachtelung. Bis auf das Dokumentelement sind alle Elemente *lokal* definiert, das heißt an der Stelle, wo sie auch auftauchen.

Dieses Design heißt übrigens *Russian Doll Design* nach der Matroschka, einer russischen Holzpuppe mit ineinander geschachtelten kleineren Puppen.

Hinweis:
Hier muss zusätzlich *elementFormDefault="qualified"* im *schema*-Element angegeben werden. Das bedeutet, dass alle Elemente im Instanzdokument qualifizierte Namen tragen müssen. Da der Namensraum für das Dokument aber als Standardnamensraum angegeben wurde, sind sie auch ohne Präfix qualifiziert.

Die zweite Struktur lehnt sich im Aufbau an den einer DTD an. Wie dort wird Element für Element nacheinander definiert. Für die Adressliste sah die DTD folgendermaßen aus:

```
<!-- Bspl024.dtd -->
<!ELEMENT adressen ANY>
<!ELEMENT adresse ANY>
<!ELEMENT name (#PCDATA)>
<!ELEMENT strasse (#PCDATA)>
<!ELEMENT plz (#PCDATA)>
<!ELEMENT ort (#PCDATA)>
<!ELEMENT firma EMPTY>
```

Für den Vergleich mit dem entsprechenden Schema sind die Elementdefinitionen hier abwechselnd grau und weiß hinterlegt.

In der gleichen Reihenfolge können auch im Schema die Elemente definiert werden. Dabei tritt keine Verschachtelung der Elemente auf, sodass die zugehörige Baumstruktur nicht sichtbar wird. Das Ergebnis sieht dann so aus:

```xml
<?xml version="1.0"?>
<!-- Bspl037.xsd -->
<xsd:schema
        xmlns:xsd="http://www.w3.org/2001/XMLSchema"
        targetNamespace="http://www.test.de"
        xmlns="http://www.test.de">>
   <xsd:element name="adressen">
     <xsd:complexType mixed="true">
       <xsd:sequence>
         <xsd:any minOccurs="0"
             maxOccurs="unbounded"/>
       </xsd:sequence>
     </xsd:complexType>
   </xsd:element>
   <xsd:element name="adresse">
     <xsd:complexType mixed="true">
       <xsd:sequence>
         <xsd:any minOccurs="0"
             maxOccurs="unbounded"/>
       </xsd:sequence>
     </xsd:complexType>
   </xsd:element>
   <xsd:element name="name"
             type="xsd:string"/>
   <xsd:element name="strasse"
             type="xsd:string"/>
   <xsd:element name="plz"
             type="xsd:string"/>
   <xsd:element name="ort"
             type="xsd:string"/>
   <xsd:element name="firma">
     <xsd:complexType/>
   </xsd:element>
</xsd:schema>
```

Auch hier sind die Elementdefinitionen wieder abwechselnd grau und weiß hinterlegt, sodass man die Reihenfolge genau erkennen kann. Sie ist bewusst so wie in der DTD gewählt worden, kann aber auch anders

aussehen. Hier sind alle Elemente *global* definiert, das heißt auf der gleichen Ebene direkt unterhalb des *schema*-Elementes.
Dieses Design heißt *Salami Slice Design*, da mit den Definitionen eine Salamitaktik angewendet wird.

Hinweis:
Es gibt auch noch das *Venetian Blind* (= Jalousie-) *Design*, das den Vorteil hat, dass man die Zugehörigkeit der Elemente zu einem bestimmten Namensraum einfach durch wahlweise Namensraum-Präfixe im Instanzdokument sichtbar oder unsichtbar machen kann, so wie eine Jalousie das Licht durchlässt oder abschirmt.

Im weiteren Verlauf dieses Kapitels wird das Salami Slice Design verwendet, damit man sich auf einzelne Elementdefinitionen konzentrieren kann und nicht immer die ganze Struktur sehen muss.

6.2 Elemente definieren

Nachdem Sie nun im vorherigen Kapitel den grundsätzlichen Aufbau eines Schemas und die Verknüpfung mit dem Instanzdokument kennen gelernt haben, sollen nun die Elementdefinitionen genauer erläutert werden. Dabei steht nicht so sehr die vollständige Darstellung aller Möglichkeiten im Vordergrund, sondern die Definition der wichtigsten Elementtypen.

6.2.1 Einfache und komplexe Elemente

Im Gegensatz zur DTD weist ein Schema einem Element auch einen Datentyp für den Inhalt zu. Dabei wird zwischen einfachen und komplexen Typen unterschieden. Einfache Typen bestehen beispielsweise aus Zeichenketten, Zahlen oder Datumsangaben. Komplexe Typen enthalten im Gegensatz dazu auch andere Elemente.
Das erste Beispiel dieses Kapitels zeigt, wie ein Schema aussehen kann, das einfache Adressdokumente beschreibt. Dabei soll nur eine Adresse, bestehend aus Name, Straße, Postleitzahl, Ort und einem Geburtsdatum, gespeichert werden können.

```
<?xml version="1.0"?>
<!-- Bspl038.xsd -->
<xsd:schema
    xmlns:xsd="http://www.w3.org/2001/XMLSchema"
    targetNamespace="http://www.test.de"
    xmlns="http://www.test.de">
  <xsd:element name="name"
            type="xsd:string"/>                      <!--1-->
  <xsd:element name="strasse"
            type="xsd:string"/>
  <xsd:element name="plz"
            type="xsd:positiveInteger"/>             <!--2-->
  <xsd:element name="ort"
            type="xsd:string"/>
  <xsd:element name="geburt"
            type="xsd:date"/>                         <!--3-->
  <xsd:element name="adresse">                         <!--4-->
    <xsd:complexType>                                  <!--5-->
      <xsd:all>                                        <!--6-->
        <xsd:element ref="name"/>                      <!--7-->
        <xsd:element ref="strasse"/>
        <xsd:element ref="plz"/>
        <xsd:element ref="ort"/>
        <xsd:element ref="geburt"/>
      </xsd:all>
    </xsd:complexType>
  </xsd:element>
</xsd:schema>
```

Bei der Beschreibung aller Elemente kann man sich vom einfachsten zum komplexesten durcharbeiten, indem zuerst die innersten Elemente eines Dokumentes beschrieben werden, die nur Text enthalten. Dann folgt die nächsthöhere Ebene, deren Elemente diese beinhalten, usw. So erfasst man nach und nach die gesamte Struktur, bis als Letztes das Dokumentelement definiert wird. Diese Reihenfolge muss nicht zwingend eingehalten werden, erleichtert aber den Überblick. Im Einzelnen bewirken die Definitionen hier Folgendes:

(1) Elemente werden durch das XSD-Element *element* beschrieben. Im einfachsten Fall werden nur der Name und der Typ des Elementes angegeben. Das trifft zum Beispiel für alle Elemente zu, die keine anderen Elemente, sondern nur *CDATA* enthalten. Das Attribut *na-*

me legt dabei dann den Namen und das Attribut *type* den Datentyp fest. Der Name kann nach den üblichen Regeln ausgewählt werden. Als Datentyp kann jedoch nur ein bereits von der XSD oder vom Schema definierter Typ eingesetzt werden. Hier wird der Standardtyp *string* verwendet. Da er zum XSD-Namensraum gehört, muss das festgelegte Präfix davor stehen. Dieser Typ erlaubt als Elementinhalt beliebigen Text. Dadurch, dass dieses Element direktes Kind des *schema*-Elementes ist, legt es nur fest, dass es das Element *name* gibt und nicht, wo es vorkommen darf. Hier wird also nur ein Element deklariert und nicht die Struktur definiert.

(2) Für die Postleitzahl wird ein anderer Datentyp angegeben, denn als Inhalt sind ja nur positive Zahlen sinnvoll. Dies entspricht dem Datentyp *positiveInteger*. Er erlaubt nur ganze Zahlen, die größer als null sind.

(3) Ein dritter Datentyp wird für das Geburtsdatum benötigt. Er heißt *date* und erlaubt nur Datumsangaben, die aus der vierstelligen Jahreszahl und den jeweils zweistelligen, numerischen Monats- und Tagesangaben bestehen. Alle drei Komponenten werden durch ein Minuszeichen getrennt und dürfen keine Leerzeichen enthalten.

(4) Hier wird das Dokumentelement beschrieben, das alle einzelnen Adresselemente enthält. Es ist somit ein komplexes Element. Da es dafür (noch) keinen Datentyp gibt, wird hier nur der Name angegeben und der Typ als Elementinhalt beschrieben.

(5) Weil ein komplexer Typ beschrieben werden soll, wird das Element *complexType* als Inhalt eingesetzt. Wie dieser komplexe Typ im Einzelnen aussieht, bestimmt der Inhalt des Elementes.

(6) Durch das Element *all* wird eine ungeordnete Struktur beschrieben. Jedes Element, das als sein Inhalt aufgeführt wird, darf in beliebiger Reihenfolge auftreten.

(7) Welche das sind, steht im Inhalt von *all*. Da dadurch jetzt die Struktur, also die Verwendung eines Elementes und nicht sein Aufbau beschrieben wird, wird statt *name* ein anderes Attribut angegeben. Durch *ref* (= reference) wird Bezug auf das genannte Element genommen. Im Prinzip bedeutet diese Definition: Hier steht das Element *name*.

Ein gültiges Instanzdokument dieses Schemas zeigt die nachstehende Abbildung.

```
<?xml version="1.0"?>
<!-- Bspl038.xml -->
<adresse
xsi:schemaLocation="http://www.test.de Bspl038.xsd"
xmlns="http://www.test.de"
xmlns:xsi="http://www.w3.org/2001/XMLSchema-instance">
  <geburt>1972-12-03</geburt>        <!--1-->
  <name>Hans Mustermann</name>
  <strasse>Marktplatz 5</strasse>
  <plz>47110</plz>                   <!--2-->
  <ort>Teststadt</ort>
</adresse>
```

(8) Obwohl das Element *geburt* im Schema für das Element *adresse* als Letztes definiert wurde, kann es hier als Erstes aufgeführt werden, weil im Schema *all* verwendet wurde. Als Inhalt darf nur ein gültiges Datum stehen, da *geburt* den Datentyp *date* hat. Gültig bedeutet hier zweierlei. Erstens muss das Datum in der korrekten Form *JJJJ-MM-TT* angegeben werden, und zweitens darf es kein unsinniges Datum darstellen. Weder der 32. eines Monats noch der 29.02. eines Nichtschaltjahres werden akzeptiert.

(9) Für die Postleitzahl dürfen hier nur positive, ganzzahlige Werte stehen. Leerstellen und Kombinationen mit Buchstaben sind nicht gestattet.

Durch die Angabe von Datentypen beschreibt ein Schema ein Dokument bereits viel genauer als eine DTD und ermöglicht so weitgehende Datenprüfungen. Außer den hier verwendeten gibt es unter anderem noch folgende wichtige Datentypen:

decimal	für Dezimalzahlen
time	für Zeitangaben
boolean	für die logischen Werte *true* und *false*
anyURI	für Namensräume und andere URIs.

Eine vollständige Liste der Standard-Datentypen steht im Anhang im Kapitel 11.7.2.

6.2.2 Struktur ordnen

Im Schema können natürlich wie in einer DTD auch ganz bestimmte Reihenfolgen für die Elemente festgelegt werden. Ebenso können alternative Elemente definiert werden, von denen immer nur entweder das eine oder das andere auftreten darf.

Am Beispiel einer Adresse, bei der anstelle der Straßenangabe ein Postfach genannt werden darf, soll dies nun wieder demonstriert werden.

```xml
<?xml version="1.0"?>
<!-- Bspl039.xsd -->
<xsd:schema
    xmlns:xsd="http://www.w3.org/2001/XMLSchema"
    targetNamespace="http://www.test.de"
    xmlns="http://www.test.de">
  <xsd:element name="name"
            type="xsd:string"/>
  <xsd:element name="strasse"
            type="xsd:string"/>
  <xsd:element name="plz"
            type="xsd:positiveInteger"/>
  <xsd:element name="ort"
            type="xsd:string"/>
  <xsd:element name="geburt"
            type="xsd:date"/>
  <xsd:element name="postfach"
            type="xsd:positiveInteger"/>            <!--1-->
  <xsd:element name="adresse">
    <xsd:complexType>
      <xsd:sequence>                                <!--2-->
        <xsd:element ref="name"/>
        <xsd:choice>                                <!--3-->
           <xsd:element ref="strasse"/>
           <xsd:element ref="postfach"/>
        </xsd:choice>
        <xsd:element ref="plz"/>
        <xsd:element ref="ort"/>
        <xsd:element ref="geburt"/>
      </xsd:sequence>
    </xsd:complexType>
  </xsd:element>
</xsd:schema>
```

(1) Zunächst muss für das Postfach ein Element deklariert werden. Es ist ein einfacher Typ und soll nur ganze Zahlen erlauben. Also wird wieder der Datentyp *positiveInteger* benutzt.

(2) Das Element *all* wird bei der Definition des komplexen Elementes *adresse* durch *sequence* ersetzt. Statt der ungeordneten Struktur wird dadurch jetzt eine geordnete Struktur festgelegt. Jetzt müssen die Elemente nämlich exakt in der aufgeführten Reihenfolge im *adresse*-Element auftreten.

(3) Nach dem Element *name* folgt das Element *choice* (=Auswahl). Das bedeutet, dass jetzt mehrere Elemente definiert werden, von denen stets nur ein einziges erscheinen darf. Alle Elemente, die zu dieser Auswahl gehören sollen, stehen im Elementinhalt. Das sind hier die Elemente *strasse* und *postfach*.

Im beispielhaften Instanzdokument zeigen sich dann die Auswirkungen dieser Schemadefinitionen wie folgt:

```
<?xml version="1.0"?>
<!-- Bsp1039.xml -->
<adresse
xsi:schemaLocation="http://www.test.de Bsp1039.xsd"
xmlns="http://www.test.de"
xmlns:xsi="http://www.w3.org/2001/XMLSchema-instance">

  <name>Hans Mustermann</name>
  <postfach>1238987</postfach>                       <!--1-->
  <plz>47110</plz>
  <ort>Teststadt</ort>
  <geburt>1972-12-03</geburt>                         <!--2-->

</adresse>
```

(1) Genau an der Stelle des *strasse*-Elementes kann jetzt das Element *postfach* angegeben werden und nirgendwo anders. Sein Inhalt kann nur aus ganzen Zahlen ohne Leerstellen bestehen.

(2) Das Element *geburt* darf nur als letztes in der Adresse auftauchen, da es im Element *sequence* als letztes definiert wurde.

Durch das Element *sequence* wird also eine Struktur beschrieben, in der die aufgeführten Elemente nur einmal und genau in der festgelegten Reihenfolge auftreten dürfen. An den Stellen, an denen dann nur eines von mehreren, unterschiedlichen Elementen stehen darf, wird das Element *choice* eingefügt, in dem alle erlaubten Alternativen aufgeführt werden.

6.2.3 Häufigkeiten festlegen

Bis jetzt darf jedes Element nur genau einmal in einer Adresse vorkommen. Auch kann nur eine einzige Adresse gespeichert werden. Dieses soll nun geändert werden, denn genau wie die DTD kann ein Schema Multiplizitäten für Elemente und Strukturen festlegen, allerdings in einer viel flexibleren Weise.

Wie das funktioniert, kann zunächst wieder am Beispiel eines optionalen Elementes gezeigt werden. Mit dem so erworbenen Wissen kann das Schema dann auch so geändert werden, dass mehrere Adressen aufgenommen werden können.

```xml
<?xml version="1.0"?>
<!-- Bspl040.xsd -->
<xsd:schema
    xmlns:xsd="http://www.w3.org/2001/XMLSchema"
    targetNamespace="http://www.test.de"
    xmlns="http://www.test.de">
  <xsd:element name="name"
          type="xsd:string"/>
  <xsd:element name="strasse"
          type="xsd:string"/>
  <xsd:element name="plz"
          type="xsd:positiveInteger"/>
  <xsd:element name="ort"
          type="xsd:string"/>
  <xsd:element name="geburt"
          type="xsd:date"/>
  <xsd:element name="postfach"
          type="xsd:positiveInteger"/>
  <xsd:element name ="firma">                    <!--1-->
    <xsd:complexType/>                           <!--2-->
  </xsd:element>
  <xsd:element name="adresse">
    <xsd:complexType>
      <xsd:sequence>
        <xsd:element ref="firma"
              minOccurs="0"/>                    <!--3-->
          <xsd:element ref="name"/>
```

```
        <xsd:choice>
          <xsd:element ref="strasse"/>
          <xsd:element ref="postfach"/>
        </xsd:choice>
        <xsd:element ref="plz"/>
        <xsd:element ref="ort"/>
        <xsd:element ref="geburt"/>
      </xsd:sequence>
    </xsd:complexType>
  </xsd:element>
  <xsd:element name="adressen">                <!--4-->
    <xsd:complexType>                          <!--5-->
      <xsd:sequence maxOccurs="unbounded"
              minOccurs="0">                    <!--6-->
        <xsd:element ref="adresse"/>           <!--7-->
      </xsd:sequence>
    </xsd:complexType>
  </xsd:element>
</xsd:schema>
```

(1) Es soll wieder ein optionales, leeres Element *firma* für die Kennzeichnung von Firmenadressen verwendet werden. Wie jedes Element wird es zunächst deklariert.

(2) Da es ja keine anderen Elemente enthält, könnte man glauben, dass es ein einfaches Element darstellt. Leere Elemente sind aber immer komplexe Elemente! Deshalb wird es wie *adresse* durch *complexType* beschrieben. Da es aber leer sein soll, bleibt auch *complexType* leer.

(3) Innerhalb der Sequenz von *adresse* soll es als erstes Element auftreten, wenn es sich um eine Firmenadresse handelt. Deshalb wird es hier definiert. Es erhält als Zusatz das Attribut *minOccurs* mit dem Wert 0. Das bedeutet, dass das Element mindestens nullmal auftreten, also weggelassen werden kann. Für alle Elemente und Strukturen, die dieses Attribut nicht angeben, gilt *minOccurs="1"*. Es gibt zusätzlich *maxOccurs*, das die Obergrenze für die Multiplizität festlegt. Auch dieses Attribut hat den Standardwert 1. Also kann *firma* weggelassen werden oder höchstens einmal vorkommen. Die Häufigkeitsattribute dürfen übrigens nur hier und nicht etwa in (1) erscheinen, denn dort wird ja nur deklariert, dass es das Element gibt und wie es aussieht. Hier wird aber seine Verwendung definiert.

(4) Damit mehrere Adressen gespeichert werden können, wird die Struktur um das neue Dokumentelement *adressen* erweitert.

(5) Da es mehrere *adresse*-Elemente enthält, stellt es ein komplexes Element dar.

(6) Es besteht aus einer Sequenz von *adresse*-Elementen. Weil aber nur ein Elementtyp in dieser Folge vorkommt, könnte man auch *all* verwenden. Das macht hier keinen Unterschied. Für diese Sequenz werden beide Häufigkeitsangaben gemacht. Soll die Obergrenze offen bleiben, dann wird für *maxOccurs unbounded* eingesetzt. Hier wird die Folge also mindestens keinmal und maximal unbegrenzt wiederholt.

(7) Die Sequenz besteht nur aus dem einen *adresse*-Element.

Man kann die Regel, dass im *adressen*-Element beliebig viele *adresse*-Elemente aufeinander folgen dürfen, auch etwas anders beschreiben:

```
...
      <xsd:sequence >
        <xsd:element ref="adresse"
            maxOccurs="unbounded"
            minOccurs="0"/>
      </xsd:sequence>
...
```

Dies führt zum gleichen Ergebnis. Im ersten Fall wird festgelegt, dass die gesamte Sequenz aus einem einzigen Element beliebig wiederholt wird. Im zweiten Fall gibt es dagegen nur eine Sequenz, die dann jedoch aus beliebig vielen *adresse*-Elementen besteht.

Schauen Sie sich wieder ein Beispiel für ein Instanzdokument dieses Schemas an.

```
<?xml version="1.0"?>
<!-- Bspl040.xml -->
<adressen
xsi:schemaLocation="http://www.test.de Bspl040.xsd"
xmlns="http://www.test.de"
xmlns:xsi="http://www.w3.org/2001/XMLSchema-instance">
  <adresse>
    <name>Hans Mustermann</name>
    <postfach>1238987</postfach>
    <plz>47110</plz>
    <ort>Teststadt</ort>
    <geburt>1972-12-03</geburt>
  </adresse>
```

```
   <adresse>                                          <!--1-->
     <firma/>                                         <!--2-->
     <name>Gabi Mustermann</name>
     <strasse>Marktplatz 5</strasse>
     <plz>47110</plz>
     <ort>Teststadt</ort>
     <geburt>1974-03-05</geburt>
   </adresse>

 </adressen>
```

(1) Jetzt können auch weitere Adressen eingegeben werden.

(2) Das Element *firma* kann angegeben oder wie in der ersten Adresse weggelassen werden. Es muss aber leer sein, wenn es auftaucht.

Sowohl bei Element (*element*) als auch bei den Strukturen (*sequence*, *choice*, *all*) kann die Multiplizität angegeben werden, für ein Element jedoch nur als Inhalt eines komplexen Elementes. Dann legt sie fest, wie oft das Element wiederholt werden kann. Auf Strukturen angewendet, wird die Wiederholung der gesamten Struktur beschrieben.

Für das Element *all* gilt allerdings eine Einschränkung bezüglich *maxOccurs*. Sein Wert darf hier nur 1 sein. Das bedeutet natürlich auch, dass *minOccurs* nur 0 oder 1 sein kann, da sein Wert ja nicht größer als der von *maxOccurs* werden kann.

6.2.4 Gemischten Inhalt beschreiben

Gemischter Inhalt kann nur in komplexen Elementen vorkommen, denn nur diese können ja auch Elemente enthalten. Betroffen ist also nur das Element *complexType* (und ein ähnliches namens *complexContent*). Wird dazu das Attribut *mixed* mit dem Wert *true* angegeben, so kann das zugehörige Element neben Elementen auch Zeichendaten enthalten (siehe Seite 120). Im Gegensatz zur DTD, bei der dann auch alles in beliebiger Folge möglich ist, legt ein Schema dann aber für die Elemente immer noch ein feste Struktur fest.

6.3 Zusammenfassung

▦ Ein Schema ist ein XML-Dokument, dessen Elemente XML-Schema-Definitionen darstellen. Es kann gegen das XSD-Schema für Schemas validiert werden.

▦ Schemas verwenden Namensräume. Das ist eine Gruppe zusammengehöriger Namen, die innerhalb der Gruppe eindeutig sein müssen. Die Namen eines Namensraumes werden als URI formuliert und durch *xmlns* einem Kürzel zugewiesen. Wird kein Kürzel verwendet, wird der Namensraum zum Standardnamensraum.

▦ Durch *schemaLocation* wird ein Dokument mit seinem zugehörigen Schema verbunden. Dazu werden immer Namensraum und Datei-URI durch Leerraum getrennt nacheinander angegeben.

▦ Das Dokumentelement eines Schemas heißt immer *schema*.

▦ Elemente werden vom Element *element* beschrieben. Dazu werden in einer Deklaration die Attribute *name* und *type* angegeben. In der Definition sind das die Attribute *name* und *type* oder *ref*, wenn auf eine bestehende Deklaration Bezug genommen werden soll.

▦ Der Typ von Elementen mit Kindelementen wird durch *complexType* beschrieben.

▦ Strukturen werden durch *all* (ungeordnet), *sequence* (Folge) und *choice* (Auswahl) festgelegt.

▦ Die Attribute *minOccurs* und *maxOccurs* steuern die Multiplizitäten.

6.4 Übungen

Aufgabe 14

Erstellen Sie für das nachfolgende Dokument ein Schema.

```
<?xml version="1.0"?>
<!-- Aufg14.xml -->
<film
xsi:schemaLocation="http://www.cinema.de Aufg14.xsd"
xmlns="http://www.cinema.de"
xmlns:xsi="http://www.w3.org/2001/XMLSchema-instance">
  <titel>Herr der Ringe</titel>
  <spieldauer>PT171M</spieldauer>
</film>
```

> *Hinweis*:
> Der Inhalt von *spieldauer* ist keine einfache Zeichenkette, sondern
> bedeutet eine Zeitdauer von 171 min. (Da T davor steht, bedeutet
> M Minuten, sonst Monate!, siehe Seite 249).

Aufgabe 15

Erweitern Sie das Schema aus Aufgabe 14 derart, dass nun mehrere Filme
wie folgt ins Dokument aufgenommen werden können.

```xml
<?xml version="1.0"?>
<!-- Aufg15.xml -->
<filmarchiv
xsi:schemaLocation="http://www.cinema.de Aufg15.xsd"
xmlns="http://www.cinema.de"
xmlns:xsi="http://www.w3.org/2001/XMLSchema-instance">
  <film>
    <titel>Herr der Ringe</titel>
    <spieldauer>PT171M</spieldauer>
  </film>
  <film>
    <titel>Urlaub 2002</titel>
    <spieldauer>PT40M</spieldauer>
  </film>
</filmarchiv>
```

7 Komplexere Schemas

Dokumente bestehen natürlich nicht nur aus Elementen, sondern auch aus Attributen. Außerdem können zwischen den Elementen bzw. den Attributen bestimmte einschränkende Beziehungen bestehen. Diesen Themen widmet sich nun dieses Kapitel.

7.1 Attribute definieren

Elemente mit Attributen gehören zu den komplexen Typen. Attribute selbst sind aber immer einfache Typen, denn sie können ja weder selbst Elemente noch Attribute beinhalten. Wie bei den DTDs besteht auch bei einem Schema die Möglichkeit, Verbindlichkeiten, Standardwerte und Wertemengen vorzugeben. Dies soll jetzt in diesem Kapitel gezeigt werden.

7.1.1 Verbindlichkeiten festlegen

Für Adressen soll eine Anrede inklusive Titel und zu einer Postleitzahl auch ein Länderkennzeichen angegeben werden können. Außerdem soll jede Adresse eine Nummer tragen. Damit die Dateien nicht zu groß werden, sind im folgenden Beispiel einige Elemente wieder entfernt worden.

```
<?xml version="1.0"?>
<!-- Bspl041.xsd -->
<xsd:schema
    xmlns:xsd="http://www.w3.org/2001/XMLSchema"
    targetNamespace="http://www.test.de"
    xmlns="http://www.test.de" >
  <xsd:attribute name="bez"
        type="xsd:string"/>                    <!--1-->
```

```xml
<xsd:attribute name="titel"
      type="xsd:string"/>
<xsd:attribute name="land"
      type="xsd:string"/>
<xsd:attribute name="nr"
      type="xsd:positiveInteger"/>          <!--2-->
<xsd:element name ="anrede">               <!--3-->
  <xsd:complexType>                        <!--4-->
    <xsd:attribute ref="bez"
               use="required"/>            <!--5-->
    <xsd:attribute ref="titel"
               use="optional"/>            <!--6-->
  </xsd:complexType>
</xsd:element>
<xsd:element name="name"    type="xsd:string"/>
<xsd:element name="strasse" type="xsd:string"/>
<xsd:element name="plz">                   <!--7-->
  <xsd:complexType>                        <!--8-->
    <xsd:simpleContent>                    <!--9-->
      <xsd:extension
          base="xsd:positiveInteger">      <!--10-->
        <xsd:attribute ref="land"
             use="optional"/>              <!--11-->
      </xsd:extension>
    </xsd:simpleContent>
  </xsd:complexType>
</xsd:element>
<xsd:element name="ort" type="xsd:string"/>
<xsd:element name="adresse">
  <xsd:complexType>
    <xsd:sequence>
    <xsd:element ref="anrede" minOccurs="0"/>
    <xsd:element ref="name"/>
    <xsd:element ref="strasse"/>
    <xsd:element ref="plz"/>
    <xsd:element ref="ort"/>
    </xsd:sequence>
    <xsd:attribute ref="nr"
            use="required"/>               <!--12-->
  </xsd:complexType>
</xsd:element>
<xsd:element name="adressen">
  <xsd:complexType>
    <xsd:sequence >
      <xsd:element ref="adresse"
```

```
                    maxOccurs="unbounded"
                    minOccurs="0"/>
            </xsd:sequence>
          </xsd:complexType>
        </xsd:element>
    </xsd:schema>
```

Auch hier werden zunächst die Attribute wie die Elemente global deklariert.

(1) Attribute werden mithilfe des Elementes *attribute* deklariert. Als einfache Typen erhalten sie einen Namen und einen Datentyp, der hier für die Anredebezeichnung der Standardtyp *string* ist. Titel und Länderkennzeichen sind ebenfalls Zeichenketten, auch wenn sie nur aus einem Buchstaben bestehen.

(2) Die Adressnummer ist immer eine positive Ganzzahl. Daher wird hier wieder der Typ *positiveInteger* verwendet.

(3) Das Element *anrede* ersetzt das in den vorherigen Beispielen benutzte Element *firma* und soll ebenfalls leer sein.

(4) Deshalb ist es ein komplexer Typ.

(5) Es besteht aber nur aus Attributen. Daher werden diese hier definiert. Wie bei Elementdefinitionen wird über das Attribut *ref* Bezug auf die Deklaration des hier einzubauenden Attributs genommen. Zusätzlich wird die Verbindlichkeitsstufe über das Attribut *use* festgelegt. Erlaubt sind die Werte *required* für obligatorische, *optional* für optionale und *prohibited* für verbotene Attribute. Hier wird die Anredebezeichnung also als Pflichtattribut festgelegt.

(6) Wird *use* nicht angegeben, so gilt automatisch *optional*. Es könnte hier ebenso gut auch einfach weggelassen werden. Das Attribut *use* kann übrigens nur in einer Definition, also lokal eingesetzt werden und nicht in einer globalen Deklaration. Denn dort wird ja nicht die Verwendung, sondern nur die Existenz beschrieben.

(7) Das Element *plz* war bisher ein einfaches Element, da es weder Elemente noch Attribute beinhaltete. Dadurch, dass jetzt ein Attribut hinzugefügt wird, wird es zu einem komplexen Typ und muss deshalb umdefiniert werden.

(8) Als Inhalt wird daher wie bei *anrede complexType* benutzt, um den Inhalt des Elementes zu beschreiben.

(9) Der Inhalt des Elementes ist aber nach wie vor einfach, da er nur

aus Text besteht und nicht aus Elementen. Also besteht der komplexe Typ aus *simpleContent* (=einfacher Inhalt).

(10) Allerdings soll es möglich sein, zusätzlich zum Typ *positiveInteger* noch ein Attribut anzugeben. So etwas bezeichnet man als Erweiterung des Datentyps. Dies wird mit dem Element *extension* definiert. Durch das Attribut *base* muss immer der zu erweiternde Typ angegeben werden. Er wird dann immer für die Prüfung des Elementinhaltes benutzt.

(11) Als Inhalt von *extension* wird dann die gewünschte Erweiterung beschrieben. Hier ist es nur ein Attribut, es können aber natürlich auch mehrere sein.

(12) Werden Attribute für Elemente festgelegt, die andere Elemente enthalten, dann müssen sie als Letztes definiert werden. Deshalb steht die Definition von *nr* hier direkt vor dem abschließenden *complexType* des Elementes *adresse*.

In einem Instanzdokument kann man jetzt gut die Definitionen des Schemas ausprobieren.

```xml
<?xml version="1.0"?>
<!-- Bspl041.xml -->
<adressen
xsi:schemaLocation="http://www.test.de Bspl041.xsd"
xmlns="http://www.test.de"
xmlns:xsi="http://www.w3.org/2001/XMLSchema-instance"
xmlns:tst="http://www.test.de">          <!--1-->
  <adresse tst:nr="1">                    <!--2-->
    <anrede tst:bez="Herr"/>              <!--3-->
    <name>Hans Mustermann</name>
    <strasse>Am Teich 25</strasse>
    <plz tst:land="D">26466</plz>         <!--4-->
    <ort>Testdorf</ort>
  </adresse>
  <adresse tst:nr="2">
    <anrede tst:bez="Frau"
            tst:titel="Dr."/>            <!--5-->
    <name>Gabi Mustermann</name>
    <strasse>Schlossallee 23</strasse>
    <plz>56122</plz>                      <!--6-->
    <ort>Probestadt</ort>
  </adresse>
</adressen>
```

(1) Wenn Attribute vorhanden sind, dann gilt ein wichtiger Punkt, was die Zugehörigkeit zu Namensräumen betrifft: Attribute ohne Präfix gehören nämlich zu keinem Namensraum! Die Definition eines Standardnamensraumes wirkt sich nicht auf sie aus! Sie müssen unbedingt qualifiziert angegeben werden. Um das zu ermöglichen, wird hier der gleiche Namensraum, der als Standardnamensraum gilt, zusätzlich dem Kürzel *tst* zugeordnet.

(2) Jetzt kann das Attribut qualifiziert benannt werden. Fehlt das Präfix, dann findet ein validierender Parser das Attribut nicht im Schema und meldet einen Fehler.

(3) Das Attribut *bez* muss angegeben werden, da es als *required* definiert wurde. Das optionale Attribut *titel* kann hier weggelassen werden.

(4) Hier wird das optionale Attribut *land* benutzt.

(5) Beide Attribute werden angegeben.

(6) Und hier wird das optionale Attribut *land* einmal weggelassen.

Die Angabe *prohibited* für das Attribut *use* ist übrigens für einen Spezialfall gedacht. Dadurch kann man nämlich einmal definierte Attribute eines Elementes «abschalten», wenn das Element in einem anderen Zusammenhang eingesetzt wird.

7.1.2 Standardwerte vereinbaren

Attribute können natürlich auch Standardwerte besitzen. Diese werden immer dann vom Parser verwendet, wenn das Attribut nicht angegeben wird. Sinn macht das selbstverständlich nur, wenn das Attribut auch als optional eingestuft wurde.

Für die Adressen soll nun wieder wie bei den DTDs dafür gesorgt werden, dass die Anredebezeichnung und die Landeskennung weggelassen werden können. Für beide sollen dann Standards benutzt werden. Während aber für die Anredebezeichnung auch jeder andere Wert über den Standard hinaus zulässig sein soll, soll für die Landeskennung nur der Buchstabe D erlaubt sein.

Dazu muss das Schema nur wenig geändert werden:

```
<?xml version="1.0"?>
<!-- Bspl042.xsd -->
<xsd:schema
    xmlns:xsd="http://www.w3.org/2001/XMLSchema"
```

```
   targetNamespace="http://www.test.de"
   xmlns="http://www.test.de">
<xsd:attribute name="bez" type="xsd:string"/>
<xsd:attribute name="titel" type="xsd:string"/>
<xsd:attribute name="land" type="xsd:string"/>
<xsd:attribute name="nr"
             type="xsd:positiveInteger"/>
<xsd:element name ="anrede">
   <xsd:complexType>
     <xsd:attribute ref="bez"
               use="optional"
               default="Frau"/>                   <!--1-->
     <xsd:attribute ref="titel" use="optional"/>
   </xsd:complexType>
</xsd:element>
<xsd:element name="name" type="xsd:string"/>
<xsd:element name="strasse" type="xsd:string"/>
<xsd:element name="plz">
   <xsd:complexType>
     <xsd:simpleContent>
       <xsd:extension base="xsd:positiveInteger">
         <xsd:attribute ref="land"
               use="optional"
               fixed="D"/>                        <!--2-->
       </xsd:extension>
     </xsd:simpleContent>
   </xsd:complexType>
</xsd:element>
<xsd:element name="ort" type="xsd:string"/>
<xsd:element name="adresse">
   <xsd:complexType>
     <xsd:sequence>
     <xsd:element ref="anrede" minOccurs="0"/>
     <xsd:element ref="name"/>
     <xsd:element ref="strasse"/>
     <xsd:element ref="plz"/>
     <xsd:element ref="ort"/>
     </xsd:sequence>
     <xsd:attribute ref="nr" use="required"/>
   </xsd:complexType>
</xsd:element>
<xsd:element name="adressen">
   <xsd:complexType>
     <xsd:sequence >
       <xsd:element ref="adresse"
```

```
                maxOccurs="unbounded"
                minOccurs="0"/>
      </xsd:sequence>
    </xsd:complexType>
  </xsd:element>
</xsd:schema>
```

(1) Das Attribut *bez* muss in der Deklaration überhaupt nicht geändert werden. Lediglich bei der lokalen Definition muss zunächst *use* auf optional gesetzt werden, da für *required* keine Standardwerte möglich sind. Außerdem wird das Attribut *default* mit dem gewünschten Standardwert hinzugefügt.
(2) Bei der Definition des Attributes *land* wird nur ein Attribut hinzugefügt. Statt *default* wird hier aber *fixed* benutzt. Der zu diesem Attribut angegebene Wert ist der einzige, der nun noch erlaubt ist. Deshalb können derartige Attribute eigentlich auch immer weggelassen werden.

Das Schema soll durch ein Instanzdokument getestet werden. Es sieht folgendermaßen aus:

```
<?xml version="1.0"?>
<!-- Bspl042.xml --><adressen
xsi:schemaLocation="http://www.test.de Bspl042.xsd"
xmlns="http://www.test.de"
xmlns:tst="http://www.test.de"
xmlns:xsi="http://www.w3.org/2001/XMLSchema-instance">
  <adresse tst:nr="1">
    <anrede tst:bez="Herr"/>
    <name>Hans Mustermann</name>
    <strasse>Am Teich 25</strasse>
    <plz tst:land="D">26466</plz>
    <ort>Testdorf</ort>
  </adresse>
  <adresse tst:nr="2">
    <anrede tst:titel="Dr."/>                    <!--1-->
    <name>Gabi Mustermann</name>
    <strasse>Schlossallee 23</strasse>
    <plz>56122</plz>                             <!--2-->
    <ort>Probestadt</ort>
  </adresse>
</adressen>
```

(1) In der zweiten Adresse fehlt das Attribut *bez* bei der Anrede
(2) und ebenfalls die Landeskennung für die Postleitzahl.

Wird dieses Dokument jetzt von einem validierenden Parser geprüft, so wird er es als wohlgeformt und gültig einstufen.
Um zu testen, ob das Schema bezüglich der Standardwerte beim Parser das gewünschte Verhalten auslöst, muss man das Dokument beispielsweise mit einem Browser öffnen, der auch einen Parser verwendet, der Schemas unterstützt. Dies stellt das Validator-Tool von Microsoft sicher, wenn es für MSXML 4 oder höher angepasst wurde. Man sieht dann eine Darstellung wie in der folgenden Abbildung.

- ○ PI: xml
- ○ COMMENT: Bspl042.xml
- ● ELEMENT: adressen
  - ● ATTRIBUTE: xsi:schemaLocation http://www.test.de Bspl042.xsd
  - ● ATTRIBUTE: xmlns http://www.test.de
  - ● ATTRIBUTE: xmlns:tst http://www.test.de
  - ● ATTRIBUTE: xmlns:xsi http://www.w3.org/2001/XMLSchema-instance
  - ● ELEMENT: adresse
    - ● ATTRIBUTE: tst:nr 1
    - ○ ELEMENT: anrede
      - ● ATTRIBUTE: tst:bez Herr

    - ● ELEMENT: name
    - ● ELEMENT: strasse
    - ● ELEMENT: plz
      - ● ATTRIBUTE: tst:land D
      - ○ TEXT: 26466

    - ● ELEMENT: ort
  - ● ELEMENT: adresse
    - ● ATTRIBUTE: tst:nr 2
    - ○ ELEMENT: anrede
      - ● ATTRIBUTE: tst:titel Dr.
      - ● ATTRIBUTE: http://www.test.de:bez Frau
    - ● ELEMENT: name
    - ● ELEMENT: strasse   Standardwerte
    - ● ELEMENT: plz
      - ● ATTRIBUTE: http://www.test.de:land D
      - ○ TEXT: 56122

    - ● ELEMENT: ort

Bei der zweiten Adresse wurden die Attribute mit ihren Standardwerten wie geplant eingefügt. Man erkennt auch gut durch die dem Namen vorangestellten Namensräume, dass der Parser die Attribute korrekt dem Namensraum zuordnet.

7.1.3 Werte einschränken

Für Attribute sollen oft nur ganz bestimmte Werte eingetragen werden können. Ein Beispiel ist die Anrede, für die nur bestimmte Formen möglich sind. Für den Datentyp eines solchen Attributes bedeutet dies eine Einschränkung, denn statt beispielsweise alle Zeichenketten zuzulassen, dürfen nur noch ganz bestimmte vorkommen.

Im nächsten Beispiel sehen Sie, wie das funktioniert. Es handelt sich wieder um die Adressliste, bei der jetzt als Anrede nur noch *Familie*, *Firma*, *Frau* und *Herr* möglich sein sollen.

```xml
<?xml version="1.0"?>
<!-- Bspl043.xsd -->
<xsd:schema
    xmlns:xsd="http://www.w3.org/2001/XMLSchema"
    targetNamespace="http://www.test.de"
    xmlns="http://www.test.de">
  <xsd:attribute name="bez">                    <!--1-->
    <xsd:simpleType>                            <!--2-->
      <xsd:restriction base="xsd:string">       <!--3-->
        <xsd:enumeration
            value="Familie"/>                   <!--4-->
        <xsd:enumeration
            value="Firma"/>
        <xsd:enumeration
            value="Frau"/>
        <xsd:enumeration
            value="Herr"/>
      </xsd:restriction>
    </xsd:simpleType>
  </xsd:attribute>
  <xsd:attribute name="titel" type="xsd:string"/>
  <xsd:attribute name="land" type="xsd:string"/>
  ...                                           <!--5-->
</xsd:schema>
```

(1) Das Attribut *bez* muss dazu neu definiert werden, denn der Standardtyp *string* ist zu umfassend.

(2) Attribute sind immer einfache Typen, daher wird der neue Attributinhalt durch *simpleType* festgelegt.

(3) Wenn ein Standardtyp zu weit gefasst ist, dann kann man ihn einschränken. Dazu muss das Element *restriction* verwendet werden. Wie bei *extension* wird durch *base* dann der zu verändernde Typ genannt.

(4) Als Inhalt von *restriction* werden die so genannten Facetten eines Datentyps verändert. Darunter versteht man die verschiedenen Merkmale eines Datentyps, die ihn charakterisieren, wie beispielsweise seine Länge, Anzahl Nachkommastellen usw. Dazu gehört auch seine Wertemenge, die durch eine Aufzählung bzw. Enumeration beschrieben wird. Also wird hier durch *enumeration* und das zugehörige Attribut *value* ein erlaubter Wert festgelegt.

(5) Der Rest der Datei entspricht genau *Bspl042.xsd* und wurde hier aus Platzgründen weggelassen.

Andere Anredebezeichnungen als die aufgeführten werden jetzt von einem validierenden Parser als Fehler gemeldet.

```xml
<?xml version="1.0"?>
<!-- Bspl043.xml --><adressen
xsi:schemaLocation="http://www.test.de Bspl043.xsd"
xmlns="http://www.test.de"
xmlns:tst="http://www.test.de"
xmlns:xsi="http://www.w3.org/2001/XMLSchema-instance">
  <adresse tst:nr="1">
    <anrede tst:bez="Mr."/>
    <name>Hans Mustermann</name>
    <strasse>Am Teich 25</strasse>
    <plz tst:land="D">26466</plz>
    <ort>Testdorf</ort>
  </adresse>
  <adresse tst:nr="2">
    <anrede tst:titel="Dr."/>
    <name>Gabi Mustermann</name>
    <strasse>Schlossallee 23</strasse>
    <plz>56122</plz>
    <ort>Probestadt</ort>
  </adresse>
</adressen>
```

Die englische Anrede in der Markierung des obigen Dokumentes führt zu so einem Validierungsfehler.

7.2 Elementbeziehungen definieren

Ein wichtiger Aspekt bei der Datenprüfung besteht auch darin, die korrekten logischen Beziehungen einzelner Elemente sicherzustellen. So dürfen beispielsweise in einer Personaldatei keine doppelten Personalnummern vorkommen, und zu jeder Artikelnummer einer Bestellung muss auch ein Artikel mit der entsprechenden Nummer existieren. Derartige Regeln beziehen sich nicht auf ein einzelnes Element, sondern auf die Beziehungen zwischen mehreren Elementen.

Im Kapitel 5.6.4 wurde erläutert, wie eine DTD eine Beziehung zwischen Schlüsseln (*ID*) und einer Referenz (*IDREF*) darauf herstellen kann. Das hatte jedoch den Schwachpunkt, dass eigentlich nur ein Schlüssel pro Dokument eingesetzt werden konnte, denn alle ID-Attribute werden gleich behandelt. Ihre Werte bilden quasi eine einzige Liste, gegen die geprüft wird. Und weil jeder ID-Wert nur einmal vorkommen darf, kann derselbe Wert auch nicht bei zwei verschiedenen ID-Attributen auftreten. Das muss aber manchmal möglich sein.

Ein Schema kann genau diese Anforderungen erfüllen, indem es für ganz bestimmte Attribute eindeutige Werte festlegt und Beziehungen zwischen zwei genau benannten Attributen beschreibt.

7.2.1 Doppelte Werte verhindern

In dem bisher verwendeten Dokument mit der Adressliste wurde jeder Adresse eine Nummer zugewiesen. Diese konnte aber jeden beliebigen Wert annehmen, insbesondere konnten auch doppelte Nummern auftreten, ohne dass der Parser daran Anstoß genommen hätte. Dies soll nun geändert werden.

Damit man das richtige Element ändert, sollte man sich zunächst die Frage stellen: In welchem Bereich, oder genauer, innerhalb welchen Elementes muss der Wert eindeutig sein, sodass keine Doppel auftreten? Das ist dann das Element, das zusätzliche Regeln zugewiesen bekommt. Im Beispiel sollen innerhalb von *adressen* keine doppelten Werte für das Attribut *nr* des Elementes *adresse* auftreten. Also muss *adressen* erweitert werden. Dies zeigt das nachstehende Schema.

```
<?xml version="1.0"?>
<!-- Bspl044.xsd -->
<xsd:schema
    xmlns:xsd="http://www.w3.org/2001/XMLSchema"
    targetNamespace="http://www.test.de"
    xmlns="http://www.test.de"
    xmlns:tst="http://www.test.de">                 <!--1-->
  <xsd:attribute name="nr" type="xsd:positiveInteger"/>
  <xsd:element name="name" type="xsd:string"/>
  <xsd:element name="adresse">
    <xsd:complexType>
      <xsd:sequence>
        <xsd:element ref="name"/>
      </xsd:sequence>
      <xsd:attribute ref="nr" use="required"/>
    </xsd:complexType>
  </xsd:element>
  <xsd:element name="adressen">
    <xsd:complexType>
      <xsd:sequence >
        <xsd:element ref="adresse"
            maxOccurs="unbounded"
            minOccurs="0"/>
      </xsd:sequence>
    </xsd:complexType>
    <xsd:unique name="adrkey">                       <!--2-->
      <xsd:selector xpath="tst:adresse"/>            <!--3-->
      <xsd:field xpath="@tst:nr"/>                   <!--4-->
    </xsd:unique>
  </xsd:element>
</xsd:schema>
```

(1) Zunächst ist es wichtig, für den verwendeten Namensraum ein Kürzel bereitzustellen, denn es müssen später in (3) und (4) voll qualifizierte Namen verwendet werden.
(2) Das Element *unique* definiert Eindeutigkeitsregeln für Elemente und Attribute. Im Attribut *name* muss ein eindeutiger Name angegeben werden, damit verschiedene Regeln eines Schemas auseinander gehalten werden können.
(3) Innerhalb des *unique*-Elementes muss als Erstes das *selector*-Element aufgeführt werden. Es darf nur einmal vorkommen und gibt im Attribut *xpath* an, welche Elemente sich stets voneinander unter-

scheiden sollen. Die Angaben dazu müssen unbedingt voll qualifiziert werden, also Namensraumkürzel tragen.

4) Das Element *field* gibt danach im Attribut *xpath* an, worin sie sich unterscheiden müssen. Auch hier muss ein voll qualifizierter Name stehen. Das Zeichen @ bedeutet Attribut. Durch *@tst:nr* ist also das Attribut *nr* aus dem mit *tst* verknüpften Namensraum des Elementes *adresse* gemeint. Das Element *field* kann bei Bedarf auch mehrmals im *unique*-Element auftreten.

Mithilfe eines Instanzdokumentes kann die Regel nun getestet werden.

```
<?xml version="1.0"?>
<!-- Bspl044.xml -->
<adressen
xsi:schemaLocation="http://www.test.de Bspl044.xsd"
xmlns="http://www.test.de"
xmlns:tst="http://www.test.de"
xmlns:xsi="http://www.w3.org/2001/XMLSchema-instance">
  <adresse tst:nr="1">
    <name>Hans Mustermann</name>
  </adresse>
  <adresse tst:nr="2">
    <name>Gabi Mustermann</name>
  </adresse>
</adressen>
```

Wenn die Adressnummer in der Markierung in 1 geändert wird, so meldet ein validierender Parser beispielsweise:

```
'1' ist für die Identitätseinschränkung
'{http://www.test.de}adrkey' ein doppelter Schlüssel.
```

Attribut xpath

Noch ein Wort zu den Angaben in den *xpath*-Attributen:
Bei ihnen handelt es sich um Ausdrücke, die den von **XPath** festgelegten Regeln folgen müssen. Diese bestimmen, wie Teile eines Dokumentes adressiert, also angesprochen werden können. XPath betrachtet dabei das Dokument als Baumstruktur aus verschiedenen Knoten. Ein XPath-Ausdruck beschreibt, wie man von einem Knoten, dem so

genannten Kontextknoten, zu dem gewünschten Zielknoten kommt.
Die Baumstruktur (siehe auch Kapitel 2.3.1) für das Dokument inklusive aller Textknoten zeigt die nächste Abbildung.

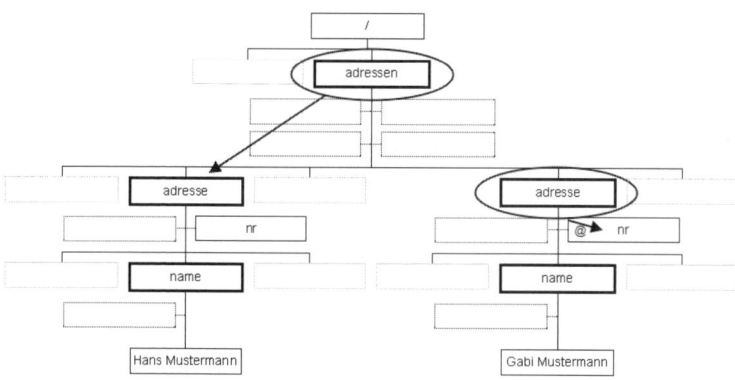

Die Textknoten, die nur aus Leerraum bestehen, sind hier mit dünnem Rahmen, Elementknoten mit dickem und Namensraumknoten mit gestricheltem Rahmen eingezeichnet.
Der Kontextknoten ist im Beispielschema das Element, in dem *unique* angegeben wird, also *adressen*. Die Knoten der nächsten Ebene kann man dann im Element *selector* einfach mit ihrem Namen ansprechen. Für das *field*-Element ist immer die *selector*-Angabe der Kontextknoten, sodass seine Attributknoten einfach über ihren Namen mit vorangestelltem @ und seine Kindelemente ebenfalls durch ihren Namen angesprochen werden können.
XPath wird auch von XSLT benutzt und im Kapitel 8 näher erläutert.

Hinweis:
Eindeutigkeitsregeln können auch auf Elementinhalte angewendet werden.

7.2.2 Beziehungen herstellen

Ein Schema kann zunächst genauso wie eine DTD eine Beziehung zwischen speziellen *ID*- und *IDREF*-Attributen herstellen. Allerdings bietet das auch nur die gleiche Funktionalität. Das Schema benutzt dazu spezielle Datentypen (siehe Kapitel 11.7.3), die von *string* abgeleitet sind. Das bedeutet, dass es sich prinzipiell um Zeichenketten handelt, die jedoch eingeschränkten Regeln unterworfen sind. Es sind die Typen

- ID   gültiger, eindeutiger XML-Name
- IDREF   Wert, der im Dokument als ID-Typ vorkommt
- IDREFS   mehrere Werte, die als ID-Typen vorkommen.

Im Schema wird dies mit ganz normalen Attributen definiert, die lediglich einen besonderen Datentyp erhalten. Das Beispiel aus Kapitel 5.6.4 sieht als Schema dann folgendermaßen aus:

```
<?xml version="1.0"?>
<!-- Bspl045.xsd -->
<xsd:schema
    xmlns:xsd="http://www.w3.org/2001/XMLSchema"
    targetNamespace="http://www.test.de"
    xmlns="http://www.test.de">
  <xsd:attribute name="kennzeichen"
            type="xsd:ID"/>                        <!--1-->
  <xsd:attribute name="pers_nr"
            type="xsd:ID"/>
  <xsd:attribute name="fahrer"
            type="xsd:IDREFS"/>                    <!--2-->
  <xsd:attribute name="auto"
            type="xsd:IDREF"/>                     <!--3-->
  <xsd:element name="auto">
    <xsd:complexType>
      <xsd:simpleContent>
        <xsd:extension base="xsd:string">
          <xsd:attribute ref="kennzeichen"
            use="required"/>                        <!--4-->
        </xsd:extension>
      </xsd:simpleContent>
    </xsd:complexType>
  </xsd:element>
  <xsd:element name="fahrer">
```

```
      <xsd:complexType>
        <xsd:simpleContent>
          <xsd:extension base="xsd:string">
            <xsd:attribute ref="pers_nr"
                  use="required"/>
          </xsd:extension>
        </xsd:simpleContent>
      </xsd:complexType>
    </xsd:element>
    <xsd:element name="tour">
      <xsd:complexType>
        <xsd:simpleContent>
          <xsd:extension base="xsd:string">
            <xsd:attribute ref="fahrer"
                  use="required"/>                      <!--5-->
            <xsd:attribute ref="auto"
                  use="required"/>
          </xsd:extension>
        </xsd:simpleContent>
      </xsd:complexType>
    </xsd:element>
    <xsd:element name="tourenplan">
      <xsd:complexType>
        <xsd:sequence>
          <xsd:element ref="auto"
                  minOccurs="1"
                  maxOccurs="unbounded"/>
          <xsd:element ref="fahrer"
                  minOccurs="1"
                  maxOccurs="unbounded"/>
          <xsd:element ref="tour"
                  minOccurs="0"
                  maxOccurs="unbounded"/>
        </xsd:sequence>
      </xsd:complexType>
    </xsd:element>
  </xsd:schema>
```

(1) Die Elemente, die vorhanden und eindeutig sein müssen, sind die
Fahrzeuge und Mitarbeiter. Für sie werden entsprechende Attribute
definiert, deren Datentyp *ID* ist. Dadurch ist gewährleistet, dass im
ganzen Dokument kein doppelter Wert dieses Typs auftritt, allerdings unabhängig davon, in welchem Attribut er steht.

(2) Attribute, die eine *ID* referenzieren, erhalten den Typ *IDREFS*, wenn sie mehrere, durch Leerstelle getrennte Werte enthalten können.

(3) Wird nur Bezug auf einen einzigen Wert genommen, so lautet der Typ *IDREF*. In diesem Attribut darf jetzt nur ein Wert stehen, der irgendwo im Dokument bereits als Wert für *kennzeichen* oder *pers_nr* angegeben wurde.

(4) Die Attribute werden dann wie ganz normale Attribute auch zu einem Element definiert. Für *use* muss hier natürlich *required* angegeben werden, damit auch jedes Fahrzeug eindeutig gekennzeichnet ist.

(5) Auch die referenzierenden Attribute werden als Pflichtattribute zum gewünschten Element definiert.

Ein zugehöriges Dokument kann jetzt wieder so aussehen:

```
<?xml version="1.0" encoding="ISO-8859-1" standalone="no" ?>
<!-- Bspl045.xml -->
<tourenplan
xmlns:xsi="http://www.w3.org/2001/XMLSchema-instance"
xsi:schemaLocation="http://www.test.de Bspl045.xsd"
xmlns="http://www.test.de"
xmlns:tst="http://www.test.de">
  <auto tst:kennzeichen="K-L9999">
  </auto>
  <auto tst:kennzeichen="K-L8888">
  </auto>
  <fahrer tst:pers_nr="P15">Müller
  </fahrer>
  <fahrer tst:pers_nr="N13">Meier
  </fahrer>
  <fahrer tst:pers_nr="P8">Schulze
  </fahrer>
  <tour tst:fahrer="P15" tst:auto="K-L8888">
  </tour>
  <tour tst:fahrer="N13 P8" tst:auto="K-L9999">
  </tour>
</tourenplan>
```

Die Attribute in den beiden markierten Elementen können jetzt nur Werte enthalten, die vorher als Kennzeichen oder Personalnummer bereits vergeben worden sind.

Durch diese Technik ist nicht wirklich eine Beziehung zwischen zwei

Elementen hergestellt worden, sondern eigentlich nur zwischen zwei Datentypen. Für eine echte Beziehung zwischen Elementen müssen die beteiligten schon namentlich genannt werden.

Für eine solche Beziehung definiert ein Schema zunächst für jedes eindeutige Element oder Attribut einen Schlüssel (engl. *key*). Für die Elemente oder Attribute, die Schlüsselwerte verwenden wollen, werden dann Referenzen (*keyref*) erzeugt. Auch hier sollte man sich zunächst klar machen, für welchen Bereich diese Beziehungen gelten sollen, denn das bestimmt, welches Element die notwendigen Definitionen erhält. Im Beispiel sollen im gesamten Dokumentelement die Eindeutigkeit und die Beziehung zwischen *tour* und *auto* sowie *fahrer* gelten.

```xml
<?xml version="1.0"?>
<!-- Bspl046.xsd -->
<xsd:schema
    xmlns:xsd="http://www.w3.org/2001/XMLSchema"
    targetNamespace="http://www.test.de"
    xmlns="http://www.test.de"
    xmlns:tst="http://www.test.de">          <!--1-->
  <xsd:attribute name="kennzeichen"
          type="xsd:string"/>                 <!--2-->
  <xsd:attribute name="pers_nr" type="xsd:integer"/>
  <xsd:attribute name="fahrer" type="xsd:integer"/>
  <xsd:attribute name="auto" type="xsd:string"/>
  <xsd:element name="auto">
    <xsd:complexType>
      <xsd:simpleContent>
        <xsd:extension base="xsd:string">
          <xsd:attribute ref="kennzeichen"
              use="required"/>                <!--3-->
        </xsd:extension>
      </xsd:simpleContent>
    </xsd:complexType>
  </xsd:element>
  <xsd:element name="fahrer">
    <xsd:complexType>
      <xsd:simpleContent>
        <xsd:extension base="xsd:string">
          <xsd:attribute ref="pers_nr"
              use="required"/>
        </xsd:extension>
      </xsd:simpleContent>
    </xsd:complexType>
```

```
      </xsd:element>
      <xsd:element name="tour">
        <xsd:complexType>
          <xsd:simpleContent>
            <xsd:extension base="xsd:string">
              <xsd:attribute ref="fahrer"
                  use="required"/>
              <xsd:attribute ref="auto"
                  use="required"/>
            </xsd:extension>
          </xsd:simpleContent>
        </xsd:complexType>
      </xsd:element>
      <xsd:element name="tourenplan">
        <xsd:complexType>
          <xsd:sequence>
            <xsd:element ref="auto"
                minOccurs="1"
                maxOccurs="unbounded"/>
            <xsd:element ref="fahrer"
                minOccurs="1"
                maxOccurs="unbounded"/>
            <xsd:element ref="tour"
                minOccurs="0"
                maxOccurs="unbounded"/>
          </xsd:sequence>
        </xsd:complexType>
        <xsd:key name="autokey">                        <!--4-->
          <xsd:selector xpath="tst:auto"/>              <!--5-->
          <xsd:field
              xpath="@tst:kennzeichen"/>                <!--6-->
        </xsd:key>
        <xsd:keyref name="refauto"
                refer="tst:autokey">                    <!--7-->
          <xsd:selector xpath="tst:tour"/>              <!--8-->
          <xsd:field xpath="@tst:auto"/>                <!--9-->
        <xsd:key name="fahrerkey">                      <!--10-->
          <xsd:selector xpath="tst:fahrer"/>
          <xsd:field xpath="@tst:pers_nr"/>
        </xsd:key>
        </xsd:keyref>
        <xsd:keyref name="reffahrer"
                refer="tst:fahrerkey">                  <!--11-->
          <xsd:selector xpath="tst:tour"/>
          <xsd:field xpath="@tst:fahrer"/>
```

```
      </xsd:keyref>
    </xsd:element>
  </xsd:schema>
```

(1) Auch dieses Schema benutzt in Attributen voll qualifizierte Namen. Daher wird wieder ein Kürzel dem Zielnamensraum zugewiesen.

(2) Die Attribute werden nicht als Datentyp *ID* bzw. *IDREF* deklariert, sondern ganz normal. Es können also auch andere Datentypen eingesetzt werden als nur Zeichenketten. So werden nun die Kennzeichen als *string* und die Personalnummern als *integer* deklariert.

(3) Bei den Elementen werden die Attribute nach wie vor normal als Pflichtattribute definiert.

(4) Für das Element *tourenplan* sollen die Beziehungen gelten. Also werden hier die Schlüssel und die Referenzen darauf definiert. Schlüssel werden vom Element *key* beschrieben. Auch für jeden Schlüssel muss ein eindeutiger Name vergeben werden.

(5) Wie bei *unique* muss auch bei *key* durch das Element *selector* als Erstes durch einen XPath-Ausdruck angegeben werden, welche Elemente sich eindeutig unterscheiden müssen. Dieser Schlüssel soll sich auf die *auto*-Elemente beziehen.

(6) Danach wird durch das *field*-Element angegeben, wodurch sie sich unterscheiden sollen. Auch hier steht ein voll qualifizierter XPath-Ausdruck, der sich auf das Attribut *kennzeichen* bezieht.

(7) Schlüsselreferenzen werden durch *keyref* beschrieben. Auch sie benötigen einen eindeutigen XML-Namen. Durch ihr zweites Attribut *ref* wird die Beziehung zu einem Schlüssel oder einer *unique*-Regel hergestellt.

(8) Auch hier wird festgelegt, in welchem Bereich die Referenz benutzt wird

(9) und wo sie tatsächlich steht.

(10) Dadurch, dass ein zweiter Schlüssel für die Fahrer angelegt wird, sind jetzt, anders als beim Typ *ID*, beide Wertgruppen voneinander getrennt.

(11) Für den zweiten Schlüssel wird auch eine Referenz benötigt.

Die Dokumente zu diesem Schema sehen jetzt etwas anders aus und verfügen über eine erweiterte Funktionalität. Sehen Sie sich dazu das folgende Beispiel an:

```
<?xml version="1.0" encoding="ISO-8859-1" standalone="no" ?>
<!-- Bspl046.xml -->
<tourenplan
xsi:schemaLocation="http://www.test.de Bspl046.xsd"
xmlns="http://www.test.de"
xmlns:tst="http://www.test.de"
xmlns:xsi="http://www.w3.org/2001/XMLSchema-instance">
  <auto tst:kennzeichen="K-L9999">
  </auto>
  <auto tst:kennzeichen="K-L8888">
  </auto>
  <fahrer tst:pers_nr="15">Müller</fahrer>           <!--1-->
  <fahrer tst:pers_nr="13">Meier
  </fahrer>
  <fahrer tst:pers_nr="8">Schulze
  </fahrer>
  <tour tst:fahrer="15" tst:auto="K-L8888">
  </tour>
  <tour tst:fahrer="13" tst:auto="K-L9999">          <!--2-->
  </tour>
</tourenplan>
```

(1) Zunächst einmal dürfen die Personalnummern jetzt rein nume-
    risch sein, denn der Attributwert muss kein gültiger XML-Name
    mehr sein, der ja nicht mit einer Ziffer beginnen darf.

(2) Außerdem kann man jetzt auch kein Kennzeichen mehr als Perso-
    nalnummer angeben. Das ist zwar unsinnig, war aber bei dem DTD-
    Beispiel aus Kapitel 5.6.4 möglich. Allerdings können jetzt auch
    nicht mehr mehrere Fahrer angegeben werden.

Durch *keyref* kann sowohl zu einem *key* als auch zu einer *unique*-Defi-
nition eine Beziehung hergestellt werden. Beide sind in etwa gleich-
wertig und unterscheiden sich nur dadurch, dass zu einem Schlüssel
unbedingt immer ein Wert gehören muss, zu einem einfachen eindeutigen Element oder Attribut jedoch nicht.
So können also durch eindeutige Werte, Schlüssel und Schlüsselreferenzen interne Beziehungen zwischen den Daten beschrieben und, was
viel wichtiger ist, auch ihre Einhaltung kontrolliert werden.

7.3 Zusammenfassung

▓ Attribute werden durch *attribute* beschrieben und sind immer einfache Typen. In einer Deklaration werden die Attribute *name* und *type* angegeben. In der Definition sind das die Attribute *name, type* und *use* oder *ref* und *use*, wenn auf eine bestehende Deklaration Bezug genommen werden soll.

▓ Durch *use* wird die Verbindlichkeitsstufe festgelegt. Möglich sind die Angaben *required, optional* und für Spezialfälle *prohibited*.

▓ Durch *default* und *fixed* werden Standardwerte festgelegt.

▓ Eingeschränkte Wertemengen werden durch *simpleType* und *restriction* definiert. Dazu muss in *base* der Ausgangsdatentyp angegeben werden.

▓ Eindeutigkeiten können mittels *unique* und *key* hergestellt werden.

▓ Beziehungen werden durch *keyref* hergestellt.

7.4 Übungen

Aufgabe 16

Jeder Film soll nun vom Schema aus Aufgabe 15 durch ein Attribut namens *kategorie* einem bestimmten Film-Genre zugeordnet werden können. Im Dokument soll das dann so aussehen:

```
<?xml version="1.0"?>
<!-- Aufg16.xml -->
<filmarchiv
xmlns:xsi="http://www.w3.org/2001/XMLSchema-instance"
xsi:schemaLocation="http://www.cinema.de Aufg16.xsd"
xmlns="http://www.cinema.de"
xmlns:cin="http://www.cinema.de">
  <film cin:kategorie="Fantasy">
     <titel>Herr der Ringe</titel>
     <spieldauer>PT171M</spieldauer>
  </film>
  <film cin:kategorie="Privat">
     <titel>Urlaub 2002</titel>
     <spieldauer>PT40M</spieldauer>
  </film>
</filmarchiv>
```

Aufgabe 17

Das Attribut *kategorie* aus Aufgabe 16 soll nur die folgenden Werte annehmen dürfen: *Fantasy, Privatfilm, Action, Kinder*. Definieren Sie das Attribut entsprechend neu.

Aufgabe18

Das Schema *Bspl038.xsd* soll die Postleitzahl auf genau 5 Stellen und einen Bereich von 01000 bis 99999 einschränken. Ändern Sie die Elementdefinition entsprechend.

Hinweis:

Das Element ist hier ein einfacher Typ wie das Attribut *anrede* im Kapitel 7.1.1. Sein Typ kann daher entsprechend eingeschränkt werden. Die sinnvollen Facetten können im Kapitel 11.7.4 nachgeschlagen werden.

8 Die Lokalisierungspfade von XPath

Im Rahmen eines Schemas (siehe Kapitel 7.2) und durch XSL (siehe Kapitel 9) müssen Elemente und auch Attribute eines Dokumentes angesprochen werden können. Für diese Adressierung ist der Name allein jedoch ungeeignet, da er unter Umständen mehrfach, eventuell sogar mit unterschiedlicher Bedeutung im Dokument vorkommen kann. Deshalb definiert XPath so genannte Lokalisierungspfade und benutzt dabei zur Identifikation von Elementen, Attributen, Kommentare usw. zunächst ihren «Verwandtschaftsgrad». Um dabei alle Komponenten gleich behandeln zu können, spricht man allgemein von Knoten.

8.1 Achsen

Das Verwandtschaftsverhältnis ergibt sich aus der relativen Position des gewünschten Knotens zum so genannten Kontextknoten. Das ist in der Regel das Element, für das die jeweilige Anweisung gilt. XPath unterscheidet die folgenden Beziehungen:

Art	Bezeichnung
Kontextknoten selbst	self
Kind	child
Nachkomme	descendant
Eltern	parent
Ahne	ancestor
vorhergehende Geschwister	preceding-sibling
nachfolgende Geschwister	following-sibling
vorhergehende (ohne Ahnen)	preceding
nachfolgende	following

Zusätzlich gibt es noch die zwei Bezeichnungen *ancestor-or-self* und *descendant-or-self*, die jeweils das Knotenelement und *ancestor* bzw. *descendant* zusammenfassen.

Im nachstehenden Beispieldokument sind die Grundbeziehungen einmal als Kommentare eingetragen worden.

```
<?xml version="1.0" encoding="ISO-8859-1"?>
<!-- new.xml -->
<A> <!-- ancestor -->
  <B></B> <!-- preceding -->
  <C> <!-- parent, ancestor -->
    <D></D> <!-- preceding-sibling, preceding -->
    <E></E> <!-- preceding-sibling, preceding -->
    <F> <!-- self -->
      <I></I> <!-- child, descendant -->
      <J> <!-- child, descendant -->
        <L></L> <!-- descendant -->
        <M></M> <!-- descendant -->
      </J>
    </F>
    <G></G> <!-- following-sibling, following -->
    <H> <!-- following-sibling, following -->
      <K></K> <!-- following -->
    </H>
  </C>
</A>
```

Der Kontextknoten ist grau markiert. Alle Beziehungen gelten nur aus der Sicht dieses Kontextknotens. Wird der gewechselt, so verändern sich auch diese Beziehungen.

Die folgende Grafik zeigt das gleiche Dokument als Baumstruktur. Hier kann man wieder die Verbindungslinien als *besteht aus* oder *enthält* interpretieren (siehe auch Kapitel 2.3.1). Diese Baumstruktur legt XPath der Beschreibung der Lokalisierungspfad zugrunde. Jeder Kasten entspricht hier einem Knoten. Dies sind im Beispiel zwar durchweg nur Elemente, im Normalfall kommen aber auch noch Attribute, Namensraumdefinitionen, Kommentare usw. hinzu.

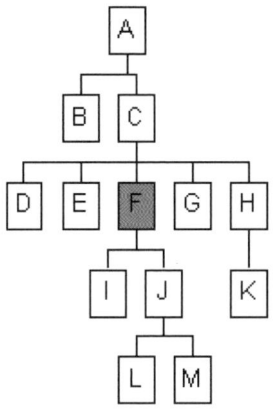

Auch hier ist der Kontextknoten grau eingefärbt. Da jede Verwandt-schaftsbeziehung der anderen Knoten zu ihm einem Teil der Verbin-dungslinien entspricht, bezeichnet man sie auch als Achse (engl. axis). Die Tabelle führt noch einmal die zu der jeweiligen Achse gehörenden Knoten auf.

Achse	Knoten
ancestor	A, C
ancestor-or-self	A, C, F
child	I, J
descendant	I, J, L, M
descendant-or-self	F, I, J, L, M
following	G, H, K
following-sibling	G, H
parent	C
preceding	B, D, E
preceding-sibling	D, E
self	F

Für die Knoten mit einer speziellen Beziehung gibt es noch die zwei Achsen:

- *attribute* Attribute des Kontextknotens
- *namespace* Namensraum des Kontextknotens

8.2 Knotentest

Durch die Achsen wird in der Regel eine ganze Gruppe von Knoten angesprochen. Deshalb muss für einen Lokalisierungspfad zusätzlich angegeben werden, ob wirklich die Gruppe oder einzelne Knoten gemeint sind. Soll tatsächlich die ganze Gruppe gemeint sein, wird dies beispielsweise so ausgedrückt:

child::*

Der Achse wird, durch zwei Doppelpunkte getrennt, ein Stern angehängt. In diesem Beispiel bedeutet das: alle Knoten der Kind-Achse. Entsprechend bedeuten:

attribute::*   alle Attribute des Kontextknotens
namespace::*   alle Namensräume des Kontextknotens

Ist ein einzelner Knoten gemeint, so wird dies durch seinen Namen angegeben, zum Beispiel:

child::titel   Kindelement namens *titel*
attribute::kennzeichen   Attribut *kennzeichen* des Kontextknotens

Abkürzungen

Für diese Schreibweisen werden meistens Abkürzungen benutzt. Sie lauten für die beiden vorgenannten Beispiele:

titel
@kennzeichen

Eine Regel besagt dabei, dass *child::* immer weggelassen werden darf. Das heißt, dass man bei XPath-Ausdrücken in Gedanken immer *child::* vor einen einfachen Elementnamen setzen muss. Die zweite Regel legt fest, dass *attribute::* durch den «Klammeraffen» (@) ersetzt werden kann.

Andere Knoten als Elemente und Attribute werden durch die folgenden Ausdrücke angesprochen:

comment()	für Kommentarknoten
processing-instruction()	für PI-Knoten
processing-instruction («xml-stylesheet»)	für xml-stylesheet-Knoten
text()	für Textknoten (Knoteninhaltstext)
node()	für beliebigen Knoten, auch Elemente und Attribute

Man bezeichnet diese Zusatzangaben zur Achse als Knotentest, denn XPath testet jeden Knoten anhand dieser Angabe, ob sie für ihn gilt. Trifft das zu, wird er zur Ergebnismenge hinzugefügt. Fällt der Test für alle Knoten negativ aus, so bleibt die Ergebnismenge leer.

Mit diesen Kenntnissen kann man jetzt auch genau sagen, was tatsächlich auf Seite 180 im Attribut *xpath* der Elemente *selector* und *field* steht:

tst:auto bedeutet *child::tst:auto*, also Kindelement *tst:auto*
@tst:kennzeichen bedeutet *attribute::tst:kennzeichen*, also Attribut *tst:kennzeichen*
und

tst:tour bedeutet *child::tst:tour*, also Kindelement *tst:tour*
@tst:auto bedeutet *attribute::tst:auto*, also Attribut *tst:auto*

8.3 Prädikate

Selbst wenn Elementknoten einer Achse über den Namen angesprochen werden, beispielsweise *child::adresse*, dann kann es immer noch sein, dass damit mehrere Knoten angesprochen werden. Unter Umständen will man aber nur mit wenigen oder nur mit einem ganz bestimmten Knoten arbeiten. Zu diesem Zweck kann man bei Bedarf zu Achse und Knotentest noch eines oder mehrere Prädikate anfügen.
Ein Prädikat ist ein in eckige Klammern gesetzter Ausdruck, der die gewünschten Knoten eindeutig identifiziert und der Kombination aus Achse und Knotentest angehängt wird. Diese Identifikation kann über seine Position oder über Testfunktionen geschehen. Bei Positionsangaben kann eine Zahl benutzt werden, beispielsweise:

following-sibling::adresse[1] ergibt die erste nachfolgende Adresse

aber

preceding-sibling::adresse[1] ergibt die direkt vorangegangene Adresse.
Es muss bei der Positionsangabe also immer die «Blickrichtung» beachtet werden. Dann gibt eine kleinere Zahl immer einen näheren Knoten an.
Statt direkt eine Zahl anzugeben, kann man auch schreiben:

[position()=1]

Eine Funktion *position* ermittelt hier die relative Position zum Kontextknoten. Ihr Ergebnis wird dann mit dem Wert 1 verglichen. Hier wird deutlich, was ein Prädikat ist, nämlich eine Bedingung. Ist sie für einen Knoten der Achse und des Knotentests wahr, dann wird er der Ergebnismenge zugeschlagen. Diese Form ist auch flexibler, da sie auch aus einer unbekannten Anzahl den letzten Knoten ermitteln kann. So liefert für einen *adresse*-Knoten aus den Adressliste-Beispielen dieses Buches

preceding-sibling::adresse[position()=last()] die 1. Adresse
following-sibling::adresse[position()=last()] die letzte Adresse

und

following-sibling::adresse[position()>1] alle nachfolgenden Adressen ab der übernächsten.

Statt einer Positionsangabe können aber auch andere Tests als Prädikat formuliert werden. Eine der am häufigsten verwendeten Möglichkeiten besteht in der Abfrage eines Attributes.

Beispiel:
Für das Dokumentelement aus *Bspl044.xml* von Seite 175 als Kontextknoten wird die vierte Adresse angesprochen:

child::adresse[attribute::nr="4"]

oder abgekürzt:

adresse[@nr="4"]

8.4 Lokalisierungspfade

Ein vollständiger Ausdruck aus Achse, Knotentest und eventueller Prädikatsangabe wird *Lokalisierungsschritt* genannt. Mit ihm können alle Knoten eines Dokumentes als Gruppe angesprochen werden, wenn nur die richtige Achse bezeichnet wird. Was aber, wenn zum Beispiel für den Kontextknoten F im Diagramm auf Seite 187 nur der Knoten K angesprochen werden soll?

Ganz einfach, man macht dann eben zwei Schritte:

1. zum Knoten H: *following-sibling::H*
2. von H nach K: *child::K*

Beachten Sie, dass für den zweiten Schritt H der Kontextknoten ist, denn er ist der Ausgangspunkt.

Beide Schritte kann man nun als einen einzigen Ausdruck formulieren:

following-sibling::H/child::K

oder wieder abgekürzt:

following-sibling::H/K

Diese Schreibweise erinnert vielleicht den einen oder anderen Leser an die Pfadangaben beim Dateisystem von Unix oder, wenn man den Schrägstrich / durch den so genannten Backslash \ ersetzt, dem von Windows bzw. DOS. Allerdings wird durch einen Dateipfad immer genau ein Ordner oder eine Datei angesprochen, während XPath immer eine Menge bezeichnet. Die Ähnlichkeit zu Dateipfadangaben drückt sich aber auch in einem weiteren Punkt aus: Lokalisierungspfade, die vom Kontextknoten ausgehen, werden auch relative Lokalisierungspfade genannt.

Neben den relativen Lokalisierungspfaden gibt es auch absolute. Diese gehen immer vom so genannten *root*-Knoten aus. Das ist bei XPath nicht das Dokumentelement, sondern ein imaginärer Knoten, der ein Elternknoten des Dokumentelementes ist. Das Dokumentelement wird absolut beispielsweise als

/child::adressen

angesprochen. Warum es diesen *root*-Knoten gibt, wird klar, wenn man die folgenden Pfade analysiert:

/child::comment()
/child::processing-instruction().

Er ermöglicht nämlich die Adressierung der Kommentare und der PIs am Dateianfang. Vom Dokumentelement aus wäre das ohne *root*-Knoten gar nicht möglich.

Abkürzung

Auch hier gibt es eine Abkürzung, die nur für einen absoluten Lokalisierungspfad gilt. Sie lautet // und steht für */descendant-or-self::node()/*. Das sind der *root*-Knoten und alle seine Nachkommen.
Zwei Beispiele:

//name

Das steht für */descendant-or-self::node()/child::name* und bezeichnet die Menge aller *name*-Knoten im gesamten Dokument, egal ob es das Dokumentelement oder ein Kind irgendeines anderen Elementes ist.

adresse//name

Das steht für *child::adresse/descendant-or-self::node()/child::name* und meint alle *name*-Knoten, die in allen Kindknoten *adresse* vorkommen.

8.5 Zusammenfassung

▨ XPath formuliert hauptsächlich, wie Teile eines Dokumentes adressiert werden können.
▨ Achsen kennzeichnen die Beziehung zum Kontextknoten.
▨ Die Achse für Attribute lautet immer *attribute::*.
▨ Knotentests werden in Verbindung mit einer Achse angewendet, um Knotenmengen zu definieren.
▨ Prädikate verfeinern die Menge der angesprochenen Knoten durch Positionsangaben oder Bedingungen.

- Ein Lokalisierungsschritt besteht aus Achse und Knotentest, dem dann optionale Prädikate folgen können.
- Ein Lokalisierungspfad besteht aus mehreren, durch / getrennten Lokalisierungsschritten.
- Es gibt absolute und relative Lokalisierungspfade. Relative beginnen beim Kontextknoten und absolute beim *root*-Knoten. Das ist nicht das Dokumentelement, sondern ein imaginärer Elternknoten des Dokumentelementes.

8.6 Übungen

Aufgabe 19

Wie lautet der Lokalisierungspfad im Diagramm auf Seite 187 von F nach M in Lang- und Kurzschreibweise?

Aufgabe 20

Wie lautet für *Bspl006.xml* von Seite 39 der absolute Lokalisierungspfad für alle *Schueler*-Elemente des gesamten Dokumentes?

Die Extensible Stylesheet Language

Jedes Dokument hat eine bestimmte hierarchische Struktur, die von einer DTD oder einem Schema beschrieben wird. So können verschiedene Anwendungen Dokumente untereinander austauschen und verarbeiten. Alle Informationen zu Aufbau und Bedeutung der Daten werden von der XML geliefert und müssen nicht in der Anwendung implementiert sein. Trotzdem gibt es Situationen, in denen die Daten in anderer Form gewünscht werden. Beispiele dafür sind:

- Die Daten sollen durch ein anderes Vokabular beschrieben werden. So könnten englische statt deutsche Markennamen notwendig sein oder eine Struktur, die für Geschäftsgrafiken geeignet ist.
- Die Daten werden nicht vollständig benötigt. Ein Filter soll vielleicht angewendet werden oder eine Sortierung erfolgen.
- Die Daten sollen von Programmen verarbeitet werden, die kein XML beherrschen. Möglicherweise wird ein CSV-Format (Comma Separated Value) erwartet, das von den meisten Anwendungen, gerade älteren, verarbeitet werden kann.
- Die Daten sollen von Browsern einfach präsentiert werden können. So werden eventuell unbedingt HTML-Dateien benötigt.

Für derartige Fälle ist die XSL entwickelt worden. Sie besteht aus mehreren Spezifikationen, was oft bei Anfängern zu einiger Verwirrung führt. XSL umfasst nämlich zwei Teilbereiche: XSLT und XSL/Fo. Die XSLT beschreibt, wie Dokumente in andere Formate transformiert werden können. XSL/Fo enthält Anweisungen zur Formatierung und Präsentation der Daten. Leider wird oft XSL einfach als Synonym für XSL/Fo benutzt, weil XSLT von Anfang an unter eigenem Namen lief, während sich der Name XML/Fo erst später etablierte.

Dieses Kapitel soll einen kleinen Einblick in das liefern, was die XSLT ausmacht. Sie vollständig oder wenigstens einigermaßen umfassend darzustellen, würde ein eigenes Buch erfordern. Für die Beispiele dieses Kapitels muss der vom Browser oder vom Entwicklungstool verwendete Parser XSL bzw. XSLT unterstützen.

9.1 Einfache Transformationen

Damit ein Dokument in eine andere Struktur oder ein anderes Vokabular umgewandelt werden kann, muss dem Parser ein Regelwerk zur Verfügung stehen, das ihm mitteilt, wie dies geschehen soll. Diese Anweisungen sind in so genannten XML-Stylesheets enthalten. Das sind wohlgeformte XML-Dokumente, die jedoch ausschließlich Elemente und Attribute enthalten, die von der XSL definiert werden. Die nachstehende Abbildung verdeutlicht, wie ein Stylesheet bei der Umwandlung genutzt wird.

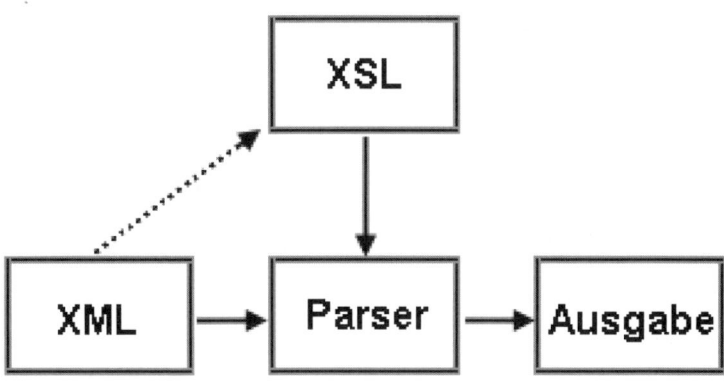

Das zu transformierende XML-Dokument wird vom Parser eingelesen und interpretiert. Wenn es eine Processing Instruction enthält, die es mit einer XSL-Datei verknüpft, dann zieht der Parser diese hinzu und holt sich daraus alle Informationen für die Umwandlung und verfährt nach den dort festgelegten Regeln. Die Ausgabe besteht dann aus der neuen Struktur und kann entweder gespeichert oder direkt an eine andere Anwendung weitergeleitet werden, je nachdem, wie der Parser eingesetzt wird.

An drei kleinen Beispielen soll zunächst die Leistungsfähigkeit und die Möglichkeiten der XSLT demonstriert werden. Als Grundlage bzw. Ausgangsdokument dient das Dokument mit dem kleinen Artikel aus Kapitel 2.4.

```xml
<?xml version="1.0" encoding="ISO-8859-1"?>
<!-- Bspl047.xml -->
<?xml-stylesheet type="text/xsl" href="Bspl047.xsl"?>
<!-- auch Bspl048.xsl und Bspl049.xsl -->
  <artikel>
  <titel>XML</titel>
  <untertitel>Extensible Markup Language von Anfang
an</untertitel>
  <absatz>
XML ist, wie so viele Namen in der Informationstechnologie, eine
Abkuerzung und steht fuer Extensible Markup Language, was zu
Deutsch so viel wie erweiterbare Markierungssprache heisst.
Diese Sprache ist keine Programmier-, sondern eine
Beschreibungssprache.
Genauer gesagt, handelt es sich um eine Metasprache, das heisst,
eine Sprache zur Beschreibung von Sprachen.</absatz>
  <autor>Helmut Erlenkoetter</autor>
</artikel>
```

Die Markierung enthält die Processing Instruction, die dieses Dokument mit einem Stylesheet verknüpft. Sie trägt die Targetbezeichnung (siehe Kapitel 2.4.5) *xml-stylesheet*. Im Attribut *type* muss für XSL-Stylesheets stets *text/xsl* stehen. Das ist der so genannte MIME-Typ. Das Attribut *href* gibt den URI der Datei an. Solange dieser im gleichen Ordner wie das Dokument gespeichert ist, reicht der Dateiname.

Hinweis:
Für die folgenden Beispiele muss der Dateiname in *href* jedes Mal angepasst werden.

9.1.1 In anderes Vokabular umwandeln

Als Erstes soll gezeigt werden, wie ein Dokument erzeugt werden kann, das zwar die gleichen Daten enthält, aber andere Marken zu ihrer Beschreibung verwendet. Auch die Struktur wird dabei ein wenig verändert. Das Ergebnis soll folgendermaßen aussehen:

```
<?xml version="1.0"?>
<!--Bspl047a.xml-->
<article>
<title>XML</title>
<subtitle>Extensible Markup Language von Anfang an</subtitle>
<author>Helmut Erlenkoetter</author>
<abstract>
XML ist, wie so viele Namen in der Informationstechnologie, eine
Abkuerzung und steht fuer Extensible Markup Language, was zu
deutsch so viel wie erweiterbare Markierungssprache heisst.
Diese Sprache ist keine Programmier-, sondern eine
Beschreibungssprache.
Genauer gesagt, handelt es sich um eine Metasprache, das heisst,
eine Sprache zur Beschreibung von Sprachen.</abstract>
</article>
```

Auf den ersten Blick sieht die Struktur gleich aus, nur dass alle Marken andere Namen tragen. Die Elemente müssen also nach dem folgenden Schema übersetzt werden:

`<artikel>`	➜	`<article>`
`<titel>`	➜	`<title>`
`<untertitel>`	➜	`<subtitle>`
`<absatz>`	➜	`<abstract>`
`<autor>`	➜	`<author>`

Bei genauerem Hinsehen sieht man dann auch, dass das Element *author* an einer anderen Stelle steht als das Element *autor* im Ursprungsdokument. Es muss also auch die Zielstruktur festgelegt werden. Mithilfe weniger Anweisungen kann dieses bereits bewirkt werden. Die nachstehende Abbildung zeigt, wie sie aussehen.

```
<?xml version="1.0" encoding="ISO-8859-1"?>          <!--1-->
<!-- Bspl047.xsl -->
<xsl:stylesheet
  version="1.0"
xmlns:xsl="http://www.w3.org/1999/XSL/Transform">   <!--2-->
  <xsl:output method="xml" version="1.0"
          indent="yes"/>                             <!--3-->
  <xsl:template match="artikel">                     <!--4-->
    <xsl:comment>Bspl047a.xml</xsl:comment>          <!--5-->
    <article>                                        <!--6-->
      <title><xsl:value-of select="titel"/>          <!--7-->
      </title>
      <subtitle>
        <xsl:value-of select="untertitel"/>
      </subtitle>
      <author>                                       <!--8-->
        <xsl:value-of select="autor "/>
      </author>
      <abstract>
        <xsl:value-of select="absatz"/>
      </abstract>
    </article>
  </xsl:template>
</xsl:stylesheet>
```

(1) Ein Stylesheet ist ein wohlgeformtes Dokument, daher beginnt es wie jedes andere Dokument ebenfalls mit einer XML-Deklaration.

(2) Das Dokumentelement eines Stylesheets heißt immer *stylesheet*. Durch sein Attribut *version* wird die unterstützte XSLT-Version angegeben. Sie muss zur Zeit *1.0* lauten. Wie bei Schemas gehören auch die XSLT-Elemente zu einem eigenen Namensraum. Dieser wird hier dem Kürzel *xsl* zugewiesen und lautet für XSLT immer *http://www.w3.org/1999/XSL/Transform*. Für XSL/Fo muss ein anderer bzw. ein weiterer Namensraum angegeben werden.

(3) Zu Beginn des Dokumentelementes stehen in der Regel immer ein paar globale Anweisungen. So werden mit dem Element *output* einige Optionen für die Ausgabestruktur festgelegt. Das Attribut *method* gibt die Ausgabeart für die Umwandlung an. Die vorgegebenen erlaubten Werte sind *html*, *xml* und *text*. Durch *version* wird die jeweilige Versionsnummer für die gewünschte Ausgabe angegeben. Für *xml* muss sie *1.0* lauten. Wenn die Marken in der Ausgabe nicht alle ohne Leerraum hintereinander stehen sollen, dann kann man

durch *indent*="*yes*" Leerraum bzw. Zeilenschaltungen einbauen lassen. Wenn man *output* weglässt, dann wählt der Parser nach komplexen internen Regeln selbst eine Methode aus, die in vielen Fällen dann *html* lautet. Also sollte man dieses Element stets angeben.

(4) Wie ein Element mit seinen Kindelementen in der Ausgabe aussehen soll, wird von *template*-Elementen festgelegt. Ihr Inhalt definiert quasi eine Schablone bzw. Vorlage, die mit den Daten des Originals gefüllt werden. Das Attribut *match* gibt an, für welches
Element des Originals diese Vorlage gilt. Hier wird also festgelegt,
wie das Dokumentelement *artikel* samt seinem Inhalt nach der Umwandlung aussehen soll.

(5) Als Erstes soll ein Kommentar erzeugt werden, um den Dateinamen
zu dokumentieren. Dazu dient das Element *comment*. Es erzeugt in
der Ausgabe die Marke ‹!-- --›, wobei der eigene Inhalt als Kom-
mentartext eingesetzt wird.

(6) Innerhalb eines *template*-Elementes wird nun die neue Struktur
bzw. ein Teil der Struktur genau beschrieben. Das heißt, dass hier
der neue Aufbau mit den gewünschten Elementen so aufgeführt
wird wie in einem normalen Dokument der Zielklasse. Nur die Daten werden nicht eingegeben, sondern durch spezielle Anweisungen aus dem Original übernommen. Als Erstes soll hier das Start-
Tag für ein Element *article* eingefügt werden. Da es sich hier um die
Beschreibung des neuen Dokumentelementes handelt, wird hier also der Name des neuen Dokumentelementes angegeben.

(7) Dann soll die Start-Marke für ein Element *title* folgen. Das sich daran anschließende XSL-Element *value-of* wird selbst nicht eingefügt,
sondern stellt eine Anweisung dar, Daten aus dem Original einzu-
bauen. Welche das sind, wird durch das Attribut *select* beschrieben.
Hier soll also der Inhalt von *titel* übernommen werden. Achtung:
Hier steht nicht einfach ein Elementname, sondern ein XPath-Ausdruck (siehe Kapitel 7.2).

(8) Genauso werden die weiteren Elemente der Ausgabe Marke für Marke beschrieben, und jedes Mal wird der gewünschte Inhalt per *value-of* ausgewählt. Und wenn eine andere Reihenfolge, wie etwa
beim Autor, gewünscht wird, dann wird an der betreffenden Stelle
eben eine solche Marke erzeugt und der jeweilige Inhalt eingebaut.

Mittels *template* wird also der vom Attribut *match* spezifizierte Bereich komplett neu beschrieben. Alles, was im Inhalt dieses Elementes steht, wird 1:1 in die Ausgabe übernommen, mit Ausnahme der XSL-Elemente. Sie werden entsprechend ihrer Bedeutung verarbeitet. So werden von *value-of* eben Daten aus dem Original übernommen. Dieses Element kann aber auch neue Daten erzeugen.

Das Ergebnis ist ein neues XML-Dokument, wie es zu Beginn dieses Kapitels dargestellt worden ist. Wenn es von einem Entwicklungstool lokal gespeichert oder auf einem Webserver erzeugt wird, sieht dies im Browser dann so aus:

```
<?xml version="1.0" ?>
<!-- Bsp1047a.xml  -->
- <article>
    <title>XML</title>
    <subtitle>Extensible Markup Language von Anfang an</subtitle>
    <author>Helmut Erlenkoetter</author>
    <abstract>XML ist, wie so viele Namen in der
    Informationstechnologie, eine Abkuerzung und steht fuer
    Extensible Markup Language, was zu deutsch so viel wie
    erweiterbare Markierungssprache heisst. Diese Sprache ist keine
    Programmier-, sondern eine Beschreibungssprache. Genauer
    gesagt, handelt es sich um eine Metasprache, das heisst, eine
    Sprache zur Beschreibung von Sprachen.</abstract>
  </article>
```

Wenn ein Browser jedoch direkt die Originaldatei öffnet, dann findet er die *xml-stylesheet*-PI und erwartet nicht nur Transformationsregeln, sondern auch Formatierungen. Da diese fehlen, sieht man dann natürlich nur Fließtext. Trotzdem befindet sich die Angabe zum Autor an der richtigen Stelle.

9.1.2 In HTML umwandeln

Für viele Dokumente ist eine Transformation in ein HTML-Dokument sinnvoll. Das grundsätzliche Verfahren ist dabei dasselbe, nur die neuen Marken und die Ausgabemethode ist eine andere. Folgendes Stylesheet erzeugt aus dem Artikel eine Darstellung für eine Website:

```
<?xml version="1.0" encoding="ISO-8859-1"?>
<!-- Bsp1048.xsl -->
<xsl:stylesheet
  version="1.0"
```

```
      xmlns:xsl="http://www.w3.org/1999/XSL/Transform"
      xmlns="http://www.w3.org/TR/REC-html40">          <!--1-->
      <xsl:output method="html" version="4.0"
               indent="yes" />                          <!--2-->
      <xsl:template match="artikel">                    <!--3-->
        <html>                                          <!--4-->
          <head></head>                                 <!--5-->
          <body>                                        <!--6-->
            <h1>                                        <!--7-->
              <xsl:value-of select="titel"/>            <!--8-->
            </h1>                                       <!--9-->
            <h2>                                        <!--10-->
              <xsl:value-of
                  select="untertitel"/>                 <!--11-->
            </h2>
              <xsl:value-of select="absatz"/>           <!--12-->
            <p align="right"
              style="font-size:smaller">                <!--13-->
              <i>                                       <!--14-->
                  <xsl:value-of select="autor"/>
              </i>
            </p>
          </body>
        </html>
      </xsl:template>
    </xsl:stylesheet>
```

(1) Wenn die Elemente, die für die Ausgabe verwendet werden, zu einem Namensraum gehören, dann sollte er auch angegeben werden, um Validierungen zu ermöglichen. Deshalb wird hier der Namensraum für HTML 4 als Standardnamensraum (siehe Kapitel 6.1.1) festgelegt. Die neue Struktur muss dann natürlich auch der dafür gültigen Syntax entsprechen.

(2) Jetzt wird für die Ausgabe als Methode *html* festgelegt. Die Version gilt für HTML und lautet *4.0*. Auch hier soll eine übersichtlichere Darstellung durch eingefügte Leerräume erzeugt werden.

(3) Die Transformationsvorlage gilt wieder für das gesamte Dokument, also für das Dokumentelement.

(4) Als erste Marke soll die Marke *html* erzeugt werden. Mit ihr beginnt jede HTML-Datei.

(5) Dem Start-Tag *html* folgt das *head*-Element, in dem nicht angezeigte Verwaltungsdaten enthalten sein können. Hier bleibt es leer.

(6) Dann wird mit der Start-Marke für das *body*-Element die Beschreibung des eigentlichen Inhaltes der Seite begonnen.

(7) Die Start-Marke *h1* legt fest, dass jetzt eine Überschrift der 1. Ordnung folgt.

(8) Wie bereits erläutert, werden Daten aus dem Original eingefügt. Hier ist es der Inhalt von *titel*. Nochmals zur Erinnerung: Hier steht nicht einfach ein Elementname, sondern ein XPath-Ausdruck (siehe Kapitel 7.2).

(9) Auch in HTML muss jedes Element wieder mit einer Endmarke abgeschlossen werden. Hier ist also die Überschrift zu Ende.

(10) Es beginnt mit dem Start-Tag *h2* eine Überschrift zweiter Ordnung.

(11) Eingefügt wird hier der Untertitel.

(12) Diesem Element folgt der eigentliche Text, der im Original im Element *absatz* enthalten ist.

(13) Durch *p*-Elemente werden in HTML neue Absätze erzeugt. Ihre horizontale Ausrichtung wird durch das Attribut *align* festgelegt. In diesem Fall soll der Absatz also rechtsbündig justiert werden. Außerdem wird das *style*-Attribut eingefügt, das CSS-Anweisungen (siehe Kapitel 3) für das Element enthält. Hier wird durch *font-size:smaller* die vom Browser verwendete Standardschriftart etwas verkleinert.

(14) Der folgende Text soll *kursiv* (engl. italic) angezeigt werden. Deshalb wird vorher die Start-Marke *i* erzeugt.

Das Produkt dieser Umwandlung sieht dann so aus:

```
<html xmlns="http://www.w3.org/TR/REC-html40">
<head></head>
<body>
<h1>XML</h1>
<h2>Extensible Markup Language von Anfang an</h2>
XML ist, wie so viele Namen in der Informationstechnologie, eine
Abkuerzung und steht fuer Extensible Markup Language, was zu
deutsch so viel wie erweiterbare Markierungssprache heisst.
Diese Sprache ist keine Programmier-, sondern eine
Beschreibungssprache.
Genauer gesagt, handelt es sich um eine Metasprache, das heisst,
eine Sprache zur Beschreibung von Sprachen.<p align="right"
style="font-size:smaller"><i>Helmut Erlenkoetter</i></p>
</body>
</html>
```

Die Autorenangabe befindet sich hier am Ende der Daten, kann aber auch an anderer Stelle erzeugt werden. Beispielsweise bräuchte dazu nur das *p*-Element mit der Anweisung (12) vertauscht werden.

Im Browser wird das Ergebnis nun wie eine Website dargestellt. Bei entsprechend verkleinertem Fenster sieht das dann etwa so aus, wie dies die folgende Abbildung zeigt.

XML

Extensible Markup Language von Anfang an

XML ist, wie so viele Namen in der Informationstechnologie, eine Abkuerzung und steht fuer Extensible Markup Language, was zu deutsch so viel wie erweiterbare Markierungssprache heisst. Diese Sprache ist keine Programmier-, sondern eine Beschreibungssprache. Genauer gesagt, handelt es sich um eine Metasprache, das heisst, eine Sprache zur Beschreibung von Sprachen.

Helmut Erlenkoetter

Da gerade HTML auch Formatierungen definiert, muss die Datei nicht zuerst gespeichert werden. Wird das Original vom Browser geöffnet, dann erhält er aufgrund der Transformation gleich auch die Definitionen für die Darstellung. Genau das ist ja Sinn und Zweck von HTML.

9.1.3 In CSV-Format umwandeln

Das CSV-Format ist ein altes, einfaches und bewährtes Format für den Datenaustausch zwischen verschiedenen Plattformen. CSV steht für *Comma Separated Value* und beschreibt mit diesen drei Wörtern auch gleich, wie das Format aussieht. Alle Werte werden nämlich, durch Kommas voneinander getrennt, hintereinander in einer einfachen Textdatei gespeichert. Zur Unterscheidung zwischen Zahlen und Zeichenketten werden Zeichenketten dabei in Anführungszeichen gesetzt. Auch in dieses Format mit seiner, wie man sagt, *flachen* Struktur kann ein Dokument transformiert werden. In dem folgenden Beispiel wird ebenfalls gezeigt, dass dabei auch Daten weggelassen werden können, wenn sie für die spezielle Anwendung uninteressant sind. Dazu sieht das Stylesheet dann so aus:

```
<?xml version="1.0"?>
<!-- Bspl049.xsl -->
<xsl:stylesheet
  version="1.0"
  xmlns:xsl="http://www.w3.org/1999/XSL/Transform">
  <xsl:output method="text" />                    <!--1-->
  <xsl:template match="artikel">
    <xsl:text>"</xsl:text>                         <!--2-->
    <xsl:value-of select="titel" />               <!--3-->
    <xsl:text>","</xsl:text>                       <!--4-->
    <xsl:value-of select="autor" />
    <xsl:text>"</xsl:text>
  </xsl:template>
</xsl:stylesheet>
```

(1) Dieses Mal wird die *output*-Methode *text* gewählt. Versionsangaben machen dabei keinen Sinn, und weiterer Leerraum ist nicht erwünscht. Deshalb werden die Attribute *version* und *indent* weggelassen.

(2) Statt die Trennzeichen direkt als Inhalt von *template* zu schreiben, wie die Zielmarken in den beiden vorangegangenen Beispielen, werden sie hier mithilfe des Elementes *text* eingefügt. Das hat den Vorteil, dass seine Darstellung, insbesondere darin enthaltene Leerräume, besser kontrolliert werden können. Der Inhalt von *text* wird immer unverändert in die Ausgabe eingefügt. Hier ist es das Anführungszeichen, das vor der ersten Zeichenkette stehen soll.

(3) Es folgt der Titel aus dem Original.

(4) Wieder wird Text eingefügt, und zwar das abschließende Anführungszeichen, das trennende Komma und ein weiteres Anführungszeichen für die nachfolgende Autorenangabe.

Das Ergebnis dieser Transformation besteht nur aus dem Titel, gefolgt vom Autor:

```
"XML","Helmut Erlenkötter"
```

Die nicht benötigten Daten sind einfach nicht in die Ausgabe eingefügt worden.

Durch das Element *text* kann man ganz genau die Ausgabe formatieren. Alle Leerzeichen, Tabulatoren und Zeilenschaltungen bleiben dabei erhalten.

Zwei Beispiele:

```
...
        <text>
        </text>                                        <!--1-->
...
        <text>
</text>                                                 <!--2-->
...
```

(1) Hier werden eine Zeilenschaltung und etliche Leerzeichen bzw. Tabulatoren eingefügt. Das liegt an der Einrückung der Endmarke.

(2) Hier wird nur eine Zeilenschaltung eingebaut.

9.2 XSLT in Aktion

Nachdem nun das Grundprinzip der Transformationen bekannt ist, soll zum Abschluss dieses XSLT-Überblicks einmal etwas von der Leistungsfähigkeit dieser Sprache gezeigt und erläutert werden.

Im Kapitel 2.3.2 wurde in *Bspl007.xml* die Datenstruktur einer Grundschule beschrieben. Die eigentlichen Daten lagen dabei als Attribute vor. Diese Daten sollen nun so umgewandelt werden, dass nur die Namen und Vornamen aller Schüler der Jahrgangsstufe 1 in sortierter Folge als CSV-Datei vorliegen. Für das Beispiel soll die Ausgabe also so aussehen:

```
"Cremer","Kim"
"Krämer","Peter"
"Meier","Klaus"
"Schneider","Sebastian"
```

XSLT muss hier also folgende Einzelaufgaben übernehmen:

- Strukturänderung nach CSV
- Filterung nach *Jahrgang*
- Sortierung nach *Name* und *Vorname*.

Mit dem folgenden kleinen Stylesheet kann dies bereits erreicht werden.

```
<?xml version="1.0"?>
<!-- Bspl050.xsl -->
<xsl:stylesheet
  version="1.0"
  xmlns:xsl="http://www.w3.org/1999/XSL/Transform">
  <xsl:output method="text"/>                         <!--1-->

  <xsl:template match="Grundschule">                  <!--2-->
    <xsl:apply-templates/>                            <!--3-->
  </xsl:template>
  <xsl:template
        match="Jahrgang[@Stufe='1']">                <!--4-->
    <xsl:for-each
          select="Klasse/Schueler">                  <!--5-->
      <xsl:sort select="@Name"
              data-type="text"
              order="ascending"/>                     <!--6-->
      <xsl:sort select="@Vorname"
              data-type="text"
              order="ascending"/>                     <!--7-->
      <xsl:text>"</xsl:text>                          <!--8-->
      <xsl:value-of select="@Name"/>
      <xsl:text>","</xsl:text>
      <xsl:value-of select="@Vorname"/>
      <xsl:text>"
</xsl:text>                                            <!--9-->
    </xsl:for-each>
  </xsl:template>
</xsl:stylesheet>
```

(1) Als Ausgabemethode wird für CSV *text* eingesetzt.

(2) Diese Vorlage soll für das Element *Grundschule* gelten.

(3) Es enthält nur das leere Element *apply-templates*. Dadurch wird der XSLT-Prozessor bzw. ein XSLT-fähiger Parser angewiesen, den Inhalt von *Grundschule* zu verarbeiten und für jedes Kindelement eine passende Vorlage im Stylesheet zu suchen und anzuwenden. Sollen nicht alle Elemente, sondern nur spezielle verarbeitet werden, dann kann man zu *apply-templates* das Attribut *select* mit dem gewünschten Lokalisierungspfad angeben. Wenn es fehlt, werden alle Kindelemente verarbeitet. Das sind hier die *Jahrgang*-Elemente.

(4) Hier wird eine weitere Vorlage definiert. Durch den Lokalisierungspfad in *match* gilt sie aber nicht für alle *Jahrgang*-Elemente, sondern nur für diejenigen, auf die das Prädikat zutrifft. Wenn also im Attri-

but *Stufe* der Wert 1 enthalten ist, dann wird entsprechend dieser Vorlage transformiert. Alle anderen Elemente tauchen in der Ausgabe nicht auf.

(5) Normalerweise wird eine Vorlage nur einmal auf einen Knoten angewendet. Wenn er nun aber mehrere gleichnamige Knoten enthält, für die eine Ausgabe erzeugt werden soll, so erreicht man durch *for-each* eine wiederholte Anwendung. Dazu muss im Attribut *select* wieder ein Lokalisierungspfad angegeben werden. Für diese Knotenmenge wird dann die Vorlage jedes Mal wiederholt. Hier wird die Vorlage also für alle Enkel-Elemente *Schueler* (*child::Klasse/child:: Schueler*) des aktuellen Kontextknotens wiederholt.

(6) Soll die Knotenmenge, die durch *for-each* beschrieben wird, sortiert werden, so muss innerhalb von *for-each* als Erstes das Element *sort* angegeben werden. Durch *select* wird das Sortierkriterium, durch *data-type* der Datentyp (*text* oder *number*) und durch *order* die Sortierfolge (*ascending* oder *descending*) angegeben. Hier werden die Nachnamen aufsteigend sortiert.

(7) Durch nachfolgende *sort*-Elemente können Nebensortierfolgen festgelegt werden. Hier wird bei gleichen Nachnamen nach aufsteigenden Vornamen sortiert.

(8) Die Daten werden dann im CSV-Format eingefügt.

(9) Damit kein zusätzlicher Leerraum in der Ausgabe erscheint, darf dieses Element nicht eingerückt werden. Es soll die Angaben eines jeden Schülers nur mit einer Zeilenschaltung abschließen.

Dieses Beispiel zeigt, was mit XSLT möglich ist. Es gibt darüber hinaus aber noch eine Vielzahl an Möglichkeiten. So können unter anderem Entscheidungsstrukturen, Variablen und Parameter definiert sowie Meldungen ausgegeben werden. Dadurch wird XSLT schon fast zu einer Programmiersprache.

Wer mehr zu XSLT wissen möchte, findet alle Informationen direkt an der Quelle:

```
http://www.w3.org/TR/xslt
```

und eine deutsche Übersetzung bei

```
http://xml.klute-thiemann.de/w3c-de/REC-xslt-20020318/
```

10 Programmiertechniken

von Volker Reher

In den bisherigen Kapiteln haben Sie viel darüber erfahren, wie XML-Dateien aufgebaut sind und welche Vielzahl von Anwendungsmöglichkeiten sich mit ihnen bieten.

Dieses Kapitel soll Ihnen nun zeigen, wie man nicht nur als «Endbenutzer» mit XML arbeitet, sondern wie sich ein Programmierer dieses Themas annimmt.

10.1 Dokumente verarbeiten

Die weiter hinten vorgestellten Programmbeispiele benutzen die Sprache Java. Das ist nicht unbedingt ein Muss, man kann natürlich auch andere Programmiersprachen einsetzen. Der Vorteil, den Java allerdings bietet, ist der, dass Java wie XML eine standardisierte, plattformübergreifende Technik darstellt. Man kann mit Fug und Recht behaupten, dass Java und XML eine ideale Kombination sind.

Damit die Leser, die Java nicht beherrschen, die Beispiele verfolgen können, sind sie bewusst einfach gehalten, und sie werden auch ausführlich erläutert. Für Java-Programmierer können sie als Startpunkt für eigene Experimente dienen.

Bevor wir mit den Grundlagen beginnen, noch ein kleiner Hinweis: Wie Sie bei der Lektüre dieses Buches selbst feststellen konnten, besteht ein Großteil der Verständnisschwierigkeiten bei dem Thema XML in der Unzahl von Abkürzungen, die verstanden und behalten sein wollen. Im Zusammenhang mit Java kommt da natürlich noch etwas auf Sie zu. Daher wurde die Einführung der Begriffe über das Kapitel verteilt, damit Sie nicht von Beginn an von den Wortungetümen erschlagen werden, sondern sich Stück für Stück in die Begriffswelt einarbeiten können.

10.2 Parser

Wenn man die ersten Überlegungen anstellt, wie man eine XML-Datei verarbeiten könnte, kommt man vielleicht auf die Idee, ein solches Dokument mit den gängigen Befehlen zum Öffnen, Lesen und Schließen von Dateien zu bearbeiten. Man wird aber schnell feststellen, dass diese Technik ziemlich mühselig und aufwendig ist. Hier wäre es wohl recht hilfreich, wenn es Standardfunktionen für diese Aufgaben gäbe: Und genau das bietet Java dem Programmierer in Form von speziellen *Parsern* (siehe Kapitel 1.3) auch an. Man kann diese Parser in seine Programme integrieren und die Ergebnisse der Analyse ganz individuell verarbeiten.

Wie Sie bereits zu Beginn des Buches erfahren haben, werden auch zum Einlesen eines XML-Dokumentes Parser verwendet. Ein solcher Parser liest das Dokument nicht nur einfach ein, sondern analysiert es auch daraufhin, ob es den Anforderungen dieses bestimmten Dokumenttyps genügt. Andere Parser werden unter anderem auch eingesetzt, um Computerprogramme, die in einer bestimmten Programmiersprache geschrieben sind, daraufhin zu überprüfen, ob die vorgeschriebene Syntax eingehalten wurde. Außerdem werden die eingelesenen Quelltexte in eine Form gebracht, die ein Rechner weiterverarbeiten kann.

Für XML gibt es eine Reihe von Parsern, die von verschiedenen Herstellern stammen. Die beiden wesentlichen Parsertypen verbergen sich hinter den Abkürzungen *SAX* und *DOM*. Um hier sofort einem möglichen Missverständnis vorzubeugen: SAX und DOM sind *nicht* die eigentlichen Parser, sondern Schnittstellen, die von den Parsern unterstützt werden, oder eben auch nicht.

Beispiele für XML-Parser

Die beiden im Java-Umfeld besonders wichtigen Parser sind:

XERCES
Xerces ist der von Apache Software Foundation entwickelte XML-Parser. Xerces ist sowohl für Java als auch für C++ verfügbar. Weitere Informationen sowie Downloads finden Sie unter:

http://xml.apache.org/

Crimson

Dieser Parser wird momentan (Java 1.4) als Standardimplementierung mit Java zusammen ausgeliefert. Es handelt sich bei diesem Parser wohl um ein Auslaufmodell, da geplant ist, auf den noch in der Entwicklung befindlichen *Xerces Java 2* zu wechseln.

Die in diesem Buch vorgestellten Beispiele wurden allerdings noch mit dem zu Java 1.4 gehörenden Crimson Parser getestet. Fehlermeldungen beim Parsen sehen daher so oder ähnlich aus:

```
at org.apache.crimson.parser.Parser2.fatal
   (Parser2.java:3182)
```

Neben der Eigenschaft, SAX und/oder DOM zu unterstützen, können sich Parser auch darin unterscheiden, ob sie *validieren* oder nicht. Validieren bedeutet, dass das Dokument den Regeln einer Grammatik genügt, also ein *gültiges* (engl. valid) Dokument ist (siehe Kapitel 5). Für XML bedeutet das, dass eine DTD vorhanden ist. Validierende Parser können aber auch so konfiguriert werden, dass sie nicht validieren, um diesen zeitraubenden Vorgang auf Wunsch zu umgehen.

Die beiden vorgestellten Parser beherrschen alle Kombinationen. Sie unterstützen sowohl SAX als auch DOM und können validieren oder ohne Validierung arbeiten.

MSXML

Microsoft XML Core Services 4.0 – früher hieß dieser Parser Microsoft XML Parser – unterstützt DOM und SAX. Er benötigt als Betriebssystemplattform Windows 98 oder höher und kann für Visual-Basic- und C++-Anwendungen eingesetzt werden, nicht jedoch für Java.

An einen letzten Begriff sei an dieser Stelle noch einmal erinnert, und zwar an das Wort *wohlgeformt* (engl. *well-formed*). Ein wohlgeformtes Dokument liegt vor, wenn es den Regeln der XML-Spezifikation folgt (siehe Kapitel 2). Diese Regeln besagen unter anderem, dass jede geöffnete Marke (engl. tag) einen abschließenden Tag haben muss.

Stellt man die beiden Begriffe *gültig* und *wohlgeformt* nun nebeneinander, so ist die Überprüfung auf Wohlgeformtheit der erste, grundlegende Schritt, während die Überprüfung auf Gültigkeit einen zusätzlichen Schritt darstellt, der eine noch weiter gehende Prüfung beinhaltet. Da dieses Prüfung relativ aufwendig ist, kann man sie auch abschalten, wenn sie nicht benötigt wird.

10.3 SAX

Betrachten wir als Erstes einmal die SAX-Schnittstelle.

Das Akronym SAX steht für **S**imple API for XML, was zu Deutsch eben *eine einfache Schnittstelle für XML* heißt.

SAX ist ein gutes Beispiel dafür, dass sich Standards auch ohne offizielle Organisationen entwickeln können. SAX wurde durch eine Gruppe von Entwicklern ins Leben gerufen, denen die offizielle (vom W3C-Konsortium entwickelte) DOM-Spezifikation für viele Anwendungsfälle zu speicherfressend und umständlich war.

Innerhalb weniger Monate war die erste Version SAX 1.0 entworfen. Inzwischen ist man bei der Version 2.0 angelangt und die Entwicklung geht immer noch weiter. Unter der folgenden Internetadresse können Sie wieder weiterführende Informationen finden:

http://www.saxproject.org/

Bedenken Sie allerdings, dass Internetadressen eine kurzlebige Sache sein können! Es bleibt zu hoffen, dass die Adresse noch einige Zeit existieren wird.

10.3.1 Wie funktioniert SAX?

Der Grund, weshalb Entwickler mit DOM nicht in allen Fällen glücklich waren, lag darin begründet, dass DOM einen vollständigen Baum des Dokuments erzeugt und im Speicher ablegt. Das hat zwar Vorteile, wenn man jedes einzelne Element des Baumes direkt ansprechen und manipulieren möchte. Es ist aber weit übers Ziel hinausgeschossen, wenn man nur kleine Teile des Dokuments lesen möchte.

SAX wählte daher nicht den *Baum-basierten* Ansatz, sondern den *ereignisorientierten*. Was bedeutet das nun?

Ein ereignisorientiertes API wie SAX liest das Dokument von vorne nach hinten durch und meldet während des Lesens jedes Ereignis an die aufrufende Stelle zurück. Ein Ereignis in diesem Sinne tritt ein, wenn der Parser z.B. den Beginn oder das Ende eines Elements einliest. In der Regel wird dabei kein Baum aufgebaut, sondern der Parser liest die Datei sequentiell durch, meldet, wenn er ein weiteres Element im Eingabestrom entdeckt, und vergisst dann am Ende des Lesevorgangs, was er gemacht hat. Die Ereignisse zu interpretieren und daraus ir-

gendwelche Aktionen abzuleiten, ist die Aufgabe des Programms, das den SAX-Parser aufgerufen hat.
Wenn der Parser die Datei einliest und zum Beispiel am Tag *<titel>* vorbeikommt, sendet er dem aufrufenden Programm (durch so genannte Callbacks) eine Mitteilung, dass dieses Ereignis eingetreten ist.

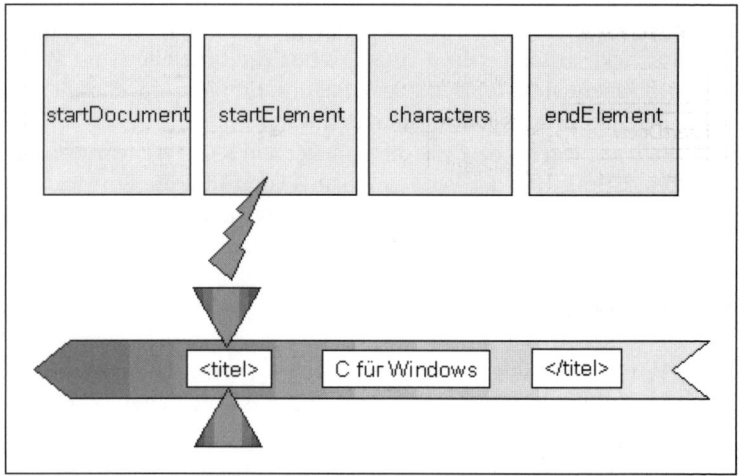

Außerdem liefert der Callback noch weitere Informationen, wie zum Beispiel Angaben über Attribute, die dieses Tag vielleicht hat.
Was das aufrufende Programm mit den Meldungen macht, bleibt ihm überlassen. Dem Parser ist das egal, er hat seine Aufgabe erledigt.

10.3.2 Callback

Um zu verstehen, wie SAX funktioniert, folgen hier einige Anmerkungen zu der gerade erwähnten Callback-Technik.
Bei einem normalen Funktionsaufruf in einer Programmiersprache wie C oder Java ruft man eine Funktion auf, übergibt ihr ggf. Parameter und wartet, bis die aufgerufene Funktion ihr Ergebnis geliefert hat.
Das Ergebnis kommt dabei sozusagen über die gleiche «Leitung» zurück. Erst wenn das Ergebnis angekommen ist, läuft das Programm ab dieser Stelle weiter.
Die Callback-Technik sieht insofern anders aus, als dass hier das aufrufende Programm das Ergebnis nicht über einen direkten Funktionsauf-

ruf bekommt, sondern das aufgerufene Programm (z.B. der SAX-Parser) Informationen bekommen hat, an welche Stellen im aufrufenden Programm es seine Ergebnisse zurückmelden soll.

Man hat dem Programm quasi gesagt, wo es bei Bedarf «klingeln» kann.

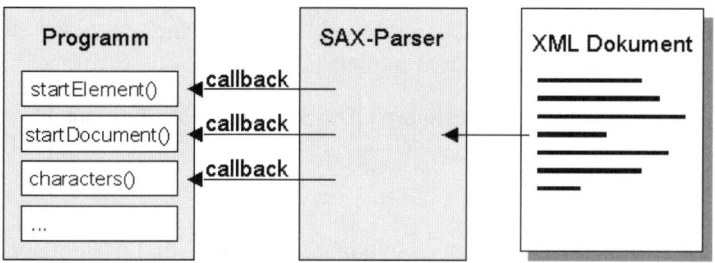

Beim Einlesen der folgenden XML-Datei

```
<?xml version="1.0" encoding="ISO-8859-1"?>
<buch>
  <titel>
    JAVA-Applikationen
  </titel>
  <autor>
    Helmut Erlenkötter
  </autor>
</buch>
```

ruft der SAX-Parser unter anderem die folgenden Methoden in der Applikation auf:

Hinweis:
Die Begriffe Methode und Funktion können bei Java synonym verwendet werden.

```
...
<buch>                          <!--ruft startElement-->
  <titel>                       <!--ruft startElement-->
    JAVA-Applikationen          <!--ruft character-->
  </titel>                      <!--ruft endElement-->
...
```

In Java geschieht die Vereinbarung, welche Funktionen per Callback angesprochen werden sollen, über so genannte *Interfaces*. Für die Java-Programmierer unter Ihnen sollte damit klar sein, wie das technisch geht, die anderen Leser können diesen Begriff auch schnell wieder vergessen.

Im folgenden SAX-Beispiel wird die Klasse *DefaultHandler* benutzt, die bereits die gesamten benötigten Interfaces implementiert, die für die Callback-Funktionen benötigt werden.

10.4 SAX-Beispiel

In diesem Kapitel wird Ihnen ein einfaches Beispiel für die Benutzung der SAX-Schnittstelle vorgestellt. Im Anschluss an das Programm folgt eine ausführliche Beschreibung der wesentlichen Schritte, hoffend, dass auch Java-Unkundige dem Programmfluss folgen können.

Am rechten Rand des Listings finden Sie in unregelmäßigen Abständen Zahlen in Form von Kommentaren (// 1). Auf diese Zahlen wird wie bei den XML-Dokumenten dann in der Beschreibung Bezug genommen. Auf das Programm haben die Kommentare natürlich keine Auswirkung, und sie müssen auch nicht abgetippt werden, wenn Sie die Beispiele ausprobieren wollen.

Ein Java-Programm übersetzen und starten

Hier noch ein Hinweis auf die verwendete Software. Die folgenden Beispiele wurden mit der Java-Version *J2SE v 1.4.1* getestet. Dieses Software kann kostenlos von folgender Adresse heruntergeladen werden:

http://java.sun.com/j2se/

Um die Programme zu testen, müssen Sie sie zuerst übersetzen (compilieren).

Hinweis:
Im Internet stehen im Downloadbereich von *www.erlenkoetter.de* die compilierten Java-Programme (mit der Dateiendung *.class*)

zum Herunterladen zur Verfügung. Wenn Sie diese fertigen Programme benutzen möchten und das Programm nicht selbst compilieren wollen, reicht es aus, dass Sie nur die Laufzeitumgebung (JRE) herunterladen und installieren. Ausprobieren können Sie dieses Beispielprogramme so wie weiter unten beschrieben, nur eben ohne den Compilier-Schritt.

Starten Sie dazu den Java-Compiler mit dem Namen des zu übersetzenden Programms.

```
javac SAXBsp.java
```

Beachten Sie, dass der Name der Datei (abgesehen von der Endung) genauso geschrieben sein muss wie die Klasse im Programm.
Zum Starten des Programms geben Sie anschließend Folgendes ein:

```
java SAXBsp
```

Hiermit rufen Sie die so genannte Java Virtual Machine auf, die das übersetzte Programm, das die Endung *.class* hat, ausführt. Die Endung .class darf allerdings beim Aufruf nicht mit angegeben werden.

Die XML-Datei

Wenden wir uns nun dem ersten Programmbeispiel zu. Das Programm soll eine XML-Datei analysieren und einen Tag, den man beim Aufruf angegeben hat, suchen und auf dem Bildschirm anzeigen.
Das folgende Listing (*SaxDomBsp.xml*) zeigt die einfache XML-Datei, die als Beispiel genutzt wird. Die Datei enthält verschachtelte Elemente, Kommentare und Attribute, um testen zu können, wie der jeweilige Parser damit umgeht.

```xml
<?xml version="1.0" encoding="ISO-8859-1"?>
<!-- SaxDomBsp.xml -->
<buch
  auflage="2">
  <!-- Ein Beispiel für eine XML-Datei -->
  <titel>C für Windows</titel>
  <autor>
    <name>Erlenkötter</name>
    <vorname>Helmut</vorname>
```

```
    </autor>
    <autor>
      <name>Reher</name>
      <vorname>Volker</vorname>
    </autor>
    <verlag>Rowohlt</verlag>
    <isbn>3-499-19234-9</isbn>
    <seiten>240</seiten>
  </buch>
```

Das SAX-Programm

Das eigentliche Java-Programm sieht so aus:

```
// ------------------------------------------
// SaxBsp.java
// 1.0
// ------------------------------------------
import java.io.*;                                    // 1
import org.xml.sax.*;                                // 2
import org.xml.sax.helpers.DefaultHandler;
import javax.xml.parsers.SAXParserFactory;
import javax.xml.parsers.SAXParser;
public class SaxBsp extends DefaultHandler {         // 3
  static String dateiName;                           // 4
  static String elementName;
  // ---- main ----
  public static void main(String args[]) {           // 5

    if (args.length != 2) {                          // 6
      System.err.println                             // 7
        ("Aufruf: SaxBsp01 <dateiname> <element>");
      System.exit(1);
    }
    dateiName = args[0];                             // 8
    elementName = args[1];
    DefaultHandler handler = new SaxBsp();           // 9
  }


  // ---- constructor ----
  public SaxBsp() {                                  // 10
    SAXParserFactory factory =
    SAXParserFactory.newInstance();                  // 11
```

```
    factory.setNamespaceAware(true);              // 12
    try {                                          // 13
      SAXParser saxParser =
        factory.newSAXParser();                    // 14
      saxParser.parse
        ( new File(dateiName), this);              // 15
    }
    catch (Throwable t) {                          // 16
      t.printStackTrace();                         // 17
    }
    System.exit(0);                                // 18
  }
  //-------------------------------------------------
  // Überschreibe Methoden des SAX DocumentHandler
  //-------------------------------------------------
  public void startDocument()                      // 19
            throws SAXException {
    System.out.println("Dokumentanfang");          // 20
  }
  public void endDocument()
            throws SAXException {                   // 21
    System.out.println("\nDokumentende");
  }
  public void startElement (                       // 22
                String namespaceURL,
                String lName,                       // 23
                String qName,
                Attributes attrs)                   // 24
            throws SAXException {
    if (lName.equals(elementName)) {                // 25
      System.out.println("\nELEMENT: "+lName);
      for(int x = 0; x < attrs.getLength();
              x++) {                                // 26
        String localName=
          attrs.getLocalName(x);                    // 27
        System.out.print(" ATTR : ");               // 28
        System.out.println(localName);
        System.out.println
          (" "+attrs.getValue(x));
      }
    }
  }
}
```

Dieses kleine Programm erwartet beim Start zwei Kommandozeilenparameter: Als Erstes den Namen der zu untersuchenden XML-Datei und zweitens den Tag-Wert, der gesucht und ggf. ausgegeben werden soll. Wenn Sie das Programm von der Kommandozeile mit dem Befehl

java SaxBsp SaxDomBsp.xml buch

starten, wird folgendes Ergebnis angezeigt:

```
Anfang des Dokuments
ELEMENT:   buch
ATTR :     auflage
           2
Ende des Dokuments
```

Hinweis:
Der Ausdruck *java* beim Aufruf ist übrigens der Name der Runtime-Engine von Java.

Das SAX-Programm im Einzelnen

(1) Java erlaubt, Programmklassen in so genannten Paketen zusammenzufassen, um sie besser verwalten zu können. Die *import*-Anweisung *import java.io.*;* importiert beispielsweise alle Klassen des *io*-Paketes (Ein-/ und Ausgabe) in das aktuelle Programm.

Hinweis für C-Programmierer
Die *#include*-Direktive in C/C++ hat nichts mit dem *import* in einem Java-Programm zu tun. Während das *include*-Statement nötig ist, um Deklarationen in das C-Programm zu laden, ist die *import*-Anweisung nur eine bequemere Art, bestimmte Klassen zu referenzieren, ohne den gesamten Paketnamen davor setzen zu müssen. Grundsätzlich kann man ohne *import* auskommen, nicht jedoch ohne *include*.

---

(2) Die Klassen, die wir speziell für das SAX-Programm benötigen, finden sich in diesem und den folgenden drei Paketen.

(3) In dieser Zeile wird der Klassenname festgelegt. In Java ist das auch gleichzeitig der Name der Datei, in der die Klasse gespeichert ist (*SaxBsp.java*).

Was an dieser Klasse besonders ist, ist die Tatsache, dass sie von einer anderen Klasse explizit abgeleitet wird, und zwar von *Default-Handler*. Diese *DefaultHandler*-Klasse implementiert alle wesentlichen *Callbacks* für die benötigten SAX-Klassen.

(4) Diese beiden Variablen speichern für die weitere Verarbeitung im Programm den Dateinamen der XML-Datei und den Namen des Elements, das in der Datei gesucht werden soll.

(5) Die Funktion *main* hat ähnlich wie in C die besondere Bedeutung, dass hier der Programmablauf beginnt. Wenn also ein Java-Programm gestartet wird, sucht die Java-Laufzeitumgebung von sich aus diese Funktion, um ab hier das Programm laufen zu lassen. Das Zeichenkette-Array (String-Array) mit Namen *args[]* enthält die Argumente, die dem Programm beim Aufruf übergeben wurden. Der Programmname selbst wird hierbei nicht übergeben, wie das bei einigen anderen Programmiersprachen der Fall ist. Das Schlüsselwort *static* besagt, dass es sich bei *main* um eine Klassenfunktion handelt. Mit anderen Worten, wenn dieser Programmcode ausgeführt wird, existiert noch kein Objekt der Klasse *SaxBsp*. Das Objekt wird erst in (9) instanziiert (erzeugt).

(6) Hier wird überprüft, wie viele Argumente übergeben wurden. Das Attribut *length* enthält die Anzahl der Elemente eines Arrays. Wenn sie ungleich 2 (!= 2) ist, dann wird eine Fehlermeldung ausgegeben.

(7) Fehler (üblicherweise) auf dem Bildschirm ausgeben und Programm beenden (*System.exit(1);*)

(8) Namen der zu lesenden Datei und des zu suchenden Elementes in Variablen merken.

(9) Erzeugt ein Objekt der Klasse *SaxBsp* und merkt sich die Referenz auf das Objekt in der Variable *handler*. Die Zuweisung zu einer Referenzvariablen ist in diesem Beispielprogramm eigentlich überflüssig, da die Variable nicht mehr verwendet wird.

(10) Der Befehl *new* erzeugt in (9) ein neues Objekt. Dabei wird der Konstruktor dieser Klasse aufgerufen und abgearbeitet. Ein Konstruktor ist eine spezielle Funktion (Methode), die bei objektorientierten Sprachen benutzt wird, um das erzeugte Objekt zu initialisieren. Er wird hier implementiert. In unserem Beispiel wird

diese Methode sogar dazu benutzt, um alle Programmfunktionalitäten auszuführen.

(11) An dieser Stelle wird ein *Factory*-Objekt erzeugt. Mithilfe dieses Objektes wird dann der eigentliche Parser erzeugt.

> Ein *Factory*-Objekt stellt Methoden bereit, die Objekte instanziieren (erzeugen). Wie in einer richtigen Fabrik ist es die Aufgabe der Methode, Objekte zu erzeugen. Factories sind unter anderem dann besonders nützlich, wenn nicht von vornherein klar ist, welche Klasse instanziiert werden soll. Diese Aufgabe überlässt man der Factory. Damit ergibt sich auch der wesentliche Vorteil dieser Technik: Die Factory kann bei Bedarf unterschiedliche Objekttypen zurückliefern, ohne dass man das aufrufende Programm ändern muss.

(12) Sorgt dafür, dass der erzeugte Parser Unterstützung für XML-Namensräume (siehe Kapitel 6.1.1) bereitstellt.

(13) Diese Zeile und die Zeile (16) bilden in Java einen Mechanismus, der dem Abfangen von Laufzeitfehlern dient. Wenn in dem *try*-Block ein Fehler auftritt, wird im *catch*-Block nachgesehen, was für ein Fehler aufgetreten ist, um die nötigen Aktionen einzuleiten.

(14) Instanziiert den eigentlichen Parser.

(15) Parst die Datei, die als Argument beim Programmaufruf übergeben wurde. Als zweiter Parameter wird der *DefaultHandler* übergeben. Da die Klasse *SaxBsp* eine Ableitung der Klasse *DefaultHandler* ist, kann sie hier selbst übergeben werden. (In Java bezieht sich ein Objekt mit dem Schlüsselwort *this* auf sich selbst.)

(16) Der Fehlertyp *Throwable* ist hier stellvertretend für alle Fehler benutzt worden, die eigentlich auftreten können. Zu diesen Fehlern gehört z.B. eine *SAXException*. Dadurch, dass hier nur *Throwable* abgefragt wird, machen wir nichts falsch, aber wir berauben uns der Möglichkeit, exakter festzustellen, welcher Fehler aufgetreten ist. Für dieses Beispiel sollte das aber ausreichen.

(17) Druckt den Fehler-Stack aus.

(18) Programm normal beenden.

(19) Die Methode *startDocument* ist eine der Callback-Funktionen, die von der Klasse *DefaultHandler* implementiert wurden. Sie wird, wie der Name schon sagt, zu Beginn des Dokumentes aufgerufen, genauer gesagt, bevor das erste Tag eingelesen ist. Was bisher jedoch noch nicht erwähnt wurde, war, dass *DefaultHandler* diese

Methoden zwar alle implementiert, die Methoden aber leer sind und nichts tun. Wenn also auf ein Ereignis hin etwas geschehen soll, muss die entsprechende Methode hier überschrieben werden. (Falls es sich für Sie seltsam anhört, dass die Klasse *Default-Handler* alle Methoden überschreibt, diese dann jedoch nichts machen, so ist das dennoch sinnvoll, da es dem Programmierer die mühselige Arbeit abnimmt, alle Methoden eines Interfaces selbst zu implementieren. Und da *DefaultHandler* allein 4 Interfaces implementiert, ist die Arbeitserleichterung erheblich.) Bei dieser und auch bei den anderen Methoden des *DefaultHandlers* muss mit *throwsSAXException* bekannt gemacht werden, welche Fehler auftreten können.

(20) Text auf der Standardausgabe anzeigen.

(21) Diese Methode wird aufgerufen, wenn die Analyse des Dokuments beendet ist und alle Tags gelesen wurden.

(22) Diese Methode wird jedes Mal aufgerufen, wenn ein Element eingelesen wird. Die Methode erhält als Argumente u.a. den Namen des Elementes und ggf. vorhandene Attribute.

> Der Parser ruft diese Methode zu Beginn jedes Elementes im XML-Dokument auf. Zu jedem *startElement*-Ereignis gibt es auch ein *endElement*-Ereignis, das in diesem Beispielprogramm allerdings nicht ausgewertet wird.

(23) Die Parameter *lName* und *qName* liefern zum einen den lokalen Namen ohne Präfix des Namensraumes und zum anderen den qualifizierten Namen (mit Präfix), abhängig davon, ob die Namespace-Verarbeitung eingeschaltet ist oder nicht (siehe auch Punkt (12) der Erläuterungen).

(24) Das Interface *Attributes* dient dazu, eine Liste von XML-Attributen zu verwalten. Die Methoden des Interfaces erlauben unter anderem, auf die Attribute über den Namen oder über einen Index zuzugreifen.

(25) Da unser Beispielprogramm nur ein bestimmtes Element ausgeben soll, wird an dieser Stelle überprüft, ob der lokale Name (*lName*) gleich dem übergebenen Namen (*elementName*) ist. Wie in Java üblich, wird der Vergleich zweier Zeichenketten mithilfe der Methode *equals* und nicht etwa durch ein Gleichheitszeichen (=) durchgeführt, wie es etwa in anderen Sprachen möglich ist.

(26) Diese *for*-Schleife soll alle Einträge in der Attributliste durchlaufen. Die Funktion *getLength* liefert die Anzahl der Attribute.

(27) Liest den lokalen Namen des Attributes aus.

(28) In dieser und den folgenden Zeilen werden die gefundenen Attribute mit entsprechenden Einrückungen ausgegeben.

Wenn Sie noch ein wenig experimentieren wollen, legen Sie eine weitere Version der XML-Datei an, fügen Sie zusätzliche Elemente mit Attributen ein, und untersuchen Sie die Datei dann mit Hilfe dieses Programms.

10.5 DOM

Als Zweites wird hier das DOM-API vorgestellt. Das Akronym DOM steht für Document Object Model. Diese Schnittstellen dienen dazu, ein XML-Dokument in Form von Objekten in einer Baum-Struktur im Speicher aufzubauen.

Diese Baumstruktur hat den großen Vorteil, dass man per Programm auf jedes einzelne Element wahlfrei zugreifen kann. Was auch bedeutet, dass man einzelne Elemente direkt löschen, neu einfügen oder ändern kann. Dies ist bei SAX nicht möglich.

Die offizielle Definition des Begriffes DOM, den das Standardisierungsgremium W3C (www.w3c.org) liefert, besagt, dass das Document Object Model eine plattform- und sprachneutrale Schnittstelle ist, die es Programmen und Scripts erlaubt, auf Inhalt, Struktur und Stil eines Dokuments dynamisch zuzugreifen und es ggf. zu ändern.

Der wahlfreie Zugriff auf die einzelnen Elemente wird jedoch durch einen höheren Verarbeitungsaufwand und einen höheren Speicherbedarf erkauft. Außerdem muss erst das gesamte Dokument eingelesen sein, bevor man auf die einzelnen Elemente zugreifen kann, und das dauert länger als bei SAX. DOM hat also nicht nur Vorteile. Es macht daher Sinn, sich Gedanken zu machen, welche der beiden Methoden für ein spezielles Problem die beste Lösung darstellt.

10.6 DOM-Beispiel

Das folgende Programm demonstriert auf drei verschiedene Arten, wie man welche Informationen aus einem XML-Dokument gewinnen kann.

Der wichtigste Aspekt bei diesem Beispiel ist die Tatsache, dass man bei DOM eine Baumstruktur durchsuchen muss, um an bestimmte Informationen innerhalb der Hierarchie zu gelangen. Zu diesem Zweck liest das Programm die schon bekannte XML-Datei (*SaxDomBsp.xml*) ein und gibt jeweils unterschiedliche Teile dieser Baumstruktur wieder aus.

```
//----------------------------------------
//DOMBsp.java
//1.0
//----------------------------------------

import org.w3c.dom.*;                           // 1
import javax.xml.parsers.*;

public class DOMBsp {                           // 2

  Document doc;                                 // 3

  // ---- main ----
  public static void main (String args[]) {
    if(args.length != 1) {
      System.err.println
        ("Aufruf: DOMBsp01 <dateiname>");
      System.exit(1);
    }
    new DOMBsp(args);                           // 4
  }

  // ---- constructor ----
  public DOMBsp(String[] ar) {                  // 5
    DocumentBuilderFactory factory =
      DocumentBuilderFactory.newInstance();     // 6
    factory.setNamespaceAware(true);
    try {
      DocumentBuilder parser =
        factory.newDocumentBuilder();           // 7
      doc = parser.parse(ar[0]);                // 8
      dokumentAusgeben();                       // 9
```

```
    }
    catch (Throwable t) {
      t.printStackTrace();
    }
    System.exit(0);                                // 10
  }


  // ---- Baumstruktur auf mehrere Arten auslesen ---
  public void dokumentAusgeben(){                  // 11
    System.out.println("\n### Beispiel 1 ###\n");
    System.out.println
      (doc.getDocumentElement());                  // 12
    System.out.println("\n### Beispiel 2 ###\n");
    NodeList nList = doc.
      getElementsByTagName("*");                   // 13
    int anzNode = nList.getLength();               // 14
    for (int x=0; x < anzNode; x++) {              // 15
      System.out.println
        (""+x+" "+nList.item(x));                  // 16
    }
    System.out.println("\n### Beispiel 3 ###\n");
    Element rootElement =
      doc.getDocumentElement();                    // 17
    NodeList nList2 =
      rootElement.getChildNodes();                 // 18
    int anzNode2 = nList2.getLength();
    for (int x=0; x < anzNode2; x++) {             // 19
      if (nList2.item(x).getNodeType()==
        Node.COMMENT_NODE)                         // 20
      System.out.println(nList2.item(x));
    }
  }
}
```

Dieses Programm erwartet beim Start einen Kommandozeilenparameter, und zwar den Namen der zu untersuchenden XML-Datei. Es stellt anhand von drei Beispielen vor, welche Informationen man mit DOM aus dem XML-Dokument herausholen kann.
Wenn Sie das Programm von der Kommandozeile mit dem Befehl

java DOMBsp SaxDomBsp.xml

starten, wird folgendes Ergebnis angezeigt:

```
### Beispiel 1 ###

<buch auflage="2">

<!-- Ein Beispiel für eine XML-Datei -->

<titel>C für Windows</titel>
<autor>
<name>Erlenkötter</name>
<vorname>Helmut</vorname>
</autor>
<autor>
<name>Reher</name>
<vorname>Volker</vorname>
</autor>
<verlag>Rowohlt</verlag>
<isbn>3-499-19234-9</isbn>
<seiten>240</seiten>
</buch>

### Beispiel 2 ###

0 <buch auflage="2">
<!-- Ein Beispiel für eine XML-Datei -->

<titel>C für Windows</titel>
<autor>
<name>Erlenkötter</name>
<vorname>Helmut</vorname>
</autor>
<autor>
<name>Reher</name>
<vorname>Volker</vorname>
</autor>
<verlag>Rowohlt</verlag>
<isbn>3-499-19234-9</isbn>
<seiten>240</seiten>
</buch>
1 <titel>C für Windows</titel>
2 <autor>
<name>Erlenkötter</name>
<vorname>Helmut</vorname>
</autor>
3 <name>Erlenkötter</name>
4 <vorname>Helmut</vorname>
```

```
5 <autor>
<name>Reher</name>
<vorname>Volker</vorname>
</autor>
6 <name>Reher</name>
7 <vorname>Volker</vorname>
8 <verlag>Rowohlt</verlag>
9 <isbn>3-499-19234-9</isbn>
10 <seiten>240</seiten>

### Beispiel 3 ###

Ein Beispiel für eine XML-Datei
```

Das DOM-Programm im Einzelnen

Da dieses Programm ähnlich arbeitet wie *SaxBsp.java*, werden in den folgenden Erläuterungen im Wesentlichen nur noch die DOM-spezifischen Dinge angesprochen.

(1) Hier werden die DOM-Klassen importiert.

(2) Die Klasse heißt *DOMBsp* und damit die Java-Datei auch *DOMBsp.java*.

(3) Die Variable vom Typ *Document* soll die geparste XML-Datei aufnehmen.

(4) Erzeugt ein Objekt der Klasse *DOMBsp*. Diese Zeile bedeutet nichts anderes, als dass der Konstruktor dieser Klasse (siehe (5)) aufgerufen wird. Als Argument wird dem Konstruktor das Array mit den Aufrufparametern übergeben (nur zur Erinnerung: Die Begriffe Argument und Parameter haben dieselbe Bedeutung).

(5) Der Konstruktor der Klasse. Hier findet auch ein Großteil der Programmaktionen statt.

(6) Analog zum SAX-Programm wird hier eine Factory für das Erzeugen eines DOM-Parsers angelegt.

(7) Der eigentliche Parser wird erzeugt.

(8) Das XML-Dokument, das als Argument beim Programmaufruf übergeben wurde, wird geparst. Das Ergebnis wird als *Document* abgelegt. Somit ist es nun komplett im Speicher.

(9) Hier wird eine Funktion aufgerufen, die für die Analyse des Dokuments und für seine Ausgabe auf dem Bildschirm zuständig ist.

(10) Das ist das Programmende.

(11) Diese Methode demonstriert anhand von drei Beispielen verschiedene Techniken zur Analyse eines DOM-Baumes.

(12) Die Methode *getDocumentElement* ist eine einfache Möglichkeit, um auf das Wurzelelement des Dokumentes zuzugreifen. Wie Sie anhand der Ausgabe von Beispiel 1 sehen können, haben Sie Zugriff auf die gesamte Datei. (Ohne den Verarbeitungshinweis *<?xml version="1.0" encoding="ISO-8859-1"?>*, auf den überhaupt nicht zugegriffen werden kann.)

(13) Im zweiten Beispiel wird die Methode *getElementsByTagName* benutzt, um eine Liste aller Elemente eines bestimmten Tags zu bekommen. Wird als Name das Sternchen (*) eingegeben, werden alle Tags zurückgeliefert.

(14) Die Methode *getLength* liefert die Anzahl der gefundenen Elemente.

(15) Eine Schleife, die so oft durchlaufen wird, wie Elemente in der Liste sind.

(16) Hier wird die Liste Stück für Stück ausgegeben. Wie Sie an der Programmausgabe sehen können, beinhaltet die Liste jeden einzelnen Knoten und jeweils alle darunter befindlichen Kind-Knoten. An diesem Beispiel lässt sich die Arbeitsweise des Parsers gut verfolgen.

(17) Die dritte Beispiel-Ausgabe holt sich wiederum die Referenz auf das gesamte Dokument.

(18) Mit *getChildNodes* wird das Dokument in Form einer Liste bereitgestellt.

(19) In der Schleife wird auf jedes Element der Liste zugegriffen.

(20) Die Aufgabe der Schleife besteht darin, mit der Methode *getNodeType* den Typ des jeweiligen Elements zu untersuchen. Wenn es sich um einen Kommentar handelt, soll dieser ausgedruckt werden.

Die folgende Auflistung zeigt alle Knotentypen (engl. node types):

ATTRIBUTE_NODE
CDATA_SECTION_NODE
COMMENT_NODE
DOCUMENT_FRAGMENT_NODE
DOCUMENT_NODE
DOCUMENT_TYPE_NODE

ELEMENT_NODE
ENTITY_NODE
ENTITY_REFERENCE_NODE
NOTATION_NODE
PROCESSING_INSTRUCTION_NODE
TEXT_NODE

10.7 JAXP

Die Schnittstellen, die wir in den vorigen Beispielen benutzt haben, gehören zu einer Sammlung von Schnittstellen, die unter dem Begriff JAXP zusammengefasst werden. JAXP steht dabei **J**ava **A**PI for **X**ML **P**rocessing. Dieses API unterstützt die Verarbeitung von XML-Dokumenten mithilfe von DOM, SAX und XSLT.

Genau wie Java und XML ist auch JAXP eine neue Technologie, deren Standardisierung noch nicht abgeschlossen ist. Wir haben es hier also mit einem «beweglichen Ziel» zu tun, das sich zur Zeit noch beständig und schnell weiterentwickelt. Wenn Sie also aktuelle Informationen zum Stand der Entwicklung haben wollen, suchen Sie am besten die entsprechende Internetadresse auf. Für JAXP lautet sie:

http://java.sun.com/xml/jaxp/

Auf den Seiten von Sun finden Sie auch ein komplettes Paket mit allen möglichen Standards für den Bereich Internet, XML etc. Die Adresse lautet:

http://java.sun.com/webservices/downloads/webservicespack.html

In diesem Paket ist auch eine aktuelle Version von JAXP enthalten. Sie benötigen dieses Paket allerdings nicht, um JAXP zu benutzen, das ist bereits in der Standardinstallation von Java 1.4 integriert.

Wie funktioniert JAXP?

Man kann sich JAXP wie JDBC vorstellen. Genau wie JDBC ist JAXP eine Sammlung verschiedener Schnittstellen. So ist beispielsweise XERCES eine Implementierung des JAXP-Standards, genau wie ein Oracle-JDBC-Treiber die Implementierung der JDBC-Schnittstelle ist.

Das Ziel des Ganzen ist, dass Programme von den Details der Implementierung eines Parsers abgeschirmt werden. Dadurch, dass JAXP als Abstraktionsschicht zwischen dem Parser und dem Programm existiert, kann man jetzt problemlos einen Parser durch einen anderen ersetzen. Das Programm sollte davon nichts bemerken. Das heißt, das Java-Programm ist und bleibt plattformunabhängig!

JAXP ist also kein Parser, sondern die Schicht zwischen einem JAXP-konformen Parser und der eigentlichen Anwendung.

10.8 SAX vs. DOM

Bei der Frage, ob SAX oder DOM für ein bestimmtes Anwendungsproblem besser geeignet ist, kann die folgende Tabelle helfen.

DOM	SAX
Wahlfreier Zugriff auf die einzelnen Elemente	Serieller Zugriff
Daten liegen in Baumstruktur vor	Ereignisorientiertes Modell
Speicherbedarf hoch, da das gesamte Dokument im Speicher vorliegt	Geringer Speicherbedarf, da nur Ereignisse generiert werden
Kann dazu benutzt werden, die Daten zu bearbeiten, da sie im Speicher vorliegen	Wird benutzt, um Teile des Dokuments auszuwerten

Grundsätzlich kann man sagen, dass die Verarbeitung einer XML-Datei mit der DOM-Schnittstelle langsamer ist als mit der SAX-Schnittstelle. Der Hauptgrund liegt, wie bereits gesagt, darin, dass zuerst das gesamte Dokument in den Hauptspeicher geladen werden muss, damit man es dann anschließend leicht bearbeiten kann. Im Gegensatz dazu werden die Daten bei dem SAX-API sofort beim Einlesen verarbeitet. Das besagt, dass man immer dann DOM einsetzen sollte, wenn man auf das Dokument wahlfrei und mehrfach zugreifen möchte.

SAX hingegen ist immer dann die bessere Wahl, wenn man gezielt eine Information aus einem XML-Dokument lesen möchte.

10.9 DOM-Baum in XML-Dokument umwandeln

Im vorigen Beispiel haben Sie gesehen, wie man Informationen aus einem DOM-Baum ausliest. Was jetzt noch fehlt, ist die Möglichkeit, die Daten im Baum zu ändern und diese Änderungen wieder zurück in eine XML-Datei zu schreiben.

Das folgende Programm (*DOMTransformBsp.java*) erlaubt die Änderung eines Elementes und schreibt diese Änderung anschließend in eine Datei. Als Beispiel wird hier die Seitenzahl des Buches geändert. Natürlich kann man mit der gleichen Technik auch Elemente löschen oder einfügen. Die Methoden der Klasse *Node*, die dazu benutzt werden, lauten *removeChild* und *insertBefore*.

```java
//----------------------------------------
//DOMTransformBsp.java
//1.0
//----------------------------------------

import java.io.*;
import java.util.*;                            // 1

import org.w3c.dom.*;
import javax.xml.parsers.*;
import javax.xml.transform.*;                  // 2
import javax.xml.transform.dom.DOMSource;
import javax.xml.transform.stream.StreamResult;

public class DOMTransformBsp {                 // 3

  Document doc;

  // ---- main ----
  public static void main (String args[]) {
    if(args.length != 2) {                     // 4
      System.err.println
        ("Aufruf: DOMTransformBsp01 " +
         "<dateiname> <seitenzahl>");
      System.exit(1);
    }
    new DOMTransformBsp(args);                 // 5
  }

  // ---- constructor ----
```

```
public DOMTransformBsp(String[] ar) {
  DocumentBuilderFactory factory =
    DocumentBuilderFactory.newInstance();          // 6
  factory.setNamespaceAware(true);
  try {
    DocumentBuilder parser =
      factory.newDocumentBuilder();                // 7
    doc = parser.parse(ar[0]);                     // 8
    updateElement(ar[1]);                          // 9
    xmlSchreiben();                                // 10
  }
  catch (Throwable t) {
    t.printStackTrace();
  }
  System.exit(0);                                  // 11
}

public void updateElement (                        // 12
            String seitenzahl) {
  NodeList list =
    doc.getElementsByTagName("seiten");            // 13
  for (int x = 0; x < list.getLength();
              x++) {                               // 14
    Node alterInhalt =
      list.item(x).getFirstChild();                // 15
    Text neuerInhalt =
      doc.createTextNode(seitenzahl);              // 16
    list.item(x).replaceChild
      (neuerInhalt,alterInhalt);                   // 17
  }
}

public void xmlSchreiben(){                         // 18
  TransformerFactory transFactory =
    TransformerFactory.newInstance();              // 19
  try {
    Transformer transformer =
      transFactory.newTransformer();               // 20
    DOMSource source = new DOMSource(doc);         // 21
    File neuesXML = new File("newXML"+
      Calendar.getInstance(Locale.GERMANY).
      getTimeInMillis()+".xml");                   // 22
    FileOutputStream output =
      new FileOutputStream(neuesXML);              // 23
    StreamResult result =
```

```
        new StreamResult(output);               // 24
      transformer.
          transform(source, result);           // 25
    }
    catch (Throwable t) {
      t.printStackTrace();
    }
  }
}
```

Das Programm im Einzelnen

(1) Das Paket *util* wird für die Klasse *Calendar* benötigt, die wiederum benutzt wird, um eindeutige Dateinamen mithilfe einer Zeitangabe zu erzeugen (siehe (22)).

(2) Die Klassen des *transform*-Paketes werden benutzt, um XML vom Programm schreiben zu können.

(3) Die Klasse heißt *DOMTransformBsp*, und daher muss die Datei, in der sie gespeichert wird, auch *DOMTransformBsp.java* genannt werden.

(4) Als Parameter beim Programmaufruf werden zum einen der Dateiname übergeben und als Zweites die neue Seitenzahl, die in das XML-Dokument eingefügt werden soll.

(5) Es wird ein neues Objekt dieser Klasse erzeugt und dem Konstruktor die Kommandozeilenparameter weitergereicht.

(6) Hier wird die Factory erzeugt, die dann den eigentlichen Parser instanziiert.

(7) Ein neuer DOM-Parser wird erzeugt.

(8) In dieser Zeile findet der Parse-Vorgang statt. Dem Parser wird mit *arg[0]* der erste Kommandozeilenparameter (der Dateiname) übermittelt. Nach erfolgreichem Parsen steht dem Programm mit der Variablen *doc* das komplette XML-Dokument zur Weiterverarbeitung zur Verfügung.

(9) Hier wird die Funktion aufgerufen, die die kleine Änderung am XML-Baum vornimmt.

(10) Diese Funktion schreibt das geänderte XML-Dokument zurück in eine Datei.

(11) Hier ist das Programmende.

(12) Die Methode zum Ändern der Seitenzahlangabe im XML-Dokument.

(13) Eine Liste mit allen Tags mit Namen *seiten* wird aufgebaut. Das Programm ist an dieser Stelle nicht ganz ausprogrammiert, da es stillschweigend davon ausgeht, dass nur *ein* solcher Tag existiert, und nicht explizit alle Möglichkeiten überprüft. Dieser Hinweis gilt im Übrigen auch für andere Stellen im Programm, bei denen von bestimmten Voraussetzungen ausgegangen wird, was den Aufbau der XML-Datei betrifft. Ein vollständiges Beispiel wäre daher wesentlich umfangreicher. Da hier jedoch nur das Konzept erläutert werden soll, beschränkt sich das Programm auf das Wesentliche.

(14) Eigentlich wäre die Schleife überflüssig, da das Programm ja davon ausgeht, dass nur ein *seiten*-Tag existiert. Die Schleife hat aber noch eine zweite Funktion. Sie soll nämlich sicherstellen, dass der Programmcode innerhalb der Schleife nicht ausgeführt wird, wenn das XML-Dokument überhaupt keinen entsprechenden Tag hat.

(15) An dieser Stelle liest das Programm das Kind-Element des Knotens ein, von dem wir wissen, dass es die Seitenzahl ist.

(16) Mit der Methode *createTextNode* wird ein neuer Textknoten erzeugt.

(17) Der alte Knoten wird durch den neuen ersetzt.

(18) Die Methode zum Schreiben der geänderten Datei.

(19) Diese Technik ist Ihnen inzwischen vertraut. Es wird ein *Factory*-Objekt erzeugt, das für die Instanziierung der gewünschten Klasse zuständig ist.

(20) Ein *Transformer*-Objekt wird erzeugt. Es dient dazu, Ursprungsdaten (*source*) auf ein Ziel (*result*) abzubilden.

(21) Mit dem Basis-Knoten des DOM-Baumes wird ein *DOMSource*-Objekt erzeugt, das als Grundlage der Transformation dienen soll.

(22) Erzeugt ein neues *file*-Objekt mit einem Dateinamen, der sich aus dem Text "*newXML*", den Millisekunden seit dem 1.1.1970 und der Endung "*.xml*" zusammensetzt. Die Zeitangabe wird hier benutzt, um einen eindeutigen Dateinamen zu generieren.

(23) Ein neuer *Output*-Stream.

(24) Ein neues *Stream*-Result.

(25) Hier erfolgt die eigentliche Transformation in eine XML-Datei.

10.10 Weitere APIs

In den folgenden Abschnitten werden einige weitere Programmier-schnittstellen vorgestellt, die teils noch mitten in der Entwicklung sind. Welche Bedeutung sie erlangen werden, ist zum jetzigen Zeitpunkt noch nicht endgültig abzusehen.

10.10.1 JDOM

Was ist JDOM? JDOM versucht, ein XML-Dokument in möglichst ein-facher Form mit Java-Mitteln zu repräsentieren. Das Hauptziel von JDOM ist die Einfachheit. Die API soll einen simplen, für Java opti-mierten Weg bereitstellen, um mit XML zu arbeiten. JDOM ist als Ersatz für DOM und SAX gedacht, obwohl es mit beiden Schnittstellen auch zusammenarbeiten soll.

Um auch hier gleich etwaigen Missverständnissen entgegenzuwirken: JDOM ist kein XML-Parser. Vielmehr kann fast jeder beliebige Parser ge-nutzt werden. So wird in einer Standardinstallation beispielsweise der Parser verwendet, den JAXP heranzieht.

Um die Beschreibung von JDOM abzurunden: JDOM ist keine Hülle um DOM, sondern völlig eigenständig. JDOM-Dokumente können di-rekt aus SAX-Ereignissen und auch DOM-Bäumen generiert werden bzw. in diese umgesetzt werden.

10.10.2 DOM4J

Dom4j ist eine weitere Alternative zu den «etablierten» APIs. Es ähnelt in vieler Hinsicht JDOM. Seine Besonderheit liegt darin, dass es eng mit XPath zusammenspielt. So ist beispielsweise ein ereignisorientiertes Verarbeitungsmodell implementiert, das eine hocheffiziente Verarbei-tung großer XML-Dokumente erlaubt. Dazu kann man so genannte Handler im Java-Programm definieren (ein Handler soll Ereignisse be-handeln, die im Programmablauf eintreten). Ein Handler wird dann während des Parsens aufgerufen, um bestimmte Teile des Dokuments zu verarbeiten und bei Bedarf ganze Teile des Dokuments zu überge-hen, um sich nur auf die interessanten Teile konzentrieren zu können. Auch Dom4j hat sich auf die Fahnen geschrieben, möglichst Java-opti-miert, schnell und leistungsfähig zu sein.

Welche der vielfältigen Alternativen Sie als Programmierer nutzen, hängt ganz davon ab, welche spezielle Aufgabe ihre Applikation haben soll und welche speziellen Daten Sie verarbeiten wollen. Da die Entwicklung auf diesem Gebiet jedoch so rasant abläuft, werden Sie sich ständig am neuesten Stand der Entwicklung orientieren müssen, um die für Sie richtige Entscheidung fällen zu können.

10.11 Zusammenfassung

- Java und XML sind aufgrund ihrer Plattformunabhängigkeit eine ideale Kombination.
- Die beiden wesentlichen Schnittstellen für das Analysieren und Bearbeiten von XML-Dateien sind SAX und DOM.
- SAX ist die einfachere, ereignisgesteuerte Schnittstelle. Das aufrufende Programm wird durch so genannte Callbacks benachrichtigt, wenn beim Einlesen des XML-Dokuments ein neues Element erkannt wird.
- DOM ist grundsätzlich leistungsfähiger, allerdings ist bei einem DOM-Baum der Speicherbedarf deutlich größer. Das XML-Dokument liegt vollständig im Speicher vor und kann wahlfrei bearbeitet werden.
- Sowohl SAX als auch DOM haben ihre Daseinsberechtigung für ihre jeweiligen Anwendungsfälle.
- Als Alternativen bzw. Ergänzungen zu SAX und DOM bieten sich JDOM und Dom4j an.

11 Anhang

Dieser Anhang bietet einige Arbeitshilfen und ergänzende Übersichten zu den Themen dieses Buches sowie die Lösungen zu den Aufgaben der einzelnen Kapitel.

11.1 Entity-Referenzen

Die für die Syntax der XML reservierten Zeichen werden durch die nachstehenden Entity-Referenzen dargestellt.

Zeichen	Entity	Referenz	Bedeutung
'	amp	'	Apostroph
"	quot	"	Anführungszeichen
&	amp	&	Ampersand (kfm. und)
>	gt	>	größer als
<	lt	<	kleiner als

11.2 Zeichenreferenzen

Jedes Zeichen kann als Zeichenreferenz ausgedrückt werden. Dadurch kann man Zeichen, die nicht per Tastatur eingegeben werden können, und Entity-Referenzen über ihren Zeichencode angeben. Die Tabelle enthält einige häufig verwendete Zeichen und Symbole.

Zeichen	Referenz	Zeichen	Referenz
¢	¢	^{1}	¹
£	£	$^1/_4$	¼

Zeichen	Referenz	Zeichen	Referenz
¤	¤	½	½
¥	¥	¾	¾
§	§	Ä	Ä
©	©	Ö	Ö
®	®	x	×
°	°	Ü	Ü
±	±	ß	ß
²	²	ä	ä
³	³	ö	ö
µ	µ	÷	÷
·	·	ü	ü

Hinweis:
Zeichenreferenzen können auch hexadezimal angegeben werden,
beispielsweise als *Ä* statt *Ä* für das Ä.

11.3 Feststehende Attribute

Die (reine) XML verwendet einige vordefinierte Attribute für die Deklaration und die benutzerdefinierten Elemente.

Attribut	Bedeutung	erlaubte Werte
encoding	legt Zeichensatz fest	s. Kap. 2.4.1
standalone	legt fest, ob sich eine DTD im Dokument befindet	no, yes
version	legt XML-Version fest	1.0
xml:lang	legt verwendete Sprache fest	s. Kap. 2.4.3
xml:space	legt Behandlung der Leerräume fest	default, preserve

11.4 CSS

Die CSS sind nicht Thema des Buches. Deshalb wurden nur die wesentlichen Möglichkeiten dargestellt. Für weitere Experimente sind hier die wichtigsten in Verbindung mit XML einsetzbaren Formate zusammengestellt.

11.4.1 Maßeinheiten

Größenangaben können in den folgenden verschiedenen Maßeinheiten erfolgen.

Einheit	Bedeutung	Beispiel
cm	Zentimeter	width:2.5cm;
em	Vielfaches relativ zur Schriftgröße des Elementes/Elternelementes	line-height:2em;
ex	Vielfaches relativ zur Größe des Zeichens x im Element/Elternelement	padding:2ex;
in	Inch (=2,54 cm)	margin-top:1in;
mm	Millimeter	left:10mm;
pc	Pica (12pt bzw. 4.23mm)	font-size:1pc;
pt	Punkt (1/72 Inch bzw. 0,353 mm)	font-size:12pt;
px	Pixel (abh. von Geräteauflösung)	border-width:2px;
%	Prozent zu Element/Elternelement	width:100%

11.4.2 Farbangaben

Für einfache Farbangaben können die folgenden englischen Bezeichnungen aus der mittleren Spalte verwendet werden.

Farbe	Farbname	Farbcode
Blau	blue	#0000FF
Blaugrün	teal	#008080
Dunkelblau	navy	#000080
Dunkelgrau	gray	#808080

Farbe	Farbname	Farbcode
Dunkelgrün	green	#008000
Dunkelrot	maroon	#800000
Gelb	yellow	#FFFF00
Grün	lime	#00FF00
Hellgrau	silver	#C0C0C0
Magenta	fuchsia	#FF00FF
Oliv	olive	#808000
Rot	red	#FF0000
Schwarz	black	#000000
Türkis	aqua	#00FFFF
Violett	purple	#800080
Weiß	white	#FFFFFF

Alternativ kann man sich die Farbe auch selbst «mischen». Dazu müssen nur die drei Farbanteile für Rot, Grün und Blau in genau dieser Reihenfolge angegeben werden. Die Minimal- und Maximalwerte können dabei je nach Verfahren als Dezimal-, Hexadezimal- und Prozentzahl angegeben werden.

Beispiele:
color:rgb(0,0,255)   für Blau
color:rgb(100%,0%,0%)   für Rot
color:#00FF00   für Grün

11.4.3 Formatarten

Folgende Bezeichner sind bei CSS-Formatangaben gültig. Die möglichen Werte und beispielhafte Zahlenangaben stehen in der dritten Spalte. { ... } bedeutet hier, dass eine komplette Formatangabe unter Verwendung der anderen Bezeichner gemacht werden kann.

Bedeutung	Bezeichner	Werte
Anzeigebereich begrenzen	clip	rect(30px, 40px, 50px, auto)
Breite	width	auto, 10mm, 15pt, 50%

Bedeutung	Bezeichner	Werte
Darstellung mit Platzhalter	visibility	hidden, visible
Darstellung ohne Platzhalter	display	block, inline, list-item, run-in, compact, none
Eigene Bullet-Grafik	list-style-image	url(bullet.gif)
Element mit übergroßem Inhalt	overflow	auto, visible, scroll, hidden
erste Absatzzeile	:first-line	{ ... }
erstes Absatzzeichen	:first-letter	{ ... }
Hintergrund	background	komb. Angabe
Hintergrundbild	background-image	url(bild.gif)
Hintergrundfarbe	background-color	Farbangabe
Hintergrundposition	background-position	Kombination aus top, middle, bottom und left, center, right oder z. B."10mm 12mm"
Hintergrund-Wasser-zeichen-Effekt	background-attachment	scroll, fixed
Hintergrund-Wieder-holungs-Effekt	background-repeat	repeat, norepeat, repeat-x, repeat-y
Höhe	height	auto, 10mm, 15pt, 50%
Horizontale Aus-richtung	text-align	left, center, right, justify
Innenabstand	padding	komb. Angabe
Innenabstand links	padding-left	3mm, 10pt, 20px
Innenabstand oben	padding-top	3mm, 10pt, 20px
Innenabstand rechts	padding-right	3mm, 10pt, 20px
Innenabstand unten	padding-bottom	3mm, 10pt, 20px
Listendarstellung allgemein	list-style	komb. Angabe
Listeneinrückung	list-style-position	inside, outside
Listennumme-rierung und -symbole	list-style-type	none, decimal, lower-roman, upper-roman, lower-alpha, upper-alpha, disc, circle, square

Bedeutung	Bezeichner	Werte
Minimalhöhe	min-height	auto, 10mm, 15pt, 50%
Positionierung	position	absolute, fixed, relativ, static
Rahmen	border	komb. Angabe
Rahmen links	border-left	komb. Angabe
Rahmen oben	border-top	komb. Angabe
Rahmen rechts	border-right	komb. Angabe
Rahmen unten	border-bottom	komb. Angabe
Rahmenfarbe	border-color	Farbangabe
Rahmenstärke	border-width	thin, medium, thick, 3mm, 5pt, 15px
Rahmenstärke links	border-left-width	thin, medium, thick, 3mm, 5pt, 15px
Rahmenstärke oben	border-top-width	thin, medium, thick, 3mm, 5pt, 15px
Rahmenstärke rechts	border-right-width	thin, medium, thick, 3mm, 5pt, 15px
Rahmenstärke unten	border-bottom-width	thin, medium, thick, 3mm, 5pt, 15px
Rahmentyp	border-style	none, dotted, dashed, solid, double, groove, ridge, inset, outset
Rand	margin	komb. Angabe aller Ränder
Rand links	margin-left	2cm, 100px
Rand oben	margin-top	2cm, 100px
Rand rechts	margin-right	2cm, 100px
Rand unten	margin-bottom	2cm, 100px
Schrift	font	komb. Angabe aus allen Schriftformaten
Schriftart	font-family	serif, sans-serif, cursive, fantasy, monospace, Arial usw.
Schriftgröße	font-size	xx-small, x-small, small, medium, large, x-large, xx-large, larger, smaller, 8pt, 10pt, 150% usw.

Bedeutung	Bezeichner	Werte
Schriftneigung	font-style	italic, oblique, normal
Schriftstärke	font-weight	bold, bolder, lighter, normal, 100 – 900
Schriftvariante (Kapitälchen)	font-variant	small-caps, normal
Startpunkt von links	left	auto, 10mm, 15pt
Startpunkt von oben	top	auto, 10mm, 15pt
Startpunkt von rechts	right	auto, 10mm, 15pt
Startpunkt von unten	bottom	auto, 10mm, 15pt
Textauszeichnung	text-decoration	underline, overline, line-through, blink, none
Texteinrückung	text-indent	10mm
Textfarbe	color	Farbangabe
Textschreibweise	text-transform	capitalize, uppercase, lowercase, none
Textumbruch	white-space	normal, pre, nowrap
Textumfluss	float	left, right, none
Textumflussfortsetzung	clear	left, right, none
Tiefenposition (v. hinten nach vorn)	z-index	1, 2, 3 usw.
Vertikale Ausrichtung	vertical-align	top, middle, bottom, baseline, sub, super, text-top, text-bottom
Verweise	:link, :visited, :active	{ ... }
Zeichenabstand	letter-spacing	90%, 10px
Zeilenhöhe	line-height	1cm, 18pt

11.5 Knoteneigenschaften

Innerhalb von Skripten können bestimmte Eigenschaften der Knoten abgefragt werden. Das sind *nodeType* für den Knotentyp, *nodeValue* für seinen Wert und *nodeName* für seinen Namen. Die folgende Tabelle stellt Bedeutung und mögliche Werte für die einzelnen Knotentypen zusammen.

Knoten	nodeType	nodeValue	nodeName
Element	1	Null	vollst. Name
Attribut	2	Attributwert	Attributname
Textinhalt	3	Text	#text
CDATA	4	Inhalt	#cdata-section
Entity-Referenz	5	Null	Name
expandierte Entity	6	Null	Name
PI	7	Text ohne Target	Target
Kommentar	8	Kommentar ohne Tags	#comment
Dokumentelement	9	Null	#document
Dokumenttyp-Deklaration	10	Null	Dokument-klasse
Dokumentfragment	11	Null	#document-fragment
Notation	12	Null	Name

11.6 DTD

Die DTD verwendet eine eigene Syntax, die von XML abweicht. Sie besteht aus den folgenden reservierten Elementen und Wörtern:

<!ELEMENT ...>   definiert Elemente
<!ATTLIST .... >   definiert Attribute

Elementinhalte

ANY   leerer oder irgendwelcher Inhalt
ELEMENT   nur Elementinhalt
EMPTY   leerer Inhalt
(#PCDATA)   Textinhalt
(#PCDATA | ...)* gemischter Inhalt

Operatoren

,   Sequenz
| Alternative

Kardinalität

*	kein- oder mehrmals
?	kein- oder einmal
+	ein- oder mehrmals
(ohne Angabe)	genau einmal

Attributverwendung

#IMPLIED	optional
#REQUIRED	obligatorisch
#FIXED	obligatorisch mit festem Wert
"..."	Standardwert

Attributtypen

CDATA	ungeparste Zeichendaten
ENTITIES	mehrere vordefinierte Attributwerte
ENTITY	vordefinierter Attributwert
(... | ... | ...)	Aufzählung/Enumeration der erlaubten Werte
ID	eindeutiger Text, der nur einmal vorkommen darf
IDREF	Wert, der bereits als ID festgelegt wurde
IDREFS	mehrere, durch Leerraum getrennte ID-Werte
NMTOKEN	XML-Name als Attributwert
NMTOKENS	mehrere XML-Namen als Attributwerte
NOTATION	Kopplung an einen Handler

11.7 Schemas

Schemas werden mit Hilfe der XSD beschrieben. Diese Syntax umfasst eigene Elemente sowie einfache und abgeleitete Datentypen und ihre Facetten.

11.7.1 Elemente

Die folgende Tabelle beschreibt die XSD-Elemente und gibt ihre Verwendung an.

XSD-Element	erlaubt in	Beschreibung
all	group extension (simpleContent) restriction (simpleContent) extension (complexContent) restriction (complexContent) complexType	Erlaubt alle Elemente in wahl-loser Reihenfolge im überge-ordneten Element
annotation	alle	Definiert eine Anmerkung
any	choice sequence	Erlaubt alle Elemente des Namensraumes im übergeordneten *sequence-* oder *choice-*Element
anyAttribute	complexType extension (simpleContent) restriction (simpleContent) extension (complexContent) restriction (complexContent) attributeGroup	Erlaubt jedes Attribut des Namensraumes im *complexType-*Element oder im *attributeGroup-*Element
appinfo	annotation	Definiert Informationen für Anwendungen innerhalb eines *annotation-*Elementes
attribute	attributeGroup schema complexType extension (simpleContent) restriction (simpleContent) extension (complexContent) restriction (complexContent)	Deklariert ein Attribut.
attributeGroup	attributeGroup complexType	Gruppiert einen Satz von *attribute-*Deklarationen

	schema extension (simpleContent) restriction (simpleContent) extension (complexContent) restriction (complexContent)	zur Wiederverwendung in komplexen Typen
choice	group choice sequence complexType extension (simpleContent) restriction (simpleContent) extension (complexContent) restriction (complexContent)	Definiert alternative Elemente, von denen stets nur eines auftreten darf
complexContent	complexType	Enthält *extension*- oder *restriction*-Elemente für einen komplexen Typ
complexType	element redefine schema	Definiert einen komplexen Typ mit Attributen und Elementinhalt
documentation	annotation	Definiert Informationen für Anwender innerhalb eines *annotation*-Elementes
element	schema choice all sequence	Deklariert ein Element
extension (simpleContent)	simpleContent	Enthält Erweiterungen für *simpleContent*
extension (complex- Content)	complexContent	Enthält Erweiterungen für *complexContent*

field	key keyref unique	Ein XPath-Ausdruck, der festlegt, was als Referenz für Beziehungen benutzt wird
group	choice complexType extension (simpleContent) restriction (simpleContent) extension (complexContent) restriction (complexContent) schema sequence	Gruppiert Elementde-klarationen für die Wieder-verwendung in komplexen Typen
import	schema	Gibt einen Namensraum für ein Schema an, das vom aktuellen Schema verwendet wird.
include	schema	Schließt das angegebene Schema in den eigenen Namensraum ein
key	element	Definiert das Element oder Attribut, das als Schlüssel dient
keyref	element	Definiert ein Element oder Attribut, das einen Schlüssel refereziert
list	simpleType	Definiert einen einfachen Datentyp als Liste mehrerer Werte
notation	schema	Beschreibt das Format von Nicht-XML-Daten
redefine	schema	Erlaubt einfach und komplexe Typen, Element- und Attribut-gruppen, die zu externen Schemas gehören, zu redefinieren
restriction (simpleType)	simpleType	Definiert Einschränkungen zu einfachen Typen

restriction (simpleContent)	simpleContent	Definiert Einschränkungen zu *simpleContent*-Elementen
restriction (complex-Content)	complexContent	Definiert Einschränkungen zu *complexContent*-Elementen
schema	-	Schema-Dokumentelement
selector	key keyref unique	Ein XPath-Ausdruck, der festlegt, zwischen welchen Teilen eines Dokumentes eine Beziehung besteht
sequence	group choice sequence complexType restriction (simpleContent) extension (simpleContent) restriction (complexContent) extension (complexContent)	Erlaubt nur die vorgegebene Reihenfolge der enthaltenen Elemente
simpleContent	complexType	Enthält *extension-* oder *restriction*-Elemente für ein *complexType*-Element
simpleType	attribute element list restriction (simpleType) schema union	Definiert einen einfachen Typ
union	simpleType	Definiert einen einfachen Typ als Sammlung mehrerer Werte
unique	element	Definiert eindeutige Elemente und Attribute

11.7.2 Einfache Datentypen

Die nachstehende Tabelle enthält die einfachen Datentypen der XSD:

Datentyp	Beschreibung	Beispielwerte
string	allgemeine Zeichenketten	Hans Mustermann 4Youth
boolean	Wahrheitswerte	nur *true* und *false*
decimal	allgemeine Dezimalzahlen mit einer Genauigkeit bis zu 18 Ziffern	1.95583 -1234.5678
float	32-Bit-Fließkommazahl mit einfacher Genauigkeit	-1E4 1267.43233E12 12
double	64-Bit-Fließkommazahl mit doppelter Genauigkeit	-4.56788 12.78e-2 1
duration	Zeitdauer; wird nach dem Muster PnYnMnDTnHnMnS angegeben, wobei n durch eine Zahl ersetzt wird. Die Buchstaben bedeuten der Reihe nach **P**attern, **Y**ears, **M**onths, **D**ays, **T**ime-separator, **H**ours, **M**inutes, **S**econds.	P30Y5M2DT5H2H14S -PT5.5S P37Y
dateTime	Datum mit Uhrzeit; wird nach dem Muster CCYY-MM-DDThh:mm:ss angegeben. Für Zeitzonen kann Z (= UTC) oder die Zeitdifferenz angehängt werden.	1998-04-12T14:15:23 2003-05-22T12:23:04.12 1978-11-04T04:05:12Z 2000-01-01T00:00:00-5:00
time	Uhrzeit; wird nach dem Muster hh:mm:ss.sss angegeben, dem Z (=UTC) oder Zeitzonendifferenzen folgen können.	12:23:04.124 04:05:12Z 05:00:00-5:00
date	Datum; wird nach dem Muster CCYY-MM-DD angegeben, dem Z (=UTC) oder Zeitzonendifferenzen folgen können.	1998-04-12 2003-05-22 1978-11-04Z 2000-01-01-5:00

gYearMonth	Gregorianischer Monat in gregorianischem Jahr nach dem Muster CCYY-MM mit optionaler Zeitzonenangabe	1998-04 2003-05 1978-11Z 2000-01-5:00
gYear	Gregorianisches Jahr nach dem Muster CCYY mit optionaler Zeitzonen-angabe	1998 2003 1978Z 2000-5:00
gMonthDay	Gregorianischer, wieder-kehrender Jahrestag nach dem Muster – MM-DD mit optionaler Zeitzonenangabe	--04-12 --05-22 --11-04Z --01-01-5:00
gDay	Gregorianischer, wieder-kehrender Monatstag nach dem Muster --DD mit optionaler Zeitzonen-angabe	---12 ---22 ---04Z ---01-5:00
gMonth	Gregorianischer, wieder-kehrender Monat nach dem Muster --MM-- mit optionaler Zeitzonen-angabe	--04--- --05--- --11---Z --01–5:00
hexBinary	Binäre Daten in hexade-zimaler Schreibweise; wird als Folge von Paaren aus zwei hexadezimalen Ziffern (0-9, a-f, A-F) an-gegeben.	0F7b
base64Binary	Binäre Daten; wird als Folge von Oktettbits angegeben.	011101110 10100100101100110
anyURI	URI gemäß RFC 2396; kann absolut oder relativ mit optionalem Fragment-Identifier angegeben werden.	http://www.test.de winword.exe Bspl012.xml
QName	Qualifizierter Name	xsd:schemaLocation
NOTATION	Formatangabe zu Nicht-XML-Daten wie z. B. Bildern	jpeg

11.7.3 Abgeleitete Datentypen

Von den einfachen Datentypen sind durch Einschränkungen weitere, ähnliche Datentypen abgeleitet worden. Was sie enthalten dürfen und wozu sie verwendet werden, geht bereits aus ihrem Namen hervor. Deshalb werden sie hier nur in den folgenden beiden Grafiken wiedergegeben, die deutlich machen, von welchen anderen Typen sie hergeleitet wurden.

Ableitungen von string

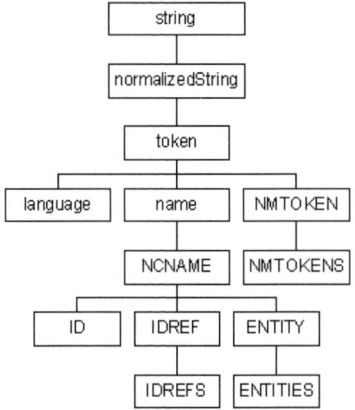

Ableitungen von decimal

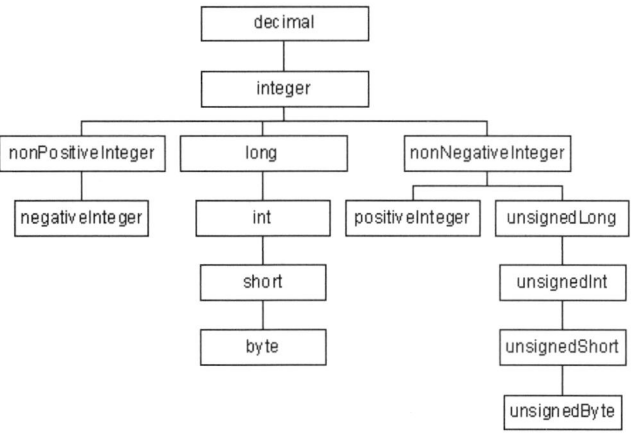

11.7.4 Datentyp-Facetten

Neue Datentypen werden abgeleitet, indem vorhandene Typen eingeschränkt oder erweitert werden. Dabei werden dann ihre Facetten verändert.

enumeration *	bestimmter fester Wert
fractionDigits	Anzahl Nachkommastellen
length	typabhängige Längeneinheiten
maxExclusive	Obergrenze; erlaubte Werte müssen kleiner sein
maxInclusive	größtmöglicher Wert
maxLength	typabhängige größtmögliche Längeneinheiten
minExclusive	Untergrenze, alle Werte müssen größer sein
minInclusive	kleinstmöglicher Wert
minLength	typabhängige kleinstmögliche Längeneinheiten
pattern *	Muster für Datenaufbau; wird als regulärer Ausdruck angegeben
totalDigits	maximale Gesamtanzahl der Ziffern
whiteSpace	Leerraumbehandlung; *preserve* für Beibehaltung, *replace* für ausschließlich Leerzeichen, *collapse* für einzelnes Leerzeichen; kann für die meisten numerischen Typen nicht geändert werden

* darf mehrfach vorkommen

11.8 Glossar

API	*Application Programming Interface* beschreibt, wie andere Programme auf ein System zugreifen können
Attribut	hat einen Namen und einen Wert; wird als Paar *Name=Wert* im leeren oder Start-Tag angegeben und stellt ergänzende Informationen zum Element dar

CBL	*Common Business Library* CommerceNet-Bibliothek von Element- und Attributdefinitionen
CDATA	a) Character Data (Gegenteil von Markup Data) b) <![CDATA[...]]> (Sektion für ungeparsten Text)
CDF	*Channel Definition Format* XML-Format für Active-Channel-Inhalte des IE
CGI	*Common Gateway Interface* ermöglicht den Aufruf von Programmen auf dem Server
character data	Gegensatz zu markup data; Textinhalt eines Elementes oder Wert eines Attributes
CML	*Chemical Markup Language* XML-Format für Anwendungen der Chemie
CSS	*Cascading Style Sheets* beschreiben Formatierungsangaben für HTML
cXML	*Commerce XML* definiert RosettaNet-Standard für Online-Kataloge und Online-Bestellungen
DCD	*Document Content Description* beschreibt XML-Frontend für Datenbanken
DDML	*Document Definition Markup Language* Entwurf einer Nachfolgesprache der DTD
DMTF	*Distributed Management Task Force* Gruppe, die Standards für das Remote-Management von Desktops entwickelt
document element	das in der Hierarchie oberste Element eines XML-Dokumentes
document root	bei XPath imaginäres Elternelement des Dokumentelementes
document type declaration	enthält unter anderem die DTD

DOM	*Document Object Model* Protokoll für die Darstellung eines XML-Dokumentes als Objektbaum; ermöglicht Random-Zugriffe auf alle Komponenten
DrawML	*Drawing Meta Language* MXL-Format für die Darstellung von zweidimensionalen Abbildungen
DSSSL	*Document Style Semantics Specification Language* eine Lisp-basierte Sprache zur Formatierung von SGML/XML-Dokumenten
DTD	*Document Type Definition* optionaler Bestandteil eines XML-Dokumentes; definiert die Tags und ihre Gültigkeitsregeln; kann im Dokumentprolog und als selbstständige Einheit auftreten
Element	Grundbaustein eines Dokumentes; wird durch Tags beschrieben
element content	Inhalt eines Elementes, der nur aus anderen Elementen besteht
empty element	leeres Element ohne irgendeinen Inhalt
Entity	eine Art benutzerdefinierter Textbaustein für reservierte Zeichen und wiederkehrende Texte
Entity-Reference	Verweis auf eine Entity; wird durch eigentliche Definition (Zeichen oder Text) ersetzt
Epilog	Teil eines XML-Dokumentes, der dem Dokumentelement folgt
GML	*Graph Modelling Language* portables XML-Format für Grafiken
HTML	*Hypertext Markup Language* Beschreibungssprache für Textdarstellungen im Internet
HTTP	*Hypertext Transfer Protocol* Übertragungsprotokoll in Netzwerken für HTML

IANA	*Internet Assigned Numbers Authority* US-Behörde für die Vergabe von Internet-Adressen
ICE	*Information and Content Exchange* Protokoll für Inhaltsanbieter und Abonnenten
Key	siehe Schlüssel
Kommentar	<!- -Kommentartext- ->
Markup Data	die Marken (Tags) eines XML-Dokumentes
MathML	*Mathematical (Formula) Markup Language* beschreibt Darstellung mathematischer Formeln.
MIME	*Multipurpose Internet Mail Extensions* Verfahren, das es erlaubt, beliebige Dateien zusammen mit einer E-Mail zu übertragen
mixed content	Inhalt eines Elementes, der sich aus Text und anderen Elementen oder nur aus Text zusammensetzt
MSXML	*Microsoft XML Core Services* XML-Parser von Microsoft
NCNAME	*Non-Colonized Name* ein Name in XML, der keinen Doppelpunkt enthält
NDATA	*Notation Data* Entities, die besondere Objekte mit Anwendungen verknüpfen
NMTOKEN	*Name Token* Attributtyp, der nur Werte enthalten darf, die den Namensregeln folgen
OMG	*Object Management Group* internationaler Verband, der offene Standards für objektorientierte Anwendungen fördert
PCDATA	*Parsed Character Data* geparste Zeichendaten
PE	*Parameter Entity* Entity, die aussschließlich in DTDs verwendet wird

PI	*Processing Instruction* Anweisung in XML-Dokumenten für spezielle Anwendungen
Prolog	XML-Deklaration, PI und Whitespace, die vor dem Dokumentelement stehen
Qname	Qualified Name Name, der aus Namensraumpräfix und lokalem Namen besteht
RDF	*Resource Description Framework* definiert Datenbeschreibungen, sodass die Bedeutung der Information von verschiedenen Systemen erkannt wird
SAX	*Simple API for XML* Protokoll für die serielle Verarbeitung von XML-Dokumenten; ein Parser liest und ruft bei Tags Callback-Methoden auf
Schema	beschreibt alternativ zur DTD-Struktur ein Dokument und die darin verwendeten Datentypen
Schlüssel	ein eindeutiger Wert zur Identifikation einer Informationseinheit
Server	Rechner, der im Internet Daten und/oder Dienste anbietet
SGML	*Standard Generalized Markup Language* ein internationaler Standard, der es erlaubt, Auszeichnungssprachen für Texte, wie die HTML, zu entwerfen
SMIL	*Synchronized Multimedia Integration Language* XML-Format für interaktive, webbasierte Multimedia-Präsentationen
SMTP	*Simple Mail Transfer Protocol* ein E-Mail-Protokoll für ausgehende Post
SOAP	*Simple Object Access Protocol* offener Standard für Anwendungen zur

Kommunikation mit webbasierten XML-Nachrichten

SOM	*Schema Object Model* von Microsoft definiertes Modell, um in Schemas zu navigieren
SOX	*Schema for Object-oriented XML* definiert erweiterbare Datentypen, Namensräume und Dokumentationen
SVG	*Scalable Vector Graphics* beschreibt Darstellung von Vektorgrafiken
Tag	ein in spitze Klammern eingeschlossener Name
TDL	*Template Description Language* XML-Sprache zur Definition von Enterprise Templates in Visual Studio.NET
Typ (einfacher)	Element, das nur Text und Attribut enthält
Typ (globaler)	Definierte Typen, die direkt auf der Ebene unterhalb des *schema*-Elementes deklariert werden
Typ (komplexer)	Elemente, die andere Elemente und/oder Attribute enthalten
Typ (lokaler)	Typ, der innerhalb eines Elementes definiert wird
UCS	*Universal Coded Character Set* eine Darstellungsform für Unicode-Zeichen
URI	*Uniform Resource Identifier* allgemeinere Form für URL und URN
URL	*Uniform Resource Locator* Adresse, die den genauen Ort einer Ressource im Internet angibt
URN	Uniform Resource Name nicht ortsabhängige Bezeichnung für Internet-Ressourcen
UTF	*UCS Transformation Format* Codierung, um Unicode-Text kompatibel zu ASCII-Text abzuspeichern

UTF-16	UCS-Format aus 16 Bit; jedes Zeichen verwendet 2 Bytes
UTF-8	UCS-Format aus 8 Bit; ein Zeichen kann aus mehreren Bytes bestehen
W3C	*World Wide Web Consortium* Organisation, die u.a. XML und HTML standardisiert
WAP	*Wireless Application Protocol* erlaubt den direkten Zugriff auf Internetinhalte vom Handy aus
WebDAV	*Web Distributed Authoring and Versioning* verwaltet Webserver mit Hilfe von XML
white space	Text, der nur aus Tabulatoren, Zeilenvorschüben (LF), Wagenrückläufen (CR) und Leerzeichen besteht
WIDL	*Web Interface Definition Language* Beschreibung eines Interfaces zum XML-Datenaustausch in der Middleware
WML	*Wireless Markup Language* Seitenbeschreibungssprache für WAP-Seiten
WWW	*World Wide Web* der Teil des Internets aus HTML-Seiten
XDR	*XML-Data Reduced* Microsoft-Vorläufer des XML-Schemas
XHTML	Extensible Hypertext Markup Language die Neudefinition von HTML mittels XML
XLink	XML Linking Spezifikation für das Einfügen von Ressourcen in XML-Dokumente
XLL	*Extensible Linking Language* Protokoll für Verknüpfungen zwischen XML-Dokumenten; XLink beschreibt Verknüpfungen auf Dokument-, XPointer auf Inhaltsebene

XML	*Extensible Markup Language* eine textbasierte Beschreibungssprache für den plattformübergreifenden Datenaustausch
XML-Deklaration	erste Zeile einer XML-Datei mit der xml-PI
XPath	*XML Path Language* Spezifikation zur Adressierung von Dokumentteilen; wird von XSLT und XPointer eingesetzt
XPointer	*XML Pointer Language* Spezifikation für Beziehungen zwischen Dokumentteilen ohne explizierte ID
XQL	*XML Query Language* Erweiterung von XSL, um XML-Daten zu durchsuchen und abzufragen
XSD	*XML Schema Definition* Spezifikation, um Schemas zu definieren
XSDL	*Extensible Style Definition Language* Sprache, um Schemas zu definieren
XSL	*Extensible Stylesheet Language* definiert Übersetzungsmechanismen für XML-Tags in Anzeigeformate und Umwandlungsmechanismen
XSLT	*XSL Transformation* Spezifikation zur Umwandlung von XML-Dokumenten
Zeichenreferenz	Verweis auf ein spezielles Zeichen durch Angabe des Zeichencodes

11.9 Lösungen zu den Aufgaben

Lösung zu Aufgabe 1

1. Das Ende-Tag für das Artikel-Element muss *</Artikel>* heißen, denn XML unterscheidet die Groß- und Kleinschreibung.
2. Die Elemente sind nicht sauber verschachtelt. Die Ende-Tags für *Entrag* und Preis müssen vertauscht werden.
3. Der Rechtschreibfehler im Element für *Eintrag* ist kein XML-Fehler. Für wohlgeformte Dokumente akzeptiert XML Elementnamen in beliebigen Sprachen und Schreibweisen.
4. Ein Dokument sollte auch eine XML-Deklaration enthalten. Fehlt sie, ist es jedoch kein Fehler.

So ist es besser:

```
<?xml version="1.0" encoding="UTF-8"?>
<!-- Aufg01.xml so ist's richtig -->
<Preisliste>
  <Eintrag>
    <Artikel>Kinder-Shirts</Artikel>
    <Preis>7,99</Preis>
  </Eintrag>
  <Eintrag>
    <Artikel>Sportsocken</Artikel>
    <Preis>4,59</Preis>
  </Eintrag>
  <Eintrag>
    <Artikel>Pyjama</Artikel>
    <Preis>9,99</Preis>
  </Eintrag>
</Preisliste>
```

Lösung zu Aufgabe 2

Bereits richtig wäre das folgende Dokument:

```
<?xml version="1.0" encoding="utf-8"?>
<!-- Aufg02a.xml -->
<Zeugnis>
  <Fach>Deutsch</Fach>
  <Note>3</Note>
```

```
  <Fach>Englisch</Fach>
  <Note>2</Note>
  <Fach>Biologie</Fach>
  <Note>1</Note>
  <Fach>Erdkunde</Fach>
  <Note>2</Note>
</Zeugnis>
```

Besser stellt aber die folgende Lösung die Tabelle dar, denn hier wird deutlich, dass jeweils Fach und Note eine Einheit bilden.

```
<?xml version="1.0" encoding="utf-8"?>
<!-- Aufg02b.xml -->
<Zeugnis>
  <Zeugnisnote>
    <Fach>Deutsch</Fach>
    <Note>3</Note>
  </Zeugnisnote>
  <Zeugnisnote>
    <Fach>Englisch</Fach>
    <Note>2</Note>
  </Zeugnisnote>
  <Zeugnisnote>
    <Fach>Biologie</Fach>
    <Note>1</Note>
  </Zeugnisnote>
  <Zeugnisnote>
    <Fach>Erdkunde</Fach>
    <Note>2</Note>
  </Zeugnisnote>
</Zeugnis>
```

Lösung zu Aufgabe 3

```
<?xml version="1.0" encoding="utf-8"?>
<!-- Aufg03.xml -->
<Buch Titel="XML">
  <Inhaltsverzeichnis>
  Vorwort ... Seite 1
  </Inhaltsverzeichnis>
  <Vorwort>
  Hier steht das Vorwort
  </Vorwort>
```

```
  <Kapitel Nr="1">
  Kapitel 1 ....
  </Kapitel>
  <Kapitel Nr="2">
  Kapitel 2 ....
  </Kapitel>
  <Index>
  XML...Seite 2
  </Index>
</Buch>
```

Lösung zu Aufgabe 4

```
<?xml version="1.0" encoding="utf-8"?>
<!-- Aufg04.xml -->
<Datenbank>
  <Kunde>
    <Name>Meier</Name>
    <Rechnung>
      <Nr>3/02</Nr>
      <Position>
        <Artikel>1201</Artikel>
        <Preis>300</Preis>
      </Position>
      <Position>
        <Artikel>1301</Artikel>
        <Preis>5,30</Preis>
      </Position>
      <Position>
        <Artikel>1401</Artikel>
        <Preis>12,56</Preis>
      </Position>
    </Rechnung>
  </Kunde>
  <Kunde>
    <Name>Müller</Name>
    <Rechnung>
      <Nr>1/02</Nr>
      <Position>
        <Artikel>1201</Artikel>
        <Preis>300</Preis>
      </Position>
      <Position>
        <Artikel>1702</Artikel>
```

```
        <Preis>1.230,49</Preis>
      </Position>
    </Rechnung>
    <Rechnung>
      <Nr>2/02</Nr>
      <Position>
        <Artikel>1201</Artikel>
        <Preis>300</Preis>
      </Position>
    </Rechnung>
  </Kunde>
  <Kunde>
    <Name>Schulze</Name>
  </Kunde>
</Datenbank>
```

Die ID-Angaben in den Tabellen tauchen im XML-Dokument nicht mehr auf, da die Daten einander direkt über die Elemente zugeordnet werden.

Lösung zu Aufgabe 5

```
/* Aufg05.css */
...
betreff {
  visibility:hidden
}
...
```

Statt *visibility:hidden* kann auch *display:none* verwendet werden. Der Unterschied besteht darin, dass *display* im Gegensatz zu *visibility* keinen freien Platz für das Element reserviert.

Lösung zu Aufgabe 6

```
/* Aufg06.css */
register {
  display:block;
  color:blue;
  font:bold 14pt Arial,sans-serif;
  margin-bottom:12pt
}
```

```
eintrag {
  display:block;
  font:normal 12pt;
  color:black
}
short {
  font:bold Arial,sans-serif;
}
long{
  position:absolute;
  left:20mm
}
```

Lösung zu Aufgabe 7

```
/* Aufg07.css */
artikel {
  display:block;
  margin-top:-2px
}
nr {
  width:15mm
}
bezeichnung {
  width:25mm;
  margin-left:-6px
}
preis {
  width:20mm;
  text-align:right;
  margin-left:-6px
}
nr, bezeichnung, preis {
  border:solid thin gray
}
```

Lösung zu Aufgabe 8

```
<!DOCTYPE HTML PUBLIC "-//W3C//DTD HTML 4.0 Transitional//EN">
<!-- Aufg08.html -->
<html>
  <head>
```

```
    <title>Tabelle 1. Bundesliga</title>
  </head>
  <body>
    <xml id="liga1" src="Aufg08.xml"></xml>
    <table border="1" datasrc="#liga1"
           cellPadding="5"
           ID="ligatab" datapagesize="3">
      <thead>
        <tr>
          <th>Rang</th>
          <th>Verein</th>
          <th>Spiele</th>
          <th>Tore</th>
          <th>Punkte</th>
        </tr>
      </thead>
      <tr>
        <td><span datafld="rang"></span></td>
        <td><span datafld="name"></span></td>
        <td><span datafld="spiele"></span></td>
        <td><span datafld="tore"></span></td>
        <td><span datafld="punkte"></span></td>
      </tr>
    </table>
    <P></P>
    <input type="button" value="Ch.L."
           onclick="ligatab.firstPage()">
       
    <input type="button" value="<"
           onclick="ligatab.previousPage()">
         
         
         
         
         
         
        
    <input type="button" value=">"
           onclick="ligatab.nextPage()">
       
    <input type="button" value="2. BL?"
           onclick="ligatab.lastPage()">
  </body>
</html>
```

Lösung zu Aufgabe 9

```
<?xml version="1.0" encoding="ISO-8859-1"?>
<!-- Aufg09.xml -->
<!DOCTYPE güterzug [
<!ELEMENT güterzug (lok, lok?, waggon*)>
<!ELEMENT lok (#PCDATA)>
<!ELEMENT waggon (#PCDATA)>
]>
<güterzug>
  <lok></lok>
  <lok></lok>
  <waggon></waggon>
  <waggon></waggon>
</güterzug>
```

Das Dokumentelement enthält eine Element *lok*, gefolgt von einer optionalen zweiten Lok und beliebig vielen Waggons.

Lösung zu Aufgabe 10

Beide erlauben es, wahlweise Strasse oder Postfach anzugeben.
Während aber nach der ersten Definition entweder das Element *strasse*
oder das Element *postfach* nach dem Element *name* auftreten muss, dürfen nach der zweiten auch beide gleichzeitig aufgeführt oder weggelassen werden, wie zum Beispiel in folgender Adresse:

```
<adresse>
  <name></name>
  <plz></plz>
  <ort></ort>
</adresse>
```

Lösung zu Aufgabe 11

```
<?xml version="1.0" encoding="ISO-8859-1"?>
<!-- Aufg11.xml -->
<!DOCTYPE güterzug [
<!ELEMENT güterzug (lok, lok?, waggon*)>
```

```
<!ELEMENT lok (#PCDATA)>
<!ELEMENT waggon (#PCDATA)>
<!ATTLIST lok antrieb CDATA #REQUIRED>
<!ATTLIST waggon ladung CDATA #IMPLIED>
]>
<güterzug>
  <lok antrieb="Diesel"></lok>
  <lok antrieb="Defekt"></lok>
  <waggon></waggon>
  <waggon ladung="Autos"></waggon>
</güterzug>
```

Lösung zu Aufgabe 12

```
<?xml version="1.0" encoding="ISO-8859-1"?>
<!-- Aufg12.xml -->
<!DOCTYPE güterzug [
<!ELEMENT güterzug (lok, lok?, waggon*)>
<!ELEMENT lok (#PCDATA)>
<!ELEMENT waggon (#PCDATA)>
<!ATTLIST lok antrieb (Elektro | Diesel) #REQUIRED>
<!ATTLIST waggon ladung CDATA #IMPLIED>
]>
<güterzug>
  <lok antrieb="Diesel"></lok>
  <lok antrieb="Elektro"></lok>
  <waggon></waggon>
  <waggon ladung="Autos"></waggon>
</güterzug>
```

Lösung zu Aufgabe 13

```
<!ENTITY copyright "&#169; 2003 by Hans Mustermann">
```

Lösung zu Aufgabe 14

```
<?xml version="1.0"?>
<!-- Aufg14.xsd -->
```

```xml
<xsd:schema xmlns:xsd="http://www.w3.org/2001/XMLSchema"
      targetNamespace="http://www.cinema.de"
      xmlns="http://www.cinema.de">
  <xsd:element name="titel" type="xsd:string"/>
  <xsd:element name="spieldauer"
            type="xsd:duration"/>
  <xsd:element name="film">
    <xsd:complexType>
      <xsd:sequence>
        <xsd:element ref="titel"/>
        <xsd:element ref="spieldauer"/>
      </xsd:sequence>
    </xsd:complexType>
  </xsd:element>
</xsd:schema>
```

Lösung zu Aufgabe 15

```xml
<?xml version="1.0"?>
<!-- Aufg15.xsd -->
<xsd:schema xmlns:xsd="http://www.w3.org/2001/XMLSchema"
      targetNamespace="http://www.cinema.de"
      xmlns="http://www.cinema.de">
  <xsd:element name="titel" type="xsd:string"/>
  <xsd:element name="spieldauer"
            type="xsd:duration"/>
  <xsd:element name="film">
    <xsd:complexType>
      <xsd:sequence>
        <xsd:element ref="titel"/>
        <xsd:element ref="spieldauer"/>
      </xsd:sequence>
    </xsd:complexType>
  </xsd:element>
  <xsd:element name="filmarchiv">
    <xsd:complexType>
      <xsd:sequence>
        <xsd:element ref="film"
            minOccurs="0"
            maxOccurs="unbounded"/>
      </xsd:sequence>
    </xsd:complexType>
  </xsd:element>
</xsd:schema>
```

Lösung zu Aufgabe 16

```
<?xml version="1.0"?>
<!-- Aufg16.xsd -->
<xsd:schema xmlns:xsd="http://www.w3.org/2001/XMLSchema"
      targetNamespace="http://www.cinema.de"
      xmlns="http://www.cinema.de">
  <xsd:attribute name="kategorie" type="xsd:string"/>
  <xsd:element name="titel" type="xsd:string"/>
  <xsd:element name="spieldauer"
            type="xsd:duration"/>
  <xsd:element name="film">
    <xsd:complexType>
      <xsd:sequence>
        <xsd:element ref="titel"/>
        <xsd:element ref="spieldauer"/>
      </xsd:sequence>
      <xsd:attribute ref="kategorie"
              use="required"/>
    </xsd:complexType>
  </xsd:element>
  <xsd:element name="filmarchiv">
    <xsd:complexType>
      <xsd:sequence>
        <xsd:element ref="film"
            minOccurs="0"
            maxOccurs="unbounded"/>
      </xsd:sequence>
    </xsd:complexType>
  </xsd:element>
</xsd:schema>
```

Lösung zu Aufgabe 17

```
<?xml version="1.0"?>
<!-- Aufg17.xsd -->
<xsd:schema
    xmlns:xsd="http://www.w3.org/2001/XMLSchema"
    targetNamespace="http://www.cinema.de"
    xmlns="http://www.cinema.de">
  <xsd:attribute name="kategorie">
    <xsd:simpleType>
      <xsd:restriction base="xsd:string">
        <xsd:enumeration value="Fantasy"/>
        <xsd:enumeration value="Privatfilm"/>
```

```
      <xsd:enumeration value="Action"/>
      <xsd:enumeration value="Kinder"/>
    </xsd:restriction>
  </xsd:simpleType>
</xsd:attribute>
<xsd:element name="titel" type="xsd:string"/>
<xsd:element name="spieldauer"
           type="xsd:duration"/>
<xsd:element name="film">
  <xsd:complexType>
    <xsd:sequence>
      <xsd:element ref="titel"/>
      <xsd:element ref="spieldauer"/>
    </xsd:sequence>
    <xsd:attribute ref="kategorie"
             use="required"/>
  </xsd:complexType>
</xsd:element>
<xsd:element name="filmarchiv">
  <xsd:complexType>
    <xsd:sequence>
      <xsd:element ref="film"
           minOccurs="0"
           maxOccurs="unbounded"/>
    </xsd:sequence>
  </xsd:complexType>
</xsd:element>
</xsd:schema>
```

Lösung zu Aufgabe 18

```
<?xml version="1.0"?>
<!-- Aufg018.xsd -->
<xsd:schema xmlns:xsd="http://www.w3.org/2001/XMLSchema"
      targetNamespace="http://www.test.de"
      xmlns="http://www.test.de">
  <xsd:element name="name" type="xsd:string"/>
  <xsd:element name="strasse" type="xsd:string"/>
  <xsd:element name="plz">
    <xsd:simpleType>
      <xsd:restriction base="xsd:positiveInteger">
        <xsd:minInclusive value="01000"/>
        <xsd:maxInclusive value="99999"/>
```

```
            <xsd:pattern value="[0-9]{5}"/>
        </xsd:restriction>
    </xsd:simpleType>
</xsd:element>
<xsd:element name="ort" type="xsd:string"/>
<xsd:element name="geburt" type="xsd:date"/>
<xsd:element name="adresse">
    <xsd:complexType>
        <xsd:all>
        <xsd:element ref="name"/>
        <xsd:element ref="strasse"/>
        <xsd:element ref="plz"/>
        <xsd:element ref="ort"/>
        <xsd:element ref="geburt"/>
        </xsd:all>
    </xsd:complexType>
</xsd:element>
</xsd:schema>
```

Durch *minInclusive* wird im Attribut *value* der kleinste und durch *maxInclusive* der größte Wert festgelegt.

Hinweis für Kenner regulärer Ausdrücke:
Die gewünschte feste Stellenanzahl kann als Muster über *pattern* im Attribut *value* angegeben werden. Dabei bedeutet *[0-9]*, dass die Zeichen 0 bis 9 für eine Stelle verwendet werden können. Durch das folgende *{5}* wird die Wiederholung dieses Musters auf exakt 5 Stellen festgelegt.

Lösung zu Aufgabe 19

Langschreibweise: child::J/child::M

Abgekürzt: J/M

Lösung zu Aufgabe 20

//Schueler

11.10 Stichwortverzeichnis

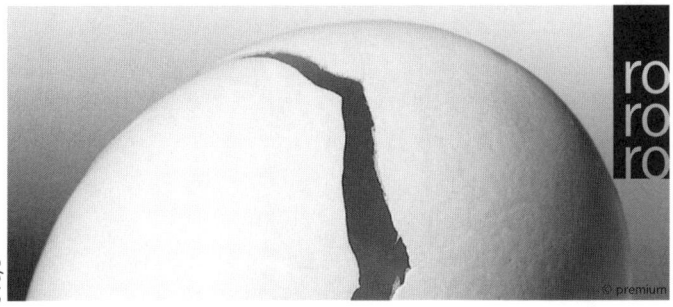

S 75/3

rororo für schlaue Köpfe

Hinterhältige Knobeleien und andere hübsche Probleme

James Trefil
Physik im Strandkorb
Von Wasser, Wind und Wellen
rororo 62405

Frank Schwellinger
Das neue Haus vom Nikolaus
*66 mathematische
Weihnachtsrätseleien*
rororo 62719

Heinrich Hemme
Düsentrieb contra Einstein
100 physikalische Kopfnüsse
rororo 62323

Alice im Knobelland
Kniffliges für clevere Denksportler
rororo 62123

**Die magischen Vierecke
des Abul Wafa**
*Rätsel und Knobeleien aus
1001 Nacht.*
rororo 61969

Heinrich Hemme
Mensch, ärgere dich nicht
*72 Kopfnüsse und Knobeleien für
jede Gelegenheit*
rororo 61575

Das Ei des Kolumbus
*und weitere hinterhältige
Knobeleien*

rororo 61927

Weitere Informationen in der Rowohlt Revue *oder unter* www.rororo.de

James Kakalios
Physik der Superhelden
Superman, Spiderman & Co – jeder kennt die Comic-Heroen mit ihren unglaublichen Fähigkeiten, die sämtlichen Naturgesetzen zu spotten scheinen. Aber tun sie das wirklich? Eine umfassende Erklärung des Superhelden-Universums aus wissenschaftlicher Sicht.
rororo 62316

Spannende Lektionen zwischen Fiktion und Wissenschaft

Andreas Eschbach
Das Buch der Zukunft
Wie sieht die Welt in hundert Jahren aus? Bestsellerautor Andreas Eschbach denkt aktuelle Entwicklungen weiter – im Klimawandel und der Bevölkerungsentwicklung ebenso wie in der Nanotechnologie. Seine Nachrichten aus der Zukunft sind ein packender Ausblick auf das, was uns wirklich bevorsteht. rororo 62357

Paul Halpern
Schule ist was für Versager
Was wir von den Simpsons über Physik, Biologie, Roboter und das Leben lernen können
Spülen die Toiletten auf der nördlichen und der südlichen Halbkugel in unterschiedliche Richtungen, wie Lisa behauptet? Oder: Woraus bestehen Kometen, wie der den Bart entdeckt? rororo 62385

Weitere Informationen in der Rowohlt Revue *oder unter* www.rororo.de

66 mathematische Rätseleien

Diese Geschichten bieten sowohl dem Rätseleinsteiger als auch dem routinierten Knobelgenie jede Menge Gehirnfutter, natürlich auch außerhalb der Weihnachtszeit. Laut Albert Einstein ist Phantasie wichtiger als Wissen, sodass hier jeder auf seine Kosten kommen kann. Gefordert werden nur Ihr Scharfsinn, die Fähigkeit, Gesetzmäßigkeiten zu erkennen, planerisches Vorgehen sowie Kreativität und Logik – und Freude am spielerischen Umgang mit Mathematik.

Sb 014/1 · Rowohlt online: www.rowohlt.de · www.facebook.com/rowohlt

Frank Schwellinger

DAS NEUE HAUS VOM NIKOLAUS

Auch als E-Book

66 mathematische Weihnachtsrätseleien

roroo 62719